요즘 학생들은 친한 사이일수록 욕을 자연스럽게 쓴다. 그런 말들이 '욕'이라고 생각하기보다는 일상적인 언어라고 생각한다. 학교폭력도 특별히 '폭력'이라기보다는 놀이처럼 혹은 "너와 관계 맺고 싶다"라는 제안에 가깝다. 이런 상황이 되면 어떤 말로도, 위협으로도 이 문제를 풀 수 없다. 쉽게 믿기는 힘들겠지만 교육 현장에 있는 이들이 먼저 회개하고 기도하는 수밖에 없다. 말도 안 되는 것 같지만 그만큼 우리는 절박하고 막다른 길 앞에 서 있는 것이다. 세상의 폭력 앞에 조금도 물러서지 않고 자신을 내던진 예수도, 십자가 위에서 기도하는 것 외에는 할 수 있는 일이 없었다. _김재형(생태문화교육공동체 선애학교 교장)

부끄럽지만 나는 "기독 교사"이면서도 "폭력 교사"다. 폭력이 쉽게 용납되고 있는 학교에서 근무하고, 개인적으로 학교에서 수없는 언어적 폭력을 자행하고 있기 때문이다. 그래서 나는 늘 괴롭고 고통스럽다. 그러나 『학교폭력, 그 영적 위기와 극복』을 읽으며 이 문제가 단지 나 개인의 문제만이 아니라 역사 속에서 끊임없이 제기된 보편적인 문제라는 것을 깨달았다. 그래서 예수의 길을 따라가려 하지만 늘 폭력적인 삶을 살고 있는 나에게, 이 책은 큰 위로와 실제적인 지침을 준다. 수년 동안 학교 현장에서 수업 코칭을 하면서 느꼈던 것은 수업이 교사의 의도와 다르게 폭력적으로 흘러간다는 것인데, 많은 교사들이 이 책을 통해 "통제'가 아니라 "환대"의 수업을, "군림'이 아니라 "섬김"의 수업을, "억압"이 아니라 "존중"의 수업을 이끄는 쪽으로 회복되기만을 진심으로 소망한다.

_김태현(백영고 국어 교사, 좋은교사 수업코칭연구소 부소장)

오늘날 한국사회의 가장 심각한 문제 중 하나는 학교폭력이다. 수많은 아이들과 학부모들이 학교폭력 문제로 고통받고 있다. 그런데 많은 사람들이 이 문제를 단지 교육이나 사회문제로만 이해하는 경향이 있다. 그러나 학교폭력은 영적인 문제이며 신앙적인 주제다. 사실 이에 대한 기독교적인 이해를 소개한 책이 거의 없었는데 이 책은 학교폭력을 하나님의 관점에서 이해하면서 그 정체를 속 시원하게 밝혀주고 있다. 폭력을 영적이고 신앙적으로 이해할 때 그 안에 숨겨진 진실이 드러나며, 그 문제를 해결할 수 있는 지혜를 얻게 된다. 학교폭력에 대해 그리스도인이 어떻게 접근하고 대처해야 하는지, 또 한국교회가 어떤 관심을 갖고 대안을 제시해야 하는지에 대해 이 책은 분명한 방향을 보여주고 있다. 이 책은 학교폭력에 대해 신학적인 성찰을 할 뿐 아니라 구체적인 학교폭력의 사례를 분석하고, 이를 극복할 수 있는 실제적인 방안을 제시하고 있다. 독자들은 이 책을 읽으며 학교폭력에 대해 새롭게 눈 뜨고, 고통에 대한 애통과 치유에 대한 열정이 솟아날 것이며, 그 해결을 위해 무언가를 시작하게 될 것이다. 이 책은 한국교회의 모든 목회자들과 교회학교 교사들, 그리고 부모들이 읽어야 할 필독서다. 교회마다 소그룹이 형성되어 이 책을 읽고 나서 학교폭력 문제 해결을 위한 토론을 하고 이를 적용하는 노력을 기울이면 큰 도움이 될 것이다. 이 책이 한국교회의 많은 성도들의 손에 들려지고 읽혀서 학교폭력 문제를 치유하는 지침서가 되기를 진심으로 기원한다.

_박상진(장로회신학대학교 기독교교육과 교수)

학교폭력은 이전에도 있었고, 현재는 물론 앞으로도 있을 수밖에 없는 사회적 병리현상이며, 꿈과 희망을 가지고 미래를 설계해야 할 청소년들에게는 인생을 좌우할 정도로 매우 심각한 문제라 할 수 있다. 이러한 학교폭력은 그리스도인 청소년들에게도 예외가 될 수 없는 사회문제로서 기독교적인 해법 마련이 시급한 상황이다. 로널드 헤커 크램 교수의 『학교폭력, 그 영적 위기와 극복』 출간은 언제 어디서나 피해자 또는 가해자가 될 수 있는 우리 그리스도인 청소년과 그 가정에 행복과 평화를 줄 수 있는 기쁜 소식이다. 이런 노력들을 통해 아무쪼록 귀한 청소년들이 예수님 안에서 행복한 세상을 열어갈 수 있기를 기원한다.

_박옥식(청소년폭력예방재단 사무총장)

나는 상담 현장에서 폭력에 직·간접으로 노출되었던 수많은 내담자들을 만났다. 다시 들먹이기도 겁이 나서 묻어두었던 그들의 공포와 고통은 극한 외로움을 수반하여 자기 자신과 타인들, 그리고 하나님과의 단절을 초래한다. 폭력은 삶의 그 어떤 경험보다 뿌리 깊고, 철저하게 인생 전체의 기반을 흔들어놓는다. 왜냐하면 폭력은 관계적이며 영적인 현상이기 때문이다. 본서의 저자는 폭력이 존재의 상호관계에 대한 깊은 갈망에 기초하고 있으며, 뒤틀려진 관계성의 발현이라는 문제의식에서 출발한다. 폭력과 핵심 관계 욕구의 심리적·영적인 다이내믹을 꿰뚫고 있는 저자는, 폭력에 대한 해법이 폭력의 정점인 십자가에서 극한 두려움과 소외 자체를 그대로 담아내셨던 예수님의 공감임을 피력한다. 학교폭력은 입시에 시달린 청소년들의 일시적인 스트레스 표출방식이 아니라 심각한 영적인 위기다. 그리고 이러한 영적인 위기는 폭력의 가해자, 피해자들 모두가 얼마나 진정한 관계 맺기를 갈망하고 있는지에 대한 적극적인 공감을 강력히 요청한다.

_유성경(이화여자대학교 심리학과 교수)

학교폭력 문제가 우리 교육의 문제로 등장한 지 벌써 20년이 되어간다. "우리 아이만 안 당하면 그만이지" 하며 외면해온 사이, 어느 누구도 이 문제로부터 자유로울 수 없는 우리 교육의 보편적 문화가 되어버린 것이다. "폭력은 타인과 관계 맺고자 하는 갈망의 표현"이라는 저자의 성찰로 보면, 학교폭력 가해자 역시 강자 중심의 사회가 소외시켜온 피해자다. 세상 어떤 폭력보다도 상처와 고통이 깊은 학교폭력의 근원에 다가간 이 책이 이 땅에 평화의 씨를 뿌리고자 하는 모든 사람들의 실천적 지침이 될 것이라 믿는다.

_윤지희(사교육걱정없는세상 공동대표)

저자는 책에서 "영광송과 죄"라는 개념으로 폭력을 설명하며, 학교폭력을 근절하기 위한 노력이 지향해야 할 방향과 영적 의미, 폭력을 근절시킬 수 있는 신학적 가치와 실천 방법까지 폭넓게 제시하고 있다. 이 책은 가해 학생과 피해 학생 모두를 그리스도의 사랑으로 품어야 하는 그리스도인 상담자들에게, "아무 소망이 없는 척박한 땅에 뿌려지는 이슬 같은 은혜"로 다가온다. 폭력이 심각한 영적 위기임에도 불구하고 그와 관련해서 뚜렷한 신학적 지침이 없이, 시시각각 변하는 상황에 대처하는 데 한계를 느끼고 있었던 그리스도인 상담자들에게 이 책은 다림줄과 같은 역할을 하리라 기대한다. _이영미(백석대 상담대학원 외래교수)

이 책을 접하면서 내 마음에 가장 먼저 다가온 생각은 반가움이었다. 회복적 정의 운동을 하면서 가장 많이 만나는 현장이 바로 학교폭력과 소년범죄 영역인 나로서는 기독교적 관점에서 학교폭력을 다루는 책이 있다는 자체만으로도 감사함이 앞선다. 로널드 헤커 크램은 "한 사람의 죽음은 바로 하나님에 대한 공격이다"라고 지적하고 있다. 이 사회의 뒤떨어진 구조와 문화의 일각으로서 나타나는 학교폭력 문제를 하나님과 우리의 관계로 직접 연결할 수 있어야 바로 아픔과 상실의 시대를 사는 그리스도인이고 제자다. 학교폭력의 현상을 안타까워하지만 기도 외에 달리 할 수 있는 것을 찾지 못하던 우리에게 크램은 하나님의 마음을 품고 오늘날 학교의 현상을 바라보는 비판적인 사고와 실천의 지혜를 전달하고 있다.

하지만 이 책은 비단 학교폭력 문제에만 국한된 시각뿐 아니라 폭력 자체에 대한 치밀한 분석과 폭넓은 이해를 갖도록 하며, 용서와 화해라는 다소 추상적인 개념을 이해하기 쉽게 전달해주는 선물도 제공한다. 그런 점에서 폭력으로 깨어져 가는 세상과 자신의 신앙적 삶의 거리감 속에서 버거워하는 사람이라면 이 책을 반드시 읽어보길 권한다. 이 책을 덮고 난 후에도 내가 교회와 같이 무엇을 할지 여전히 생각하지 못한다면 당신의 신앙은 이미 생명을 잃은 것과 마찬가지다. 개인의 구원과 회심뿐만 아니라 폭력, 영광송, 죄, 공감, 용서, 화해, 치유에 대해 고민과 이해가 있는 살아 있는 그리스도인들이 늘어나길 기대하며 감히 이 책을 추천한다. 그리고 이런 작업들의 결과가 이 시대의 청소년들에게 학교라는 안전하고 평화로운 공간이 늘어가는 전환점이 되기를 소망해본다.

_이재영(한국평화교육훈련원 원장)

최근 따돌림과 학교폭력 문제가 심각해지면서 가해자에게 더 엄한 벌을 주는 대책들이 계속 발표되고 있지만, 문제는 줄어들지 않고 있다. 학교폭력이 발생하는 원인에 대한 제대로 된 분석과 그 원인을 해결하려는 노력이 없기 때문이다. 이런 상황 속에서 학교폭력에 대한 깊이 있는 신학적 분석과 이에 근거한 대안을 제시하는 이 책은 학교폭력 문제로 인해 가슴 아파하면서도 어떻게 행동해야 할지 몰라 가슴 졸이던 기독 교사들과 학부모들에게 단비가 될 것이다. 이 책이 한국교회와 그리스도인들이 학교폭력의 피해자의 아픔을 치유하고 가해자의 진정한 회개를 이끌어내며, 자라나는 모든 세대가 그리스도의 평화를 체득하도록 이끄는 데 적극 나서는 계기가 되길 소망한다.

_정병오(좋은교사운동 정책위원)

현재 초등학생인 딸아이가 유치원 다닐 때였다. 공원에 가서 그네와 미끄럼틀을 타고 놀던 아이가 지압 자갈밭을 걷겠다며 놀이기구에서 내려왔다. 천천히 돌고 있길래 뭐하고 있냐고 물었더니 엄마가 싫어할 것이라며, 속상한 일이 있을 때 이렇게 걸으면 마음이 편안해진다고 했다. 유치원을 다니며 생활의 변화에 스트레스를 받았는지 살이 찌기 시작했던 아이가 유치원에서 뚱뚱하다고 놀림을 받았다는 것을 나중에 알게 되었다. 이것이 딸아이와 나를 찾아온 왕따의 첫 경험이다. 어릴 적 나의 부모님은 예배를 최우선시하셨다. 그때는 몰랐지만 지금은 알 것 같다. 나도 아이에게 예배 가운데 참 평화가 있음을, 하나님의 임재를 경험함으로써 어려움을 겪는 친구들을 공감할 수 있음을 알려주어야겠다. 나와 같이 아이들을 키우는 부모님들께 이 책을 권한다. _정수아(사회복지사)

로널드 헤커 크램은 학교폭력을 "일상적인 일"로 받아들이기를 거부한다. 학교폭력을 줄이기 위한 실제적인 프로그램에 대한 그의 구체적인 제안들은 명료하며 실행 가능한 것들이다. _피터 길모어(로욜라 대학교)

학교폭력이 발생하고 있다. 그런데 어른으로서 우리는 왜 그런 일들을 용납하고 있는가? 이 책은 학교폭력 문제를 이해하고, 어떻게 학교에서 몰아낼 수 있을지, 그리고 우리 사회에서 제거할 수 있을지 등에 답해주는 통찰력 있는 안내서다. _재인 H. 그라보스키(초등학교 교장)

크램은 우리 사회의 중요한 이슈인 아이들 사이에 벌어지는 학교폭력의 핵심을 다루고 있다. 그는 독자들을 폭력과 죄라는 힘겨운 여행으로 초대하고 있으며, 마침내 용서와 공감이라는 비전으로 인도한다. _메리 엘리자베드 무어(보스턴 대학교 신학과 학장)

이 중요한 이슈가 왜 그리고 어떻게 신앙적인 이슈가 되는지 신앙인들이 이해하는 데 도움을 주는 책이다. 그의 사려 깊은 이론적 분석과 실제적 안내는 이 책을 전문가들을 위한 안내서이자, 학생들을 위한 최상의 교과서가 되게 해준다. _마르시아 리그(컬럼비아 신학교)

크램의 요지는 진실하다. 언제 그리고 어디서 일어나든지 간에, 학교폭력은 깊고 지속적인 영향을 준다는 것이다. 이 이슈는 다양한 형태로 다룰 필요가 있다. _데이비드 웰(프린스턴 신학교)

폭력이 관계의 왜곡된 발현이라는 것과 공감이 그 대안이라는 그의 주장은 학교폭력의 위기에 대해서 신앙으로 답할 수 있다는 희망을 담은 가능성을 비춘다.

_시어도르 브렐스포드(캔들러 신학교)

이 책은 내가 읽은 책 중에서 학교폭력을 영적인 위기로서 보면서 신학적인 맥락으로 다루고 있는 최초의 책이다.

_로베타 넬슨(유니테리언 유니버설리즘 종교교육 사역자)

우리는 아이들에게 역기능적인 관계들의 악순환을 깨기 위해 필요한 건강한 관계들을 이해할 수 있는 도구들을 제공해주어야만 한다.

_샌디 클리프톤-베이콘(캘리포니아 학교행정가협회 전 회장)

Bullying
A Spiritual Crisis

Ronald Hecker Cram

Originally published by Chalice Press as *Bullying: A Spiritual Crisis*
© 2003 by Ronald Hecker Cram
Translated and printed by permission of Chalice Press,
483 E. Lockwood Avenue, St. Louis, MO 63119, USA.
All rights reserved.

Korean translation copyright © 2013 by Holy Wave Plus, Seoul, Republic of Korea.

이 한국어판의 저작권은 Chalice Press와 독점 계약한 새물결플러스에 있습니다. 신 저작권법에 의하여 한국 내에서 보호받는 저작물이므로 무단 전재와 무단 복제를 금합니다.

로널드 헤커 크램 지음 | 장보철 옮김

학교폭력,
그 영적 위기와 극복

교육 현장에서
공감과 연대에 기초한
관계 세우기

새물결플러스

│차례│

서론   12

1장. 폭력과 그리스도인의 삶   19
2장. 폭력의 희생자가 된 칼 Karl : 사례 연구   79
3장. 영적 위기로서의 학교폭력   109
4장. 공감의 실천 방법들   169

부록│참고문헌   221
주   231
감사의 글   256
역자 후기   260

| 서론 |

1983년 노르웨이 교육부가 전국적으로 학교폭력('Bullying'은 폭행이나 위협, 못살게 굴기, 놀리기, 집단적 따돌림 등을 포함하는 용어인데, 본서에서는 맥락에 맞춰 '학교폭력'으로 통일함―편집자 주)에 반대하는 캠페인을 벌인 이래, 학교폭력은 유럽과 오스트레일리아, 그리고 최근에는 미국에서도 매우 심각한 연구와 토론의 주제가 되었다. 콜로라도 주의 콜롬바인 고등학교에서의 충격 사건과 세계무역센터 붕괴 같은 비극적인 사건들은 일반적인 폭력, 그리고 좀더 구체적으로는 학교폭력에 대한 대중의 관심이 증폭되는 계기가 되었다. 학교폭력에 대한 최초의 중요한 경험적 연구는 2001년 4월에 「미국 의학협회 저널」The Journal of the American Medical Association에 발표되었는데(미디어에서 크게 보도한 바 있다), 이 연구는 현장에 적용 가능한 기초를 제공해줄 수 있는 조사의 긴급한 필요성과 학계의 관심이 증가하고 있음을 반영하는 것이었다.[1]

그러나 전 세계적으로 학교폭력에 대한 대중적 관심과 연구가 활발해지고 있는 반면에, 기독교 교육 분야에서는 이 주제에 대해 진행 중인 연구를 사실상 찾아보기 힘든 상황이다. 그럼에도 불구하고 교회나 교구들이야말로 학교폭력이란 주제가 논의되고 탐구되어야만 하는 장소라는 사실을 잊지 말아야 한다. 기독교 교육은 다원주의적인 세계 속에서, 적절하고 생명을 부여하는 실천적 행위들에 대한 성찰을 이끌 수 있는 신앙적 지침에 관심을 가진다. 학교폭력은 다른 사람이나 혹은 사람들과 관계를 맺고자 하는 갈망이 그 정반대의 결과를 일으키는, 외부로 표출된 영적인 위기라는 것이 이 책이 말하고자 하는 주제다. 기독교 교육에 특별한 관심을 가지고 있는 실천신학자로서, 나는 학교폭력을 연구하는 데 사회학적이고 심리학적인 방식에 의존하는 것만으로는 충분하지 않다고 믿는다. 물론 그러한 연구들은 중요한 자료이기는 하지만, 기독교 신학과 대화를 나눌 때에만 가치가 있다. 학교폭력에 대한 논의는 본질적으로 우리를 위하시고 우리와 함께하시는 삼위일체 하나님에 의해 구현된 관계적 존재론에 대한 기독교 신학적인 확신에 바탕을 둔 사회정의의 이슈다. 학교폭력에 대한 비판은 우리에게 하나님은 누구이신가에 관한 기독교적 이해에서부터 나온다. 학교폭력의 건설적인 대안은 삼위일체에 대한 기독교적 이해에서부터 시작되는 것이다.

    이 책은 학교폭력을 실천신학적인 관점에서 다루고 있다. 이 책에 대한 관심과 토론을 통해 더 많은 비판적 성찰과 행동이 공공의 유익을 위해 이루어지기를 바란다. 독자들이 이 주제를 다루는 나의 시각에 동의하거나 하지 않는 것은 그다지 중요하지 않다. 오히려 이 책을 통하여 학교폭력에 대한 대화가 교회, 학교, 직장, 가정에서 이루어지는 계기가 되는 것이 훨씬 더 중요한 일이다. 나는 미국 사회 속에서 특권을 가진 백인 가톨릭 남자로서, 보복과 인간을 단순히 선 아니면 악으로 나누고자 하는 시도, 비밀 유지, 민간인 피해(특히, 아프가니스탄, 팔레스타인과 이라크의 여성들과 아이들), 그리고 "테러리즘" 등에 대한 커다란 관심이 미국을 휩쓸고 있는 때에 이 책을 썼다. 이 책은 기독교 교육 분야에 기여하고자 하는 책일 뿐 아니라, 오늘날 전 세계적으로 만연해 있는 폭력에 대한 일종의 사례 연구다.

이 책의 첫 장은 폭력의 뿌리를 중점적으로 다루고 있다. 이 장은 인간이 폭력으로 얼마나 타락하게 되었는가를 철저하게 다루기보다는, 인간이 추구하고 있는 관계성과 죄의 상호관계를 종합적으로 조명하는 데 목적이 있다. 2장은 어린 시절에 학교폭력을 당했던 사람의 실제 사례를 보여주고 있다. 그는 당시의 경험을 회상하며, 그러한 경험들이 어른이 된 현재 종교적인 자기 성찰에 어떤 영향을 미쳤는지를 알려준다. 이 사례 연구는 콜롬비아 신학교의 지원을 받아 1996년에 시작했던 연구 프로젝트의 일부이다. 이 특별한 사례는 과거 5년여에 걸쳐 실시되었던, 어린 시절 학교폭력을 경험했던 성인들을 대상으로 한 많은 인터뷰 중에서 가장 전형적인 예다. 그는 자신의 사례를 이 책에 인용하는 것에 대해서 쾌히 승낙했을뿐더러, 다른 사람들에게 도움이 되기를 바라는 마음에서 적극적으로 그렇게 하라고 권유하기까지 했다. 그가 보여주었던 도덕적인 용기에 깊은 감사를 전한다.

3장에서는 영적인 위기로서의 학교폭력이라는 주제를 발전시키고 있으며, 4장은 그리스도인들이 가정, 직장, 학교, 그리고 교회나 교구에서 실천할 수 있는 공감(학교폭력에 대한 중요한 교정 방법인)과 관련한 다양한 구체적 행동들을 제안하고 있다. 마지막으로, 좀더 깊이 있는 연구와 실천을 위해서 도움을 줄 만한 참고 문헌들을 살펴보았다.

이 책은 다양한 방법으로 사용할 수 있을 것이다. 대학생이나 신학생들에게 이 책은 학교폭력이라는 매우 중요한 이슈에 관해 신학적이고 교육적인 토론을 할 수 있는 예비지식을 얻도록 도와줄 것이다. 뒤에 나오는 긴 후주後註는 학문적인 탐구나 연구 조사에 유용한 자료들을 제공해줄 것이다. 부모거나 아이들의 보호자인 경우, 사례 연구를 먼저 읽은 다음, 정의와 공감을 행동에 옮길 수 있는 실천적인 방법들 순서로 읽어나가는 것이 가장 좋은 방법이 될 것이다. 교구 담당 사역자나 학교 교사, 주일학교 교사, 그리고 그 밖의 종교 교육자들에게는 많은 자료를 담은 주석과 공감의 실천 방법들이 아마도 가장 큰 도움을 주지 않을까 생각한다. 이 외에도 이 책은 독자들의 필요와 관심사에 따라서 많은 방법으로 사용될 수 있을 것이다.

학교폭력에 대한 나의 작업은 캐서린 모리 라쿠나 Catherine Mowry LaCugna의 신학 사상에 기반을 두고 있다. 그녀는 나의 학업 초창기 시절에 너무나 많은 격려를 아끼지 않았다. 1997년 그녀의 죽음은 신학을 연구하는 우리 모두에게 커다란 손실이 아닐 수 없었다. 그녀는 매우 무미건조할 수 있는 이슈인 삼위일체론을 주로 연구했으며, 인간관계에 대한 진정한 기독교적인 이해는 하나님을 찬양하는 데서 이루어진다고 주장했다.

이 책의 여러 부분에 대해 의견을 주었던 다음의 동료들에게 감사를 드린다. 캐롤 카도자-올란디, 피터 길모어, 예레미야

구아르, 베스 존슨, 제론 록 하트, 로버트 넬슨, 캐슬린 오코너, 돈 랫클리프, 마샤 릭스, 헨리 시몬스, 크리스틴 로이 요더. 이 외에도 고마움을 표할 사람들이 많이 있다. 조지아 주 데카터 시에 소재한 컬럼비아 신학교에서 내가 강의했던 "아동들의 영적 생활"을 수강했던 학생들, 코네티컷 주 스탬퍼드 시의 교회와 회당 협의회 회원들, 종교교육협의회 이사들, 종교교육교수연구자협회의 동료들인 클리브 에리커와 캐시 오타(연구 초기에 진솔하고 필요한 조언들을 해주었다), 1999년에 행했던 "파스 강의"Fahs Lecture: 20세기 중반의 종교 교육가인 소피아 리온 파스(Sophia Lyon Fahs)를 기리기 위해 매년 유니테리언 유니버설리스트 협회 총회에서 개최하는 연례 강좌—편집자 주에서 좋은 피드백을 주었던 안드레아 러너와 진보적 종교교육협회 회원들, 학교폭력을 주제로 내가 이끌었던 특별 프로그램과 강의에 참석했던 많은 평신도들, 조지아 주 애틀랜타 시에 소재한 다양성의 문화를 가졌던 교구인 무염시태 가톨릭 성당, 컬럼비아 신학교 등이다. 특히 「종교 교육」Religious Education 저널의 편집자인 테오도르 브렐스포드와 「진보적 종교」Journal of Liberal Religion 의 편집자인 케네스 올리프에게 감사를 드린다. 그들은 이 책을 쓰기 위해서 내가 전에 발표했던 논문들로부터 많은 인용을 할 수 있도록 허락해주었다. 실제로 이 책은 많은 사람들과의 실제적인 대화를 비롯한 학제간 협력의 결과로 이루어지긴 했지만, 여러 가지 미비한 점들이나 한계들은 모두 나의 부족함 때문임을 밝혀둔다. 이 책을 발간할 수 있도록 큰 격려와 적절한 방향을 제시해주었던 챌리스 출판사의 존 베르퀴스트에게도 심심한 감사를 드린다. 마지막으로 나의 가장 사랑스러운 친구이자, 아이들의 사랑하는 엄마, 그리고 불의와 억압으로 인해 상처받은 자를 치유하고 있는 나의 아내인 수잔 헤커 크램에게 이 책을 바친다.

부활절 아침 뉴올리언스에서

로널드 헤커 크램

1장

폭력과 그리스도인의 삶

부당하게 고통받고 있는 사람들과 동일시하는 것은
자신과 자신이 속한 공동체를 하나님 홀로 존재하시는 곳,
역설적으로 말하면 하나님의 부재의 가능성에 열어놓는 것이다.
고난받는 사람들과 연대하는 것은 부재 속에서 상황을 바꾸시는
하나님의 현존의 가능성에 자신을 개방하는 것이다.

나는 수년 동안 여러 교회에서 주일 오전 성경공부 시간에 "학교폭력"에 대해 가르쳐오고 있다. 부모들이나 돌봄 제공자들이 미국의 아이들 사이에서 벌어지고 있는 폭력의 증가에 대해 혼란을 겪는 동시에 매우 염려하고 있기 때문인지, 매우 많은 사람들이 참석하고 있다. 어느 주일 오전에 40대 중반으로 보이는 한 아빠가 자신의 열 살 된 딸을 데리고 왔다.

    그 아이는 겁에 질린 듯한 표정으로 매우 불안정해 보였는데, 어른들로 꽉 차 있는 그 방에 어린아이라곤 자기밖에 없기 때문만은 아니었고, 바로 고통스러운 자기 마음으로부터 나오는 불안감 때문이었다. 그 어린 여자아이는 매우 동요하고 있어서 자기 아빠를 제외하고는 누구도 제대로 쳐다보지 못하는 것을 분명히 알 수 있었다. 수업이 시작되자, 당황하고 흥분해 있던 그 아이의 아빠가 떨리는 손을 들었다. 나는 그에게 수업에 참여한 모든 사람 앞에서 이야기할 수 있는 기회를 주었다. 그는 망설이다가 어렵사리 말하기 시작했다. "제 딸은 학교 가기를 무서워하고 있답니다. 그런데 아무도 제 딸에게 신경 써주지 않고 있습니다. 선생님들도 학교 행정담당자들도 우리를 도와주지 못하고 있는데, 사실, 그들조차도 무엇을 해야 할지 모르고 있는 형편입니다. 저는 고학년 여자아이들이 왜 제 딸을 위협하고 싶어하는지 도대체 이해할 수 없답니다. 무슨 일이 벌어질지도 두렵고요. 이 폭력이 멈추게 해달라고 하나님께 기도하지만, 별 효력이 없습니다. 하나님이 과연 이 문제에 관심을 갖고 계시기는 한지 알고 싶답니다. 제 친구들은 너무 걱정하지 말라고, 학교폭력은 시간이 지나면 없어질 거라고, '아이들은 단지 아이들일 뿐'이라고 말하곤 합니다. 그러나 학교폭력은 사라지기는커녕 오히려 더 심해져만 가는 형편입니다. 우리는 무기력함을 느끼고 있어요. 제발 저희들을 도와주세요. 어떻게 해야 할지 정말 모르겠어요." 괴로워하고 있는 이 부녀는 많은 사람들이 했던 질문들, 곧 기독교 신앙의 관점에서 마땅히 이야기되어야 할 질문을 제기하면서 주일 아침 어느 한 교회의 성경공부 시간에 참석했던 것이다.

 이 부녀는 아주 중요한 반면 매우 큰 불편함을 일으키는 두 가지 질문을 떠올리게 했다. 그것은 다름 아닌 학교폭력은 무엇인가, 왜 그리스도인들이 학교폭력을 심각하게 생각해야만 하는가 하는 질문이었다. 이러한 두 가지 중요한 질문에 답하기 위하여, 하나님과 인간에 대해서 우리가 갖고 있는 가장 원초적인 믿음들과 생각들을 돌아보아야만 한다. 대중매체에서, 학교폭력을 이슈로 한 공공 토론에서도 이러한 논의들이 제대로 다루어지지 않고 있다. 학교폭력이라는 매우 예민하고 중요한 사회적 이슈들에 대한 공적인 논의에서 신학적 이해가 무시당하고 있는 것이다. 그러나 그리스도인들에게 폭력은 매우 커다란 신학적 중요성을 지닌 문제다.

폭력을 탐구하고자 할 때 그리스도인들은 기독교 신학이 던지는 가장 중요한 몇 가지 질문에 직면하게 된다. 인간이 된다는 것은 무슨 의미인가? 하나님은 누구신가? 십자가는 무엇을 의미하며, 우리는 어떻게 이 땅에서 서로 공존하며 살아갈 것인가? 이러한 질문들이다. 다른 말로 하면, 우리는 학교폭력이라는 영적인 위기를 탐구함으로써 그리스도인의 삶의 신비로움 속에 있는 가장 중요한 질문들과 대면하는 자신을 발견하게 되는 것이다.

폭력은 모든 그리스도인들이 반드시 다뤄야 하는 주제다. 결국, 예수님은 폭력 속에서 죽음을 당하셨으며, 예수님에 대해서 우리가 믿는 바로 그것이 그리스도인의 삶의 의미와 본질과 목적들을 이해하는 데 영향을 미친다. 우리가 의식하건 못하건 간에 예수님에 대한 우리의 믿음은 폭력을 이해하는 과정 속에서 발생한다. 이 장에서 나는 우리와 하나님, 우리 자신, 타인들, 이 땅의 관계들에 대해서 먼저 짚어보고자 한다. 영광송 doxology과 죄라는 기초적인 주제는 하나님과의 관계가 어떻게 그리스도인인 우리의 삶 전체를 형성하는지 논의하는 데 도움을 준다. 그러나 이러한 단순한 논의들은 좀더 복잡한 이슈와 주제들로 우리를 이끈다. 하나님은 인간의 죄를 용서하시기 위하여 예수님을 이 땅에 보내셨는가? 우리에게 큰 영향을 끼치고 있는 성서신학자인 바울은 특정한 시대의 특정한 문화 속에서 저술하였다. 예수님의 삶과 죽음(신학에서 소위 말하는 "속죄")에 대한 바울의 이해가 우리가 죄와 용서를 이해하는 데 어떤 영향을 미쳤는가? 그리스도인들인 우리가 예수님의 죽음을 어떻게 이해하느냐는 이 장의 가장 중요할지도 모르는 마지막 질문으로 우리를 이끈다. 예수님이 십자가에서 고통받으셨을 때 하나님은 어디에 계셨으며, 오늘 우리에게 당신의 좋은 소식을 말하시는 하나님은 어디에 계시는가?

폭력, 영광송, 죄: 관계의 출발점

학교폭력은 말 그대로 폭력 행위다. 이상하게 들리겠지만, 폭력의 근원은 바로 타인과 관계를 맺고자 하는 원초적인 인간의 갈망에서 찾을 수 있다. 타인과 관계를 맺고자 하는 갈망은 좋은 것 아닌가? 사실, 타인과 관계를 맺고자 하는 우리의 갈망은 인간이 된다는 것이 의미하는 바의 핵심에 있다. 이러한 갈망은 인간이 하나님의 형상으로 창조되었다는 것의 의미를 보여주는 하나의 방편이 되기도 한다. 하나님은 인간을 하나님 자신과의 관계 속에 있도록, 곧 하나님의 친교 속에 있도록 창조하셨다. 하나님은 인간을, 창조주 하나님 및 타인들과의 관계 속에 있도록 지으신 것이다. 이런 관점에서 보았을 때, "너"Thou 혹은 "우리"We 와 분리된 "나"I 는 있을 수 없다. 남아프리카 공화국의 나탈Natal 북

쪽에 살고 있는 사람들은 서로 "사우 보나"Sawu bona라는 인사말을 주고받는데, "나는 당신을 본다"라는 뜻이라고 한다. 이때 상대방은 "시코나"Sikhona라고 대답하는데, 이 말은 "내가 여기에 있다"라는 뜻이다. 그들의 인사법을 연구했던 조직이론 전문가 피터 셍에Peter Senge는, "이러한 인사와 반응을 교환하는 데는 순서가 매우 중요하다. 당신이 나를 보기 전까지, 나는 존재하지 않는다. 이 말은 마치 당신이 나를 보았을 때, 당신은 나를 존재가 되도록 이끈다는 의미로 들린다"[1]라고 썼다.

타인과의 관계 속에 있고자 하는 갈망, 곧 하나님이 인간의 심장에 써놓으신 그러한 갈망은 생명을 주는 것일 수 있다. 타인과의 교제는 기쁨, 평화, 안전함, 희망, 사랑 등을 이룰 수 있는 가능성이다. 한편, 타인과의 관계 속에 있고자 하는 갈망, 곧 하나님이 인간의 심장에 써놓으신 그러한 갈망은 생명을 빼앗아갈 수도 있다. 타인과의 교제는 고민, 전쟁, 불안전함, 절망, 증오 등을 경험하게 할 가능성이 있다. 관계의 한 유형으로서 폭력은 비이성적이다. 타인에게 신체적으로나 심리적으로 해를 입히는 것은 이성적인 일이 아니다. 폭력은 비이성적이지만, 항상 관계적이다.

우리는 종종 타인과의 관계 속에 있고자 하는 갈망이 모든 폭력의 근원이라는 사실을 잊곤 한다. 이 말이 처음에는 얼마나 우스꽝스럽게 들리는가! 우리가 알고 있는 일반 상식으로는 폭력은 타인과의 관계를 형성하고자 하는 것이 아니라, 정반대로 관계를 종결하고자 하는 갈망이다. 그러나 좀더 면밀하게 폭력의 이면을 살펴보면, 어떻게 폭력이 타인과 관계를 맺는 방식이 될 수 있는지 이해하기 시작한다.

타인과의 관계 속에 있고자 하는 갈망은 하나님의 선물로, 인간이 되는 것이 뜻하는 바의 심원한 한 부분이다. 타인과 관계를 맺고자 하는 갈망은 인간의 내면으로부터 나오는 깊은 열망인 것이다. 그러나 하나님을 찬양하는 영 a spirit of doxology 안에서 타인과 관계를 맺는 것은 죄의 영 안에서 타인과 관계를 형성하는 것과는 다른 결과를 낳는다. 그렇다면 영광송은 무엇인가? 또 죄는 무엇인가?

영광송과 죄

영광송 doxology 과 죄 sin 를 우리가 "관계"라고 부르는 한 동전의 앞뒷면이라고 생각해보자. 영광송은 하나님을 찬양하는 것을 뜻한다. 영광송은 우리가 정의와 평화를 위해 행동할 것을 요구한다. 신학자인 캐서린 모리 라쿠나 Catherine Mowry LaCugna 는 영광송이 "인간성의 충만함을 증진하며, 사랑과 긍휼에 기초한 관계들을 세우고, 하나님을 영화롭게 하는 모든 것을"[2] 포함한다고 썼다.

반면에, 죄는 영광송의 부인(혹은 반대)이다. 죄는 하나님을 찬양하는 것이 아닌 모든 행위를 말한다. 라쿠나는 죄는 "찬양의 부재"[3]라고 썼다. 그녀는 적절하게도, 타인과의 관계라는 맥락에서 죄를 정의하고 있다. 그녀는 "죄는 올바른 관계의 부재다. 그것이 타인과의 관계이든(착취의 관계들), 우리 자신과의 관계이든(두 가지 형태의 자기중심적 행위: 자기 비하와 과대평가), 이 세상과의 관계이든(낭비, 소비지향주의, 파괴의 관계), 또는 하나님과의 관계이든(거짓 신들에 대한 예배) 말이다."[4] 만일 인간에게 자유와 같은 것이 없다면, 죄 또한 존재하지 않을 것이다.

    죄는 동사다. 죄는 타인과의 교제 속에 있고자 하는 갈망인데, 그 교제는 하나님에 대한 찬양을 반영하지 않는다. 죄는 타인과의 교제 속에 있고자 하는 갈망이지만 증오와 파괴와 죽음을 불러오는 잘못된 방식의 갈망이다. 폭력은 하나님이 인간에게 주신 선물인 관계성을 근본적으로 거절하는 것은 아니다. 사실, 폭력은 하나님이 모든 인간에게 선물로 주신 타인들과 관계 맺고자 하는 마음을 근본적으로 거절하는 것이 아니라는 말이다. 폭력은 하나님을 포함한 타인들과의 관계 속에 있는 하나의 방식이지만, 단지 오도되고 파괴적인 방식으로 관계를 맺는 것이다.

    이렇게 보았을 때, 폭력은 관계(심지어 하나님을 찾고자 하는)를 찾으려 하는 헛된 표현 속에서 사실은 타인의 존재를 부인하고자 하는 죄의 한 유형이다. 폭력을 행사함으로 타인과 관계를 맺기를 원하는 사람은 무엇보다도, 긍정적인 종교적 탐구(타인 및 하나님과의 관계 속에 있고자 하는)를 수행하는 참으로 불쌍하고 비극적인 사람으로, 그 무익한 결말에는 다름 아닌 영광송적인 관계가 없다. 이것을 다른 식으로 말하면, 다른 사람들과 관계를 맺고자 하는 긍정적인 종교적 탐구가 또한 폭력과 침해에 대한 탐구일 수 있다는 것이다. 그러나 폭력을 통해서 타인과의 관계를 추구하는 것은 그들이 본래 구하던 바와는 전혀 다른 결과를 가져다준다. 폭력을 통해서 관계를 추구하는 사람은 불가피하게 타인으로부터 고립되어 외로운 상태에 처하게 된다. 사회학자인 마크 위르겐스마이어 Mark Juergensmeyer 가 종교는 폭력을 낳는 토양이 될 수 있다고 결론을 지은 것은 그다지 놀랄 만한 일이 아니다.[5] 죄가 지니고 있는 종교적인 차원들이 무시되어서는 안 된다. 죄와 영광송은 단지 똑같은 동전의 다른 면들인 것이다.

영광송의 영靈 안에서 다른 사람들과 관계를 가짐으로써 우리는 하나님의 형상을 따라 창조된 타인이라는 신비에 점점 더 이끌리게 된다. 신비와 겸손의 영에 의해서 생기를 얻는 영광송의 영은 우리를 자연스럽고도 조용하게 타인에 대한, 그리고 우리 자신에 대한 감사와 경외로 이끈다. 만일 타인과의 관계가 영광송의 영에 의해서 안내를 받는다면, 우리가 사랑에 의해서 변화되고 우리와 함께하시며, 우리 안에 계시고, 우리를 통해서 일하시는 하나님을 좀더 온전하게 존중하게 되기 때문에, 타인뿐만이 아니라 우리 자신의 존엄성과 가치를 경험하게 된다.

죄의 영 안에서 다른 사람들과 관계를 갖는 것은 자기 자신과 타인 모두 비인간화시키는 행동이다. 다른 사람들 안에 거하시는 하나님의 임재로 인한 신비와 겸손으로 이끌리기보다, 그들은 그저 하나의 "물건"으로 축소된다. 철학자인 시몬 베유 Simone Weil 는 인간화에서 비인간화로의 이러한 전환을 일종의 "**힘**"force으로 이해했다. 그녀는 힘을 "누군가를 **사물**로 바꿔버리는 요인 X"[6]라고 설명한다.

타인을 하나의 사물로 전환시킴으로써, 곧 죄가 이끄는 종교적 상상의 행동을 통해, 우리는 하나의 사물 자체가 되어가는 고통으로 가득 찬 과정을 시작한다. 하나님의 선물, 곧 타인과 관계를 맺고자 하는 갈망은 계속해서 우리를 타인에게로 이끈다. 타인과 관계를 맺고자 하는 이러한 갈망은 쉽게, 아니 어쩌면 전혀 누그러뜨릴 수 없을지도 모른다. 그러나 죄는 영광송의 생명을 부여하는 자원들을 엉뚱한 방향으로 이용한다.

"진정한 타인"의 삶에 참여하려는 관심과 기꺼운 마음으로 "진정한 타인"의 삶을 긍정하는 것은 한 사람의 삶 속에서 영광송을 드러내는 것일 뿐만 아니라, 세상 속에서 하나님이 우리에게 누구이신지를 긍정하는 것이기도 하다. 바로 여기에 우리 자신과의 관계, 타인과의 관계, 그리고 **하나님과의** 관계가 달려 있다.

타인을 단지 하나의 사물로 전환하는 것은 우리 자신과 심지어 하나님까지 사물로 전환시키는 피할 수 없는 결과를 가져온다. 절대로 사물로 치부해버릴 수 없는 하나님이 이러한 죄악된 과정 속에서 **아무것도 아닌 존재**로 부인되고 마는 것이다. 하나님을 부인하는 것은 우상숭배와 다름이 없다. 하나님 또는 하나님의 형상으로 창조된 인간을 사물로 전환시키는 행위는 자기 파괴적인 폭력이다. 우리가 사물로 전락시켜버린 하나님과 관계를 맺는 것은 아무런 생명도 줄 수 없는 어떤 것과 관계를 형성한다는 의미다. 하나님을 떠나서는 우리 자신과 타인들을 알 수 없기 때문에, 하나님의 형상을 따라 창조된 타인을 부인하는 행위는 타인과 자기 자신과 하나님으로부터 소외되는 결과를 낳게 되는데, 이 모든 것은 동시에 이루어진다.

타인과 관계를 맺고자 하는 (하나님이 부여하신) 내적 갈망에 의해 유발된 "사물"의 관계망~matrix~은 아마도 지옥으로 특징지을 수 있을 것이다. 폭력이 자행되는 공간은 소외와 고독으로 대변되는 죄의 장소다. 이러한 소외와 고독은 인간이 갈망했던 것과는 정반대의 모습이다. 그러한 폭력의 공간은, 타인들을 파괴하는 것만이 그들과 관계를 맺는 유일한 방법이 되는 곳이며, 하나님을 그저 한낱 물건으로 전락시켜버린 인간의 자아~self~가 만들 수 있는 유일한 논리적인 결과로서의 자기 파괴가 이루어지는 곳이기도 하다. 영광송과는 완전히 반대인 이러한 현상 속에서, 인간은 자기 자신은 물론이고 타인을 괴롭히는 폭력을 행사함으로써만 자신과의 관계를 형성할 수 있다. 고전주의자인 W. R. 존슨~Johnson~은 이러한 폭력과 증오의 과정을 "그 자체가 아닌 것을 무엇이든지 간에 짓밟으려고 하는 분노"[7]로 표현했다.

    타인을 짓밟으려고 하는 그러한 분노는 타인과 관계를 맺는 목적으로는 부적절한 전략이다. 이보다 더 근본적인 영적 위기를 상상하기란 불가능하다. 우리 마음의 가장 깊은(무의식적인) 차원을 들여다보면 우리는 인간이 타인과 관계를 맺는 존재로 창조되었다는 것을 알고 있다. 반면에 어떤 사람이 알고 있는, 타인과의 관계를 맺는 유일한 방법은 폭력이다. 그러나 폭력은 타인과의 지속적인 관계를 가져오는 대신에, 단지 일시적이고, 덧없고, 산발적인 관계를 가져온다. 타인과 관계를 맺고자 하는 갈망은 매우 격렬하고 강력해지기 때문에 폭력에 대한 유혹 역시 증가한다. 우리는 아마도 폭력의 강도를 높이면, 타인의 관계 또한 좀더 오랫동안 좀더 영구적으로 지속되리라고 생각할지도 모른다. 이 얼마나 어처구니없는 생각인가! 타인과 관계를 형성하는 데 사용하는 이러한 방법은, 그 안에 담겨 있는 분노가 너무나 크기 때문에 오히려 타인을 영원히 잃어버리게 될 뿐이다. 그 결과 남게 되는 것은 분노로 가득 찬 자신뿐인데, 분노로 가득 찬 자신은 이번에는 자기 자신에게로 향하여 종종 자기 파괴적인 결과들을 잉태하기 시작한다. 이 지점에 이르면, 심지어 자기 자신과의 관계조차도 폭력을 매개로 해서만 가능하게 되는 것이다.

타인과 관계 형성의 장

하나님을 비롯한 타인과 관계를 이루고자 하는 욕망을 우리가 살고 있는 사회적인 장場과 분리해서 이해할 수 있을까? 전혀 가능하지 않다. 존재한다는 것은 다름 아닌 **사회적 맥락 안에서** 타인들과 관계를 맺으면서 존재한다는 것을 의미한다. 관계를 이루고자 하는 우리의 욕구는 유아기에 시작된다. 인간 발달 연구가인 유리 브론펜브레너 Urie Bronfenbrenner 는 어린아이들의 성장을 이해하기 위한 접근을 고안했는데, 이것은 어떤 상황에서 사람을 보다 분명하게 이해하는 데 도움을 준다. 그의 "생태학적 체계이론" ecological systems theory 은 우리로 하여금 어린아이의 심리적이고 생물학적인 구조를 진지하게 생각하도록 이끈다. 그러나 그는 여기에서 그치지 않고 집, 학교, 놀이터, 주일학교와 이웃과 같은 환경에서 다른 이들과 관계를 이루어가는 아이들을 이해하기 위한 접근들을 계속해서 발전시켜나갔다. 그는 이러한 개별 상황들을 아이들의 **마이크로시스템**microsystem, 미시체계으로 불렀다.

마이크로시스템은 **메조시스템**mesosystem, 중간체계이라고 하는 좀더 넓은 시스템의 일부다. 메조시스템은 다양한 마이크로시스템들 사이의 상호의존적인 관계와 연관이 있다. 예를 들면, 만일 어떤 어린아이가 가정에서 다른 사람과 관계를 맺기 위한 주요 수단으로서 폭력을 경험한다면, 이러한 폭력을 기반으로 한 관계의 패턴은 단지 가정 안에서뿐만 아니라 아이의 일상생활이 진행되는 다른 상황에서도 그대로 적용된다는 것이다. 예를 들면, 놀이터에서 친구들 사귀는 방법으로 집에서 사용하는 폭력을 주로 사용하게 될지도 모르는 것이다.

마이크로시스템과 메조시스템은 모두 **엑소시스템**exosystem, 외부체계으로 둘러싸여 있다. 엑소시스템의 예로는 아이가 태어났을 당시의 사회, 경제, 종교, 정치 시스템을 들 수 있다. 아이들이 직접 이러한 시스템들을 만들지는 않았지만, 그러한 시스템 안에서 어떻게 활동하며 존재해야 하는지를 배우는 사회화의 과정을 거치도록 초대받고 있는 것이다. 애틀랜타에 살고 있는 어린아이는 다소 복잡한 설명을 듣고서는 자본주의가 무엇인지 잘 이해하지 못할 수도 있지만, 세상에 태어난 바로 그 순간부터 무언가를 살 수 있는 구매력을 갖거나 그렇지 못하는 경험들에 대해서는 이해하게 될 것이다. 이것은 돌봄 제공자가 선택하는 음식물, 의료 서비스의 질, 정보에 대한 접근, 식료품점에서 풍선껌을 구입할 수 있는지 혹은 없는지 등의 경우들에서 잘 나타난다.

계속해서 브론펜브레너는 지금까지 이야기한 시스템들이 하나의 **매크로시스템**macrosystem, 거시체계 에 둘러싸여 있다고 지적한다. 매크로시스템에는 매일의 생활 속에서 일어나는 공식적·비공식적인 일들, 종교적인 가치, 의례, 그리고 직간접적으로 아이가 태어난 문화의 도덕적 풍토를 형성하는 관습들이 포함된다. 브론펜브레너는 마지막으로 **크로노시스템**chronosystem, 시간체계 을 언급하고 있다. **크로노스**chronos 는 시간을 뜻한다. 상호독립성이라는 관점에서 앞의 모든 시스템―마이크로시스템, 메조시스템, 엑소시스템, 매크로시스템―을 살펴보면, 이러한 시스템들이 정적인 것이 아니라, 각각의 시스템 내에서 발생하는 변화들에 반응하여 시간에 따라서 바뀐다는 것을 알 수 있다. 시스템들 안에서의 변화는 시간 속에서 그리고 시간이 경과하는 가운데 발생한다. 이러한 변화들은 다른 시스템들과 상호작용하게 된다. 크로노시스템은 시간의 흐름에 따라서 상호독립적인 다른 시스템들에 "큰 그림"을 제시한다.[8]

종종 다음과 같은 질문이 제기된다. 관계적인 패턴들을 사회적·시스템적인 관점에서 보아야 하는가, 혹은 대인적이고 심리적인 관점에서 다루어야 하는가? 브론펜브레너는 우리가 이 두 질문 중 어느 하나를 제외하고 다른 하나를 선택하려고 하는 함정에서 벗어나도록 도와준다. 아이들이 경험하는 날마다의 일상적인 삶에 나타나는 사회 현실은 너무도 복잡하기 때문에 지극히 단순한 방법으로는 해답을 찾지 못한다. 심지어는 "앞의 두 선택 모두" 받아들이는 것도 생태학적 시스템적인 상황들에서 살고 있는 아이들의 복잡성을 고려해볼 때 그다지 적절하지 않다.

어느 여름, 종교 교육 프로그램에서 가르쳤던 한 소년과의 관계에 얽힌 이야기는 대인관계와 보다 넓은 사회적 상황 사이의 연관성을 분명히 이해하는 데 도움이 될 것이다. 몇 년 전, 나는 여름방학 동안 뉴저지의 트렌튼의 어느 교회에서 도시 빈곤층 아이들을 대상으로 가르친 적이 있었다. 아이들 중에 여섯 살 먹은 남자아이가 있었는데, 그는 이미 심각한 감정적·육체적 폭력을 행사하는 아이로 알려져 있었다.

나는 학생들과 둥글게 원을 그리며 앉아서 예닐곱 살 정도의 아이들 열두 명에게 성경 이야기를 가르치고 있었다. 우리는 매우 즐거운 시간을 보내고 있었다! 그런데 갑자기 내 눈에 한 작은 아이가 나를 향해 걸어오고 있는 모습이 들어왔다. 나는 그 아이에게 이리 와 함께 공부하자고 말하며, 그 아이가 앉을 자리를 마련하기 위해 자리를 움직였다. 바로 그 순간이었다. 으악! 작지만 강력한 아이의 주먹이 내 가슴을 쳤던 것이다. 나는 그 강한 주먹에 그만 바닥으로 넘어졌으며, 숨을 가쁘게 몰아쉬었는데, 사실 거의 숨쉬기가 곤란할 지경이었다. 아픔이 가슴을 통해서 서서히 전달되는 것을 느끼면서, 나는 뭔가 기대에 찬, 커다란 그 아이의 두 눈을 올려다보았던 것으로 기억한다. 아이는 잠시 어슬렁거리더니만 이윽고 사라져버렸다. 그 후에 그 아이를 잘 알고 있는 다른 그룹의 리더들과 이야기를 나누면서, 나는 그가 가정에서 학대를 받으면서 자라났다는 사실을 알게 되었다. 다른 사람과 관계를 맺기 위하여, 그 아이가 알고 있는 유일한 방법은 다름 아닌 육체적 폭력이었던 것이다. 정말로 이 귀여운 어린아이에게는 폭력만이 나와 이야기를 나누거나 관계를 맺기 위해 알고 있는 유일한 방법이었다. 내가 그 아이에게 반격하지 않았을 때, 그룹 리더는 그 아이가 매우 당황해하더라고 말했다. "왜 크램 선생님이 나를 좋아하지 않는 거지?"라고 나중에 다른 리더에게 물어보았다고 한다. 맞받아치지 않음으로써 나는 폭력의 세계에서 당연시 여기고 있었던 관계를 맺는 형태에 따르지 않았던 것이다.

그러나 만일 우리가 그 아이의 가정이 좀더 넓은 사회 환경으로부터 어느 정도 고립되어 있거나, 또는 다른 관계들을 전혀 형성하고 있지 않다고 결론을 내린다면 실수를 저지르는 것이다. 그 아이는 아주 최근에 중남미에서 미국으로 이주해왔다. 그와 그의 가족이 미국으로 건너온 것은 그의 나라에 만연해 있던 폭력 때문이었다. 일단 미국으로 건너온 그의 부모는 이곳에서 적절하게 살아갈 수 있는 경제적 여건이나 사회적인 관계를 발전시킬 수 있는 기술을 가지고 있지 않았다. 그 아이의 아빠는 우울증세를 보였으며, 주위로부터 고립되었고, 폭력을 휘두르는 사람이 되어갔다. 그 아이의 아빠가 이웃 식품점에 몰래 침입하려고 하다가 체포되었을 때, 엄마와 그 아이의 좀더 나은 삶을 향한 희망도 사라져버렸다.

이 어린아이에게 영향을 미친 사회 시스템들의 "층"들을 보면 거의 상상하기조차 어렵다. 전 세계적으로 만연해 있는 정치사회적인 폭력의 패턴들이 조용하고 안전하던 교회 성경공부 시간에 내가 당한 폭력과 구조적으로 연관이 있는 것이다.

아동인권론자이자 교육가인 조나단 코졸Jonathan Kozol은 자신의 책 『놀라운 은혜: 어린이의 삶과 국가의 양심』Amazing Grace: The Lives of Children and the Conscience of a Nation 9)에서 감옥 제도가 뉴욕 시에 거주하고 있는 가족들에게 미치는 영향을 여실히 보여주고 있다. 부모 중 한쪽 혹은 둘 다 감옥에 들어가게 되면, 가난에 남겨진 아이들은 사회적이고 경제적인 폭력의 시스템에서 벗어날 수 있는 기회가 거의 전무하다. 얌전하고 너무도 사랑스러운 아이들이 자신의 통제를 훨씬 벗어난 폭력의 사회적인 패턴들에 의해서 망가지고 비뚤어지게 된다고 그는 말하고 있다.10) 동부 해안의 라이커스 섬Rikers Island의 교도소에 수감되어 있는 사람들 중 92퍼센트가 흑인이나 히스패닉이다.11) 그곳의 교도소에 있는 한 명의 성인을 유지하기 위해서는 일인당 연간 64,000달러를 써야 하며, 재소자들을 나르는 배 근처에 건장한 젊은이 한 명을 거주하게 하는 데에는 연간 93,000달러라는 비용이 든다.12) 그러나 부모들이나 후견인들이 감옥에 들어가는 바람에 파괴되어버린 가족들을 고려한다면, 가족들과 학교들 그리고 사회기관들이 부인하고 있는 자료들을 알게 된다면, 또한 미국에서 행해지고 있는 재소자들의 감금에 나타난 인종차별주의를 이해하기 시작한다면 그러한 금전적인 수치들은 아무것도 아니다.13)

아이들이 당연하게 여기는 세상 그 자체는 그들을 사회화하는 데 강력한 역할을 한다. 공감이 발달하고 자라날 수 있는 능력이 아이들의 환경 속에서 적절하게 나타나지 않을 수도 있다. 또한 적절한 어른들의 지도가 결여될 수도 있다. 또래 아이들과의 긍정적인 상호관계의 기회가 거의 없을 수도 있다. 수세기 동안 신학자들은 죄의 근원에 대해서 골머리를 썩혀온 반면에, 죄의 영속성을 알아내기란 그리 어렵지 않다. 기독교적인 관점에서 보았을 때, 영광송은 죄보다 더 강력하며 본질적으로 생명을 주는 성질을 가지고 있다. 이와 동시에, 일단 죄의 순환 구조와 시스템이 형성되면, 그것들을 멈추기란 매우 어렵다는 것 또한 사실이다. 폭력은 그것을 사용하는 사람이나 기관 혹은 국가들에게 묘한 매력을 준다. 그러나 단지 폭력이 폭력의 피해자와 관계를 맺는 수단으로 작용할 때에만 그렇다. 학교폭력은 개인들이나 집단들 사이에서 발생할 수 있다. 하지만 폭력은 그것이 만들어놓은 관계로부터 쾌락을 맛볼 수 있기 때문에 존재하게 되는데, 이것은 비뚤어지고 왜곡된 현상이다. 폭력은 타인과의 관계를 부인하는 결과를 야기할 수밖에 없는 관계를 형성한다. 우리 시대에, 영광송을 실천하는 것은 **바깥 세상**뿐만 아니라 우리의 내적인 삶을 재정립하기 위한 혁신적인 초대다.[14] 그러나 만일에 우리가 의식적으로나 무의식적으로 벌어지고 있는 개인과 사회 사이의 상호작용을 제대로 인식하지 못한다면 앞의 말은 오도(誤導)될 수 있다.

나와 관계를 맺기 위한 방법으로 내 가슴을 때렸던 그 아이의 이야기를 예로 들어보자. 아이들이 폭력 성향을 유전적 기질로 갖고 태어날 수 있다고 많은 이론이 말하고 있다. 폭력에 대한 유전적 성향을 폭력적 행동의 불가피성과 혼동하지 말아야 하는 한편, 만일 가정이나 학교에서 폭력이 적절한 사회적 행동으로 받아들여진다면, 그러한 폭력적인 유전적 기질은 배양되고 더욱 강화될 것임을 기억해야 한다. 좀더 나아가 이 아이가 인종과 계급으로 인한 경제적이고 사회적인 차별과 억압이 있는 사회 경제적인 분위기에서 성장하고 있다고 상상해보자. 가정을 비롯한 이러한 시스템들과 심리적이고 유전적인 기질의 독립적인 상호작용은 다시 폭력을 더욱 강하게 정당화시킨다. 좀더 가정해보자. 그 아이가 폭력적이고 잔인한 군사적인 대응과 세계를 선인과 악인으로 분리하는 맹목적인 애국심을 가치 있게 여기는 나라에서 자라고 있다고 하자. 더 나아가 그러한 정치적이고 군사적인 방어 체계가 시간이 지나감에 따라 보복의 패턴으로 고착되어서, 그 결과 국가의 폭력적인 행동이 관습적으로 당연하게 받아들여지고, 심지어 폭력이 신성한 것으로 여겨진다고 가정해보자.

이러한 가상적인 시나리오에서 심리적이고 유전적인 요소들의 중요성을 거부하는 것은 적절하지 않을 것이다. 부모나 돌보는 사람들은 아이들의 성격이 두 살 혹은 그보다 일찍 형성된다는 사실을 알고 있다. 그러나 공적이고 개인적인 행동과 가치들을 강화시킬 수 있는 사회적·정치적·경제적 시스템들을 부인하는 것 역시 적절한 태도는 아니다. 브론펜브레너는 어린아이들이 그들의 생각과 성격을 강화시켜주는 복잡한 시스템 속에서 태어난다는 사실을 재확인시켜준다. 사회학자들인 피터 버거 Peter L. Berger 와 토마스 루크만 Thomas Luckmann 이 명명한 일차적·이차적 사회화 과정들은 브론펜브레너의 생태시스템 이론을 좀더 명확하게 이해하는 데 도움을 준다. 사회화 과정을 다룬 피터 버거와 토마스 루크만의 통찰력 있는 책 『실제의 사회적 구성: 지식의 사회학 논문』*The Social Construction of reality: A Treatise in the Sociology of Knowledge*에서 그들은 다음과 같이 말한다.

> 일차적 사회화는 한 개인이 어린 시절에 경험하는 과정을 통하여 한 사회의 구성원이 되는 것이다. 이것이 첫 번째 사회화이며, 이차적 사회화는 이미 사회화된 개인이 그가 속한 사회가 만들고 있는 새로운 부문들에 적응해가는 과정이다.[15]

아이가 말하거나 심지어 걷기도 전에, 자연스럽게 형성된 그 아이의 세계는 아이의 행동 패턴, 사고 패턴, 그리고 타인과의 관계 속에서의 자기 인식에 영향을 준다. 대개의 경우 다섯 살 정도 되면 아이는 이미 기본적인 문화적·정치적·경제적·종교적 가치관 및 성과 인종에 대해서 그 사회가 가지고 있는 가치관을 학습하는 것이다. 종교교육가인 파커 파머 Parker Palmer 가 "만일에 어떤 일들이 겉으로 드러나는 그대로라면, 교육은 필요하지 않을지도 모른다"[16]라고 말한 것은 그리 놀랄 만한 일이 아니다.

종교에 대해 우리가 갖는 최초의 이해가 종종 폭력에 대한 지배문화의 이해를 강화시키는데, 특히 그 기원이 예수님의 삶과 십자가의 죽으심과 부활까지 더듬어 올라가는 많은 기독교 전통들의 경우에는 더 잘 나타난다. 기독교를 믿는 많은 어린이들과 어른들은 하나님이 죄를 없애기 위해서 예수님의 죽음을 필요로 했다고 배워왔다. 그러나 하나님, 예수님과 죄와의 관계에 대한 이러한 진부한 이해는 예수님의 십자가 처형의 의미를 잘못 해석하도록 유도하는 학대와 폭력에 대한 함축된 문화적 가치들을 품고 있는지도 모른다.

예수님의 십자가 처형의 의미

기독교 역사를 보면 예수님은 우리의 죄를 위해서 죽으셨다고 전제하고 있다 만족 속죄론, satisfaction atonement. 많은 기독교 신앙 공동체에서, 이러한 가정은 당연한 것으로서 오늘날까지도 전혀 의심할 여지가 없는 것으로 받아들여지고 있다. 그러나 신학자인 크리스찬 베커 J. Christian Beker 는 예수님이 십자가에 달려 처형당하신 것은 "하나님의 저주가 아니라 잃어버린 세상을 위한 하나님의 심판과 사랑이 담긴 구속의 정수"[17]라고 말하고 있다. 이것은 대부분의 바울 신학과 일치한다. 그러나 바울도 또한 만족 속죄론을 말하고 있음을 알 수 있다. 바울 서신에서 앞의 두 가지 관점들이 동시에 나타날 수 있을까? 만일 그렇다면, 그 이유는 무엇인가?

대부분 초기 기독교 공동체들이 예수님의 십자가 죽음을 인간의 죄 용서와 획일적으로 연계시켰다는 증거들이 없는 반면에, 바울은 세상을 향한 하나님의 사랑과 인간의 죄에 대한 하나님의 심판이 십자가에서 예수님의 죽음으로 해결되었다고 주장했다. 바울은 로마서에서 이렇게 말한다. "우리가 아직 연약할 때에 기약대로 그리스도께서 경건하지 않은 자를 위하여 죽으셨도다. 의

인을 위하여 죽는 자가 쉽지 않고 선인을 위하여 용감히 죽는 자가 혹 있거니와, 우리가 아직 죄인 되었을 때에 그리스도께서 우리를 위하여 죽으심으로 하나님이 우리에 대한 자기의 사랑을 확증하셨느니라"(로마서 5:6-8).[18]

분명히 바울 당시의 보다 넓은 문화적인 상황 속에서, 예수님의 죽으심을 인간의 죄를 용서하시기 위하여 하나님이 요구하신 희생적인 행위로 해석하는 것은 이해할 만하다. 유대인 학자들의 질문들에 답하기 위하여 예수님의 죽음을 그렇게 이해할 필요가 있었을 것이다.[19] 그러나 예수님의 죽음에 대한 해석은 그보다 좀더 깊이 생각해야만 한다. 자신이 살아 있는 시기에 예수님의 때맞춘 재림을 고대하고 있었던 초기 기독교 공동체에게, 예수님이 어떤 시기이든 곧 오시지는 않을 것이라는 명백한 사실을 다루기 위해서 예수님의 십자가 죽음에 대한 좀더 강력한 해석이 필요했다. 비록 나중에 자신의 신학에 포함시켰지만, 바울은 본래 예수님의 죽음을 죄의 속죄로 이해하지 않았다는 신학자 허드슨 매클레인 B. Hudson McLean 의 견해는 강한 설득력을 지닌다(신학자 데니 위버 J. Denny Weaver 의 말을 빌리자면 바울은 예수님의 죽음을 "새로운 시대의 개시"로 보았다).[20] 예수님의 재림이 속히 이루어지지 않고 있음을 설명하기 위해서 바울은 당시 지중해 세계에 널리 퍼져 있었던 제의적 희생양의 개념을 원용했을 것이라고 매클레인은 지적했다.[21] 한 공동체의 구원을 위한 희생양이라는 대속의 역할은 헬레니즘 시대에 일반적으로 알려지고 이해되고 있었다.

만약 바울의 생각을 현대적인 용어와 과정을 약간 원용하거나 수정해서 표현한다면, 예수님의 중요성을―비록 예수님이 사람들이 기대했던 시기에 돌아오지 않았다 하더라도―설명하기 위해서 쉽게 활용할 수 있는 추방 의식, 즉 희생양이 갖는 대속적 역할은 예수님의 재림에 대해서 점점 늘어만 가는 회의를 느끼는 (어떤 경우에는 혼란스럽고 실망스러워하는) 사람들에게 예수님에 대한 믿음의 끈끈한 생명력을 이야기하기 위해서 바울이 사용했던 한 방법으로 볼 수도 있을 것이다. 이것은 기독교라는 종교의 붕괴까지도 가능했던 당시의 상황에 비추어보았을 때 기독교의 메시지, 예수님의 죽으심, 그리고 예수님의 재림에 대한 약속 등을 의미 있게 만드는 매우 지혜로운 시도였던 것이다. 바울은 당시의 풍미했던 신화구조들과 언어들을 신중하게 취하면서 예수님의 삶과 죽음의 의미에 대해서 매우 설득력 있고 강력하게 생각할 수 있는 방법을 제공해주었다. 지중해 지역의 추방 의식들과 예수님의 삶과 사역, 죽음과 재림에 대한 기대를 비판적으로 연결시킴으로써,[22] 바울은 당시의 문화를 진지하게 신학적으로 숙고했던 것이다.[23]

그러나 바울은 자신의 문화적 상황으로부터 얻은 희생양 의식을 비판적이고 건설적으로 원용함으로써, 오늘날 우리가 살고 있는 시대에 문제가 되는 폭력의 원초적인(함축적이고 명백한) 패턴과 해결점들을 보여주고 있다.[24] 스탠퍼드 대학교에서 불문학과 문화를 가르치고 있는 르네 지라르 René Girard 교수는 30년 이상 희생양의 과정에 대해서 연구하였다.[25] 지라르는 모든 종교 의식들은 사회에 퍼져 있는 폭력의 문제를 다루기 위해서 생겨난 것이라고 주장하였다. 인간은 타고난 결함, 즉 타인의 욕망을 모방하려는 욕구를 가지고 있다. 타인의 욕망을 모방하려는 이러한 욕망(지라르가 재현, 흉내 내다라는 뜻의 그리스어 'mimesis'라고 부른)이 어떻게 결함flaw이 되는가?[26] 모든 욕망은 경쟁에 의해서 형성되고 유지된다. 토릴 모이Toril Moi 는 "주체는 다른 주체가 이미 자신과 똑같은 것을 욕망할 때에만 그 사물을 욕망할 수 있다. 모든 욕망은 경쟁자가 가지고 있는 욕망의 모방이며 그러기에 흉내 내려고 하는 것이다"[27]라고 말하면서 삼각형 결함triangular flaw을 지적했다. 다르게 말하면, 욕망이 욕망을 공격한다고 할 수 있다.[28] 경쟁자를 제거하기 위해 뒤따르는 폭력을 멈추게 할 수 없다. 질투가 일으키는 모방이 낳은 폭력을 억제할 수 있는 원천적인 장치란 존재하지 않는다.

지라르에 의하면, 모방에 의해서 야기된 폭력을 멈출 수 있는 유일한 방법은 의식을 통하여 희생양을 죽이는 것뿐이다. 희생에 연루된 당사자들의 공격 성향과 폭력을 다른 방향으로 돌리게 함으로써 적어도 일시적이나마 평화를 되찾을 수 있게 된다. 지라르는 다음과 같이 말한다.

> 종교는 파괴적인 폭력의 재발을 방지하기 위하여 반드시 해야만 할 것과 해서는 안 되는 것들을 인간에게 알려준다.…오직 폭력의 피해자들만이 그들을 구할 수 있다.[29]

그렇다면 피해자 혹은 희생양은 어떻게 정해지는가? 피해자

(피해자는 한 개인이나 전체 집단, 또는 유대인들이나 무슬림과 같은 민족일 수 있다)는 무작위로 혹은 고정관념으로 생긴 두려움에 근거하여 선택될 수 있다. 예를 들면 신체적인 모습과 남과 다른 이상한 점들, 행동의 차이들(게이/레즈비언/양성애자/성전환자 같은), 사회적(인종적/민족적·경제적·종교적) 차이, 공동체 생활의 패턴들, 정부에 대한 태도, 일반적으로 인식되고 있는 약자들(여성, 아이들, 장애우들, 노인들), 또는 강함(부, 크기, 혹은 힘) 등과 같은 것들이 난폭한 군중으로 하여금 폭력을 무의식적으로 희생양에게 전이하도록 한다.[30] 지라르는 다음과 같이 끝맺는다.

> 박해자들 모두가 자신의 희생양들이 악한 힘을 가지고 있기에 그들을 처벌해야 한다는 강렬한 믿음을 갖기 위해서는 그 희생물 혼자서 이 관계를 오염시키는 모든 의혹과 긴장과 복수의 대상이 되어야 한다. 그 결과 공동체는 모든 독이 실제로 없어져야 하고, 사회는 자신을 화해롭고 자유롭다고 느껴야 한다.[31]

폭력을 통한 해결이라는 이러한 강력한 신화적 패턴은 기독교를 포함한 종교들에서 나타나는 모든 희생제의의 목적과 기능을 이해하는 데 커다란 도움을 준다. 종종 집단이나 패거리들에 의해 행해졌던 폭력과 희생양의 처형에 대한 최초 과정에 대한 기억 혹은 재현이 시간이 흐름에 따라 관례화되어가는데(이렇게 희생의식의 경배자들은 최초의 희생제물의 기원에 대한 두려움에서 벗어나게 된다), 시간이 흐르면서 희생양 의식은 예배 공동체에 초점을 제공하며,

그들에게 일체감을 준다. 최초의 폭력에 대한 기억이 예배 공동체의 무의식적인 기억 속에 파묻히게 되거나, 또 한편으로는 의식을 통하여 희생양을 죽이는 행위를 더러운 것들을 깨끗하게 한다거나 심지어는 심미안적으로 아름다운 표현들로 치장하는 반면에, 희생양의 처형은 어디까지나 그 기원을 "거룩한" 실행에 두고 있다. 바꿔 말하면, 추상화는 예배 공동체가 자기 자신의 폭력으로 물들었던 과거의 두려움으로부터 멀어지게 할 수는 있지만, 폭력이 존재했었다는 사실 그 자체를 없앨 수는 없는 것이다.

기독교와 이러한 희생양 의식의 패턴과의 관련성을 로마 가톨릭 신자인 지라르는 놓치지 않고 지적하고 있다. 그러나, 이 문제에 있어서 다른 세계 종교들과 기독교 사이의 차이는 기독교가 모방에 의한 폭력이 성령에 의해서 종식된다는 점을 강조한다는 데 있다. 지라르는 하나님이 "희생이라는 메커니즘에 의존하지 않는다"[32]라고 말한다. 그는 예수님의 수난은 무의식적인 희생화의 과정을 무너뜨렸으며, 예수님의 처형은 살인에 해당하는 것임을 드러낸다고 주장한다. 신화적인 희생양 의식은 단지 그것이 인간의 무의식에서 행해졌을 때에만 설득력을 가진다. 예수님의 죽음이라는 사건은 무의식적으로 이루어진 것이 아니라 의식적인 차원에서 행해진 것이기 때문에, 폭력적인 무리들이 말하는 희생양의 논리는 더 이상 통하지 않는다. 희생양이라는 신화적인 의식이 지니는 폭력과 미신적 행위는 정체를 여지없이 드러내게 된다. 즉 아무것도 해결할 수 없는, 용납할 수 없는 폭력임이 폭로되는 것이다.[33] 지라르는 다음과 같이 끝을 맺고 있다.

마지막까지 폭력에 반대하시는 하나님 아버지의 말씀을 지키고 그것을 위해 돌아가심으로써, 예수님은 인간을 아버지로부터 갈라놓았던 깊은 암흑의 바다를 건넜던 것이다. 예수님 스스로 인간의 변호자_Paraclete_, 곧 그들의 보호자가 되셨으며, 진실이 빛으로 드러나도록 하는 일을 이 세상에서 멈추지 않게 할 다른 중재자를 인간에게 보내신다.[34]

예수님의 십자가를 통해서 집단폭력이라는 사회적 불의를 더 잘 알 수 있게 된다.[35] 예수님은 인간을 구원하기 위해서 희생당하신 희생양이 아니다. 그는 부당하게 고통당하시고 십자가에서 처형당하신 성육신한 분이다. 희생양의 신화는 단지 테러와 폭력에 의해서만 유지될 수 있다. 다행스러운 것은 그러한 신화가 거짓이라는 사실이 드러나고 있다는 데 있다. 지라르는 이렇게 지적한다.

> 기독교 신앙은 부활이 실제로 인간의 집단적인 살인으로부터 시작된다고 믿는 신화적 부활과 반대로, 예수님의 부활이 인간의 폭력과는 하등의 관련이 없다고 생각하고 믿는 것이다. 예수님의 부활은 죽음 후에 일어났으며, 즉시 발생하지는 않았지만, 피할 수 없는 일이었다. 부활은 죽은 지 3일째 되던 날에 발생하였다. 만일에 우리가 기독교적인 시각으로 예수님의 부활을 바라본다면, 다른 곳에서가 아니라 바로 하나님 자신에게서 부활의 근원을 찾을 수 있다.[36]

지라르의 통찰력 있는 연구는 우리가 폭력에 기반을 둔 공동체의 형성 및 유지와 관련하여 무의식적인 신화가 미치는 엄청난 영향력을 이해하고, 그러한 것들이 얼마나 어리석은 것인지를 이해하는 데 기독교가 어떤 역할을 할 수 있는지 알 수 있게 도와준다. 동시에, 지라르는 신화적인 폭력을 거부하려면 폭력의 광기를 폭로해야 하는데, 그러려면 예수님의 희생이 필요했다고 가정한다. 희생 신화라는 장르는 예수님의 죽음의 이야기와 더불어 종료된다는 것이다.

지라르가 폭력을 종식시키기 위하여 희생양 의식의 구조와 과정(사회적 혼란이라는 위기가 조성되고, 죄의식과 부끄러움이 흔히 피해자로 간주되는 희생양에게 투사되며, 피해자를 죽이는 처벌 또는 사회로부터 격리가 실행되며. 그리고 공동체가 저지른 폭력과 화해하기 위하여 피해자를 성스런 의식을 통해 숭배하는 등)의 한계들을 제기한 반면에, 그가 언급하지 않은 중요한 신학적인 문제들이 있다.

첫째는, 아마도 폭력에 관해서 우리가 이야기할 때 가장 중요한 것은 폭력의 근원을 이해하는 데 과연 모방이 적절한 출발점이 될 수 있는지의 여부다. 모방과 그로 인해서 생기는 경쟁자를 없애고자 하는 욕망이 정말로 인간이 저지르는 폭력의 근간이 되는가? 아니면 타인과 관계를 이루고자 하는 갈망과 외롭게 혼자 존재해야 한다는 두려움이 폭력의 근원인가? 이러한 질문에 대한 답은 과연 인간이 된다는 것이 무엇을 의미하는지를 이해하는 데 달려 있다. 내가 말하고 싶은 요지는 폭력의 뿌리는 모방이나 대항, 그리고 경쟁이 아니라, 홀로 있는 것에 대한 두려움, 즉 불완전한 상태에 대한 두려움이라는 것이다. 두려움과는 별개로 인간은 즐거움과 자아실현을 위한 근원으로서 타인과 관계를 맺는다. 두려움 속에서 인간은, 타인과의 관계에서 자기 통제의 어려움과, 서로 다르고, 어색하고 불편한 점들만을 느낀다. 두려움 속에서는 다양성 안에 존재하는 자아는 없으며, 오직 단 하나뿐인 통일된 자아만 있을 뿐이다. 이러한 두려움의 상태에서는 타인을 공동체에 흡수시키든지 아니면 제거함으로써 다양성이 가져오는 혼란을 통제하는 것 외에 다른 대안은 없다. 폭력의 뿌리는 바로 다양성을 거부하고 자기 자신의 이미지대로 모든 것을 만들려고 하는 주체할 수 없는 욕망이다. 이것은 다름 아닌, 타인이나 집단들의 차이점을 인정하는 것이 아니라, 오히려 그들을 융합 혹은 흡수하거나 아예 파괴하는 과정이다. 상황이 더 나아질 수 없으며 변하지 않을 것이라는 생각이 관계적인 폭력과 함께 피할 수 없이 점점 자라게 된다. 폭력을 통해서 타인과 관계를 형성하려고 노력하면 할수록, 점점 더 심하게 쇠퇴가 일어나고 만다. 즉 자신을 통제하지 못하게 되며, 상황은 쉽게 말해서 그 어떠한 구원의 가능성도 없을 정도로 점점 더 악화되어갈 것이다. W. R. 존슨Johnson은 삶이 쇠퇴해간다는 의미에서의 타락에 대해서 이렇게 썼다.

> 그렇다면 쇠퇴는 무엇인가? 타락은 무엇을 의미하는가? 그것은 변화라고 할 수 있는데, 여기서 변화는 두려움의 관점에서 보는 변화를 말한다. 곧 두려워하는 사람을 위협할 수 있을 법한 것에 대한 권력을 갈망하는 두려움의 렌즈로 보는 변화인 것이다.[37]

획일성이 변화를 약화시키듯, 다양성은 변화를 일으킨다. 두려움은 획일성의 편에 서서 부작용들을 만들어낸다.

지라르가 매우 설득력 있게 규정한 신화적인 구조는 희생양이 필요한데 그 이유는 모방에 있는 것이 아니라, 혼자 외롭게 있어야 한다는 사실, 그리고 자신과 다른 이들과의 관계 속에서 자기의 의미에 대해 갖게 되는 혼란에 대한 두려움 때문이다. 여러 문화에서 공통적으로 집단 폭력이 희생양이라는 종교적인 행위를 불러일으킨다는 점에서는 동의한다. 그러나 지라르와는 달리, 나는 집단 폭력의 근원을 다양성과 외로움, 그리고 통제 상실이나 자기 자신의 상실 등에 대한 두려움에서 찾고 싶다.

만일 우리가 인간은 본질적으로 악하다는 가정보다, 인간은 기본적으로 선하고 인간은 하나님과 자기 자신 그리고 타인과 관계를 맺기를 갈망하고 있다는 가정에서 시작한다면 어떨까? 성공회의 대주교인 데스몬드 투투 Desmond Tutu 는 최근에 행했던 담화에서 다음과 같이 말한 바 있다.

> 그렇다. 너무나 경이롭게도 우리는 선을 행할 수 있는 놀라운 능력을 가지고 있다. 본질적으로, 우리 인간은 선하다. 즉 우리는 사랑과 애정, 돌봄과 나눔, 평화와 화합, 초월함과 아름다움, 진실과 선을 위하여 지음을 받은 존재다.[38]

분명히 투투 대주교는 자신의 나라인 남아프리카공화국에서 여실히 보여주듯이, 인간이 폭력을 얼마나 잔인하게 사용할 수 있는지를 증명해 보일 수 없다고 말하고 있는 것이 아니다. 다만 그가 확언하고자 한 것은 하나님의 형상으로 인간이 창조되었다는 사실이 의미하는 가장 첫 번째이자 중요한 것은 바로 인간이 사랑과 애정 그리고 돌봄과 나눔을 위해서 지음을 받았다는 사실이다. 이를 다른 말로 말하면 인간은 영광송, 즉 하나님을 영화롭게 하기 위해서 창조된 피조물이라고 할 수 있다. 인간은 창의력을 가지고 서로 의지하며 생명을 주고받는 가운데 살라고 지음을 받았다. 인간은 또한 하나님이 만드신 모든 창조물 안에서 기쁨을 누리라고 만들어졌다.[39] 타인과 생명을 주고받음으로써 자기를 발견하는 가운데 파생되는 자족감과 자부심은 경쟁이 아니라 사랑의 결과다.[40]

나는 지라르가 묘사한, 건강하지 못한 모방에 대한 욕망을 세상 사람들이 가지고 있다는 것을 부인하지는 않는다. 그러나 그러한 욕망이 폭력의 근원이라는 데는 동의하지 않는다.[41] 타인들과 관계를 맺으려 하는 갈망의 방향이 아마도 잘못되었거나 왜곡되었다고 생각한다. 폭력의 근원이 하나님 및 타인들과 관계를 형성하고 싶은 인간의 갈망임은 분명하지만, 그러한 갈망이 하나님의 형상이 뜻하는 바와 어긋난 방식으로 나타난 것이다. 잘못된 관계성은 자주 타인에 대한 부적절한 모방과 질투의 형태로 표현되곤 한다. 그러나 이것은 폭력의 근원 자체가 아니라, 단지 폭력을 행사하는 하나의 표현일 뿐이다.

하나님은 예수님이 희생적인 죽음을 통하여 이 세상의 온갖 죄들을 없애버리는 복종적인 아이가 되기를 바라지 않았다고 지라르는 말하는데, 그렇다면 도대체 예수님의 십자가 사건에 있어서 하나님의 역할은 무엇인가 하는 의문이 남겨진다. 기독교적인 관점에서 본다면, 우리는 아주 중요한 질문에 맞닥뜨리게 된다. 예수님의 죽음이 폭력과 희생양 신화의 터무니없는 오류를 드러나게 하기 위해 그렇게 필요한 것이었겠느냐는 질문이다. 지라르는 주저함 없이 그렇다고 말하는 듯 보인다. 예수님의 죽음은 희생양의 효력이 거짓이라는 것을 폭로하는 과정으로서 매우 특별하다는 것이다.

예수님의 십자가 처형에 대한 질문은 단지 기능적인 용어로만 다루어서는 안 된다. 예를 들면, 예수님의 죽음으로 무엇이 성취되었는가 하는 질문 말이다. 예수님의 죽음을 둘러싼 질문은 대인적이고 관계적인 것이다. 오늘날 우리 가운데 누가 고난과 모멸감을 당하고 있는가 같은 유형의 질문을 던져야 한다. 예수님의 죽음이 폭력의 어리석음을 드러낸 것은 사실이다. 그러나 폭력의 어리석음을 드러냈다고 해서 예수님의 죽음이 희생양 신화를 완전히 제거한 것은 아니다. 하나님의 형상으로 창조된 그 어떤 인간의 죽음이라도 희생양 신화에 담긴 허구성을 드러낸다. 그리스도인들이 폭력의 무익함을 기억하기 위해서 예수님의 십자가 처형을 특별히 강조할 수 있다는 것은 의심할 여지없는 사실이다. 그러나 예수님의 죽음이 폭력의 실체의 가면을 벗기는 데 어느 정도 독특한 역할을 한다고 말하는 것은 잘못이다.

바울에게 희생양 신화는 계속해서 복음과 그리스도인의 삶을 해석하는 근간을 이루는 틀이 되는데, 이것은 오늘날 기독교 공동체와 그리스도인 개인들을 이해하는 데 난해한 문제점으로 대두된다. 지금까지 언급한 폭력에 대한 논의에서 한 가지 분명한 사실은 하나님이 인간의 죄를 용서하기 위해서 예수님이 자신의 생명과 존엄성을 희생하도록 원하지 않았다는 것이다. 인간의 폭력은 영적인 위기의 표현으로, 그 위기는 하나님, 타인들, 자신, 그리고 이 땅과의 관계가 인간 자신의 선택이나 유전에 의해서 잘못된 방향으로 나아갈 때 발생한다. 사랑은 자기의 희생이 아닌, 생명을 주는 관계들 안에서의 자기 발견을 필요로 한다.[42]

희생양 신화를 재해석하고 그것을 예수님의 삶과 죽음의 의미를 이해하는 데 사용함으로써, 바울은 자기가 이해했던 복음을 그가 살던 당시의 문화와 시대적 조류와 소통할 수 있었다. 만약에 예술가들 중 아주 소수만이 자신이 창조한 작품의 의미를 알고 있다는 것이 진실이라면, 바울이 예수님의 삶과 죽음의 의미를 묘사하기 위해서 자신이 사용했던 이야기 형식의 중요성을 이해하지 못했을 수도 있다는 것 역시 가능하다. 신화적인 희생양 이야기 구조가 바울이 폭력의 허구성을 노출하는 데 도움을 주었을 수도 있는 반면에, 그는 거기서 더 나아갔다. 실제로, 바울은 희생양 신화(마치 하나님이 전체의 행복을 위해서 폭력을 원하신 것처럼 폭력을 이타적이고, 희생적이며, 무기력하게 수용하는 것)의 가치들이 마치 신실한 그리스도인의 삶 속에서 모방되어야만 하는 그 어떤 것으로서 영속화했다. 부당한 고통이 하나님의 목적을 위해 사용될 수 없다는 사실을 바울은 충분히 깨닫지 못했다. 그는 예수님의 부활이 다름 아닌 새로운 시대를 알리는 신호라고 이해했다. 바울 서신에서는 두 가지 견해가 병행하고 있다.[43)] 신학자인 마조리 수하키 Marjorie Suchocki 는 "타인에게 죄를 범하는 것은 타인을 침해하는 것이며, 죄를 당하는 것은 침해를 받는 것이다"[44)]라고 쓰고 있다. 수하키의 말을 빌리면, 하나님은 인류에 대해서 죄를 범하지 않았듯이 예수님에 대해서도 죄를 저지르지 않으셨다.[45)]

하나님은 폭력, 고통, 학대, 모욕 등을 사용하셔서 폭력으로부터 우리를 구하지 않으신다. 리타 나카시마 브락 Rita Nakashima Brock 은 "폭력은 전혀 자기다움을 느끼지 못하게 만들면서 자기를 분열시키는데, 그것은 결국 사랑을 파괴하고야 만다"[46)]라고 말하고 있다. 폭력, 고통, 학대, 모욕은 우리 자신, 타인들, 그리고 하나님과의 관계를 형성하는 데 전혀 무익하다는 것을 보여준다. 하나님은 성령에 의하여 힘을 공급받는 신앙 공동체를 통하여 당신의 변함없는 사랑으로 우리를 구하신다. 신학자 들로레스 윌리엄스 Delores Williams 는, 우리가 "예수님의 죽음을 통해서가 아닌, 그의 생명을 향한 사역의 비전을 통하여 구원받는다"[47)]라고 말한다. 그렇다면 구원은 교회를 통하여, 때로는 교회의 한계를 초월한 성령의 계속적인 사역이다. 성령은 그 어떤 종교적인 형식에 의해서 얽매이지 않으시고, 원하시는 곳이면 어디나 바람처럼 나타나신다.

폭력의 현장에서 하나님은 어디에 있는 것일까?

그리스도인들에게 예수님의 십자가 처형 사건이 폭력의 어리석음을 좀더 분명하게 보는 데 도움을 준다고 가정해보자. 이때 "예수님이 죽음을 당할 때 하나님은 어디에 계셨는가?"라는 질문이 계속 의문으로 남는다. 지라르가 지적한 것처럼, 하나님은 기쁨을 얻기 위하여 인간의 희생을 필요로 하지 않는다면 말이다. 하나님이 십자가에 달린 예수님을 구하고자 개입하시지 않았기 때문에, 하나님을 "어린이 학대자나 자신의 아이에게 가해지는 폭력을 그저 보고만 있는 방관자"[48]로 이해해도 되는 것일까?

나치 죽음의 수용소에서 경험했던 한 어린아이의 공포를 묘사한 책인 엘리 위젤 Elie Wiesel 의 『밤』 Night 에서 우리는 한 아이가 살인에 대해서 느끼는 공포를 매우 잘 표현하고 있는 유명한 구절들을 발견할 수 있다. 고문과 살인은 죽음의 수용소에서는 매우 흔한 일이었다. 일례로, 죄수들이 지켜보는 가운데 세 명의 사람들이 교수형에 처해졌다. 위젤은 세 사람—어른 두 명과 어린아이 한 명—목 주위에 감겨 있던 올가미 세 개에 대해서, 그것이 얼마나 악마적인 행위인지 우리에게 말해주고 있다. 갑자기 이러한 끔찍한 처형을 지켜보라고 강요당했던 죄수의 무리에서 다음과 같은 말들이 튀어나왔다. "하나님은 어디 계시지? 그분은 도대체 어디에 있는 거야?" 세 명이 교수형에 처해지자 죄수들은 그 곁을 지나가야만 했는데, 분명히 그것은 그들을 겁주려는 의도였을 것이다. 위젤은 너무도 끔찍한 그 광경을 묘사하고 있다. 어른들은 교수대에 매달리자마자 거의 즉시 숨을 거두었던 반면에, 체중이 적게 나갔던 어린아이는 금방 죽지 않고 잔인하게 다루어졌다.

30분 이상이나 어린아이는 삶과 죽음 사이를 오락가락하면서 교수대에 매달려 있었는데, 천천히 고통 속에서 우리가 지켜보는 가운데 죽어가고 있었다. 우리는 그 아이의 얼굴을 정면에서 또렷이 보아야만 했었다. 내가 그의 앞을 걸어갈 때 아이는 여전히 살아 있었다. 그 혀는 여전히 빨갰고, 그의 두 눈은 아직 희미해지지는 않았다.

내 뒤에서, 아까 내 뒤에 있던 그 사람이 다시 말하는 것이 들렸다. "하나님은 지금 어디에 있는 것일까?" 그리고 나는 그의 물음에 답하고 있는 나 자신의 목소리를 들었다. "그가 어디에 있느냐고? 그는 바로 여기에 있지―그는 저 교수대 위에 매달려 있단 말이야."

그날 밤 음식으로 나온 수프는 썩은 시체 맛이었다.[49]

언뜻 보면, 하나님이 교수대에 매달려 있다는 생각이 매우 놀랍고, 거부감이 들며, 심지어는 반감조차 불러일으킬 수 있을 것이다. 어떤 사람들에게는 하나님이 어린아이의 형상으로 교수대에 매달려 있다는 주장이 어린아이가 죽어가는 몸서리쳐지는 광경을 감안한다면 성숙하지 못하고 비이성적인 반응으로 여겨질지도 모른다. 분명히 하나님은 무제한적이며, 한 명의 유대인 어린이의 육체에 가두어둘 수 없는 존재시다. 분명히, 하나님은 살인자들의 손에 의해서 질식사할 수 없는 존재라고 우리는 주장할 수 있다.

그러나 예외의 경우도 있을 수 있다. 죽음의 수용소에서 겪었던 위젤 자신의 실제 경험에서부터 나온 이 이야기는 하나님의 현존에 대한 이야기인 동시에 하나님의 부재에 대한 이야기다. 하나님의 부재를 느끼는 바로 그 순간에, 사실 하나님은 현존하신다. 하나님의 부재를 느끼는 것은 거짓이 아니라 사실이다. 즉 하나님이 이곳에 계시지 않는다고 단지 느끼거나 그렇다고 여기는 상황이 아니라는 것이다. 하나님은 실제로 그리고 완전히 그곳에 계시지 않는다. 반면에 동시에 하나님은 실제로 그리고 완전히 그곳에 존재한다. 논리적으로는 전혀 연결되지 않는 것처럼 보이는 두 명제가 진실되다고 믿는 것을 가리켜 역설이라고 한다. 목회학자인 시워드 힐트너 Seward Hiltner 는 언젠가 역설에 대해서 다음과 같이 말한 바 있다.

> 아마 우리 자신은 이미 역설이 반드시 대립을 의미할 필요는 없다는 것을 알고 있을지 모른다. 역설은 둘 사이에 약간의 논리적인 모순이 분명히 있음에도 불구하고, 적어도 두 개의 주장들이 진실이나 혹은 가치를 지니고 있다고 믿는 것을 의미한다. 둘 사이에서 발생하는 논리적 모순들은 단지 눈에 보이는 것일 뿐, 영원한 것이 아니라고 하는 것을 논증해주는 어떤 원리가 발견되기만 하면, 역설은 해결할 수 있는 문제에 불과하다는 것을 보여주는 몇몇 경우들이 있다. 그러나 진정한 역설은 심지어는 그 요소 가운데 일부 혹은 전부가 연구를 통하여 밝혀졌음에도 불구하고 끝까지 모든 모순된 점들을 유지한다.[50)]

부당하게 고통을 당하고 있는 사람들이 있는 곳이면 어디든, 하나님은 분명히 그 자리에 함께 계신다. 하나님의 현존은 하나님이 계시지 않는다고 느끼는 순간, 그 자리에 더욱더 강하게 임하신다. 다른 말로 하면, 하나님의 현존을 위해서 하나님의 부재는 필수불가결한 요소라고 할 수 있다. 이것은 하나님이 성육신을 통해서 우리에게 계시하신 진정한 역설이다.

우리의 일상생활과 이 세상에서 하나님의 현존하심은 그의 부재의 경험이다. 이 말은 그저 하나님이 부재 안에서 현존한다는 것만을 의미하는 것은 아니다. 하나님의 부재는 하나님의 현존이시며, 반대로 하나님의 현존은 그의 부재인 것이다. 하나님을 친밀하게 아는 것은 위험한데, 우리는 기본적으로 우리에게 편하고 다루기 쉬운 방법으로 하나님을 규정지으려고 하는 욕망이 있기 때문이다.

하나님의 부재는 우리를 향한 하나님의 분명한 신실하심에 대한 약속이다. 하나님의 신실하심은 하나님이 그 어디에도 계시지 않는 것 같은 공포를 경험하는 동시에 하나님의 충만한 임재하심을 경험하는 것이다.[51] 하나님이 존재하지 않는 것 같은 바로 그 '순간'은 우리가 생각하는 시간의 개념을 초월하며, 모든 영원한 것들의 깊음과 높음과 넓음 어디에서도 느낄 수 있는 것이다.

해결되지 않은 그리고 해결할 수도 없는 하나님의 현존과 부재에 대한 역설과 분리해서는, 그 어떤 신학적 성찰도 일어날 수 없다. 이러한 역설을 무시한 신학적 성찰은 하나님을 모방하려고 하는 위험한 시도다. 그러한 신학적 성찰은 역설적인 하나님의 본성에 대한 그 이해에서 잘못되어 있기 때문에 위험하다. 하나님을 어디에서 발견할 수 있는가? 우리는 하나님이 전혀 계시지 않을 것이라고 생각하는 바로 그 장소에서 하나님을 발견할 수 있다. 예를 들면, 가난, 억압, 폭력과 증오의 피해자들 사이에서 하나님을 만날 수 있다. 앞에서 예를 든 상황 속에서, 하나님은 안 계신다. 그런데 바로 그 부재의 순간에 하나님이 계신다는 사실을 발견하게 되는 것이다.

하나님의 현존과 부재 사이의 풀 수 없는 긴장, 즉 신학적 성찰과 실천적 행동이 이루어지는 역설적인 현장은 실존적으로 보았을 때 혼란스럽고 받아들이기 불편하기만 하다. 많은 교육 방법에서 창의적인 활동들은 모순되는 점이 해결되고 심리적 긴장이 해소되는 "아, 그렇구나!" 하는 순간을 고대한다.

역설을 이해하고 해결하려 하기보다, 현존과 부재가 동시에 이루어지는 하나님의 특성을 이해할 수 있는 통찰력을 갖는 순간이 한 개인이나 집단에게 찾아올 수 있으며, 그 "아하!"의 순간은 하나님의 부재와 현존에 대한 우리의 의식을 좀더 깊이 있게 해준다. 즉, 더 심해져 가는 심리적 긴장에 대한 불편함과 역설의 비밀을 해결하기보다 오히려 더 깊어지게 한다.

역설의 문제의 해결에 집착하지 않으려는 사고의 전환은 다름 아닌 신학적 성찰과 실천적 행동은 하나님의 부재라는 해결되지 않은 긴장이 만들어낸 "포스 필드"_{force field: 눈에 보이지 않는 힘이 작용하는, '방탄막' 같은 장애 구역—편집자 주}라는 맥락 안에서만 이루어질 수 있다는 것을 계속적으로 인식하는 것을 의미한다. 하나님의 부재와 현존은 변증법적인 방법(즉 새로운 통합 안에서 해결하려는)이 아니라, 역설적인 방법(즉 해결이나 새로운 통합을 위한 시도 없는)으로 접근해야 한다. 죄로부터 돌아서는 회개는 사람들을 역설의 신비로움으로 초대하는 것과 같다.

마가복음 15장에서 예수님이 하신 말씀은 고통의 깊이를 드러내고 있다. 예수님이 경험했던 하나님의 부재와 현존에 대한 깊은 절규는 자기 자신을 하나님의 성육신이라는 역설적인 비밀에 맡기고자 하는 사람들에게도 똑같이 적용된다.

> 제육시가 되매 온 땅에 어둠이 임하여 제구시까지 계속하더니 제구시에 예수께서 크게 소리 지르시되 엘리 엘리 라마 사박다니 하시니 이를 번역하면 나의 하나님, 나의 하나님 어찌하여 나를 버리셨나이까 하는 뜻이라(마가복음 15:33-34).

심지어는 예수님조차 하나님의 부재가 그를 압도할 때까지 하나님의 현존하심의 깊은 의미를 완전히 이해하지 못했던 것처럼 보인다. 실제로, 예수님은 하나님의 부재를 느끼는 순간에 하나님이 자신과 완전히 함께하신다는 것을 인식함으로 비로소 자신의 완전한 인성 humanity 을 깨달았다. 죽음의 수용소에서 어린 위젤이 들었던 질문처럼, 마가복음에 나타난 예수님의 질문은 그리스도인의 삶을 포함한 모든 진실한 믿음의 중심을 이루는 질문이기도 하다. 이 질문은 누구를 비난하거나 탓하는 것이 아니라, 관계에 대한 질문이다. "하나님, 당신은 어디에 계시나요?"는 우리

중 많은 사람들이 묻는 질문이다. 이 질문에 대한 하나님의 대답은 간단하지만, 역설적이다. "나는 바로 네가 고통당하고 있는 이곳에 있단다."[52]

십자가에서의 고뇌의 순간, 즉 하나님의 부재를 현존의 순간으로 이해함을 통해서 완전한 인간이 된다는 것이 무엇을 의미하는지를 예수님이 아셨던 바로 그 순간, 십자가 주위에 둘러서 있던 사람들은 예수님이 경험했던 그러한 계시적인 순간을 부정하였다. 너무나 이상해서 믿을 수 없었던 것이다. 예수님이 십자가에서 했던 말씀들을 좀더 편하고 익숙한 현실에 맞추어 재해석한 것은 죽어가고 있는 예수님을 지켜보고 있었던 사람들이 부재의 복음을 처리하기 위해서 선택한 방법이었다. 사람들이 "보라, 엘리야를 부른다"(마가복음 15:35)라고 말한 것은 십자가에서의 고통과 내상으로 인해 말을 이해하기가 어려울 정도로 예수님이 발음을 분명하게 하지 않았기 때문이 아니었다. 십자가 주위가 너무나 시끄럽고 혼잡했기 때문도 아니었다. 그러한 반응은 바로 십자가에서 고통당하신 예수님 안에 드러난 하나님과 복음을 사람들이 거부한 것이다. 폭력의 현장에서 하나님의 현존과 부재의 공포에 직면하기보다, 그들에게 좀더 편안하고 안전한 대처는 그저 "들어봐, 그가 엘리야를 부르고 있어"라고 말하는 것이었다. 이러한 행위는 자기들 자신을 보호하려는 방편이며 부재 안에 나타나시는 하나님의 현존을 부인하는 것이다. 오늘날 많은 사람들은 하나님의 부재를 말하는 것을 즐겨하지 않는다. 도로테 죌레 Dorothee Soelle 는 다음과 같이 썼다.

현대 문명사회에서 종교—일종의 기독교와 자본주의 체제를 동일시하는—는 내면을 살피려거나 확인하려고 하지 않으며, 모험을 감수하려고도 하지 않는다. 그러한 종교에서 하나님은 단지 질서를 보증해주는 상징에 지나지 않는다.[53]

부당하게 고통받고 있는 사람들과 동일시하는 것은 자신과 자신이 속한 공동체를 하나님 홀로 존재하시는 곳, 역설적으로 말하면 하나님의 부재의 가능성에 열어놓는 것이다. 고난받는 사람들과 연대하는 것은 부재 속에서 상황을 바꾸시는 하나님의 현존의 가능성에 자신을 개방하는 것이다. 목회상담신학자인 샤론 손튼Sharon G. Thornton은 "가장 기초적인 차원에서 볼 때, 연대는 고통받고 있는 사람들의 약함을 우리가 함께 나누는 것이다. 이것은 온전함을 위한 투쟁과 저항에 함께 연합하고 있는 사람들에 의해서 우리 자신이 변화받는 것에 대해서 주저하지 말아야 한다는 것을 의미한다"[54]라고 말한다. 인간의 육체와 하나님을 아는 것 사이에는 직접적인 관련이 있다. 십자가에서 고통당하신 예수님은 고문당하고 있는 사람들의 모든 고통과 애통과 함께하신다. 예수님의 고통은 단지 문학에서 사용하는 상징적인 장치가 아니다. 예수님의 고통은 그 자신이 온몸으로 경험하신 것이다.

우리가 어떻게 하나님을 알 수 있을까? 우리는 부당하게 억압받는 사람들과의 연대를 통해서 하나님을 알게 된다. 온통 수수께끼처럼 알 수 없는 신비로움이 거하는 곳, 바로 부재의 두려움 속에서 우리는 하나님을 안다. 그러한 전체적인 비밀을 사랑이라고 부른다. 이 사랑은 정의와 의로움과 버림받은 사람들에 대한 보호와 같은 역사적인 형태들을 취한다.[55] 이러한 유형의 사랑에 참여하는 것은 고통받는 사람들과 분리된 채 자선을 행하는 것 이상의 의미를 가진다. 그것은 다른 사람들의 고통을 나의 것으로 받아들이는 것을 요구한다. 그것은 자신을 아무런 값없는 존재로 여기는 것에 저항할 수 있어야 한다. 그것은 또한 하나님이 사랑하실 만한, 사심 없는 마음 중심으로부터 나오는 태도와 행동을 요구한다.

그 어떤 고통도 본질적으로 위대하거나 혹은 죄악된 것이라고 단정지을 수 없다. 희생양이 되거나 혹은 고통을 미화화는 것은 전혀 그리스도인다운 행동이 아니다. 모든 사람은 "하나님과 연합"하라고 부르심을 받았다.[56] 고통을 당하는 사람들에게 평안한 마음으로 갈 수 있는 사람들은 그곳에 고통이 있기 때문이지, 순교자 같은 행동을 통해서 하나님의 특별한 사랑을 확실하게 받을 수 있기 때문이 아니다.[57]

하나님의 능력은 우리가 약함을 이야기할 수 있을 때에만 온전히 이해할 수 있다. 약함 속에서, 하나님은 강하시다. 부당하게 고통받고 있는 사람들과의 연대 속에서, 하나님은 생명을 부여하고 창조하고자 하는 당신 자신의 열망을 포기하신다. 강하지만 약하기도 한 이 하나님은 바로 이러한 임무를 담당할 지체가 되라고 교회를 부르신 하나님이다. 아프리카 수단에서 한 아이가 굶어 죽어갈 때, 하나님은 그들을 불쌍히 여겨서 그곳에 머무르는 방문자에 그치지 않는다. 하나님은 그 아이 안에 성육신하시며, 그 아이는 온 인류의 죄로 인해 죽는 것이다. 억압자의 손에 의해서 죽음이 발생할 때마다, 하나님은 "저들을 용서하여 주옵소서, 자신이 무슨 일을 하는지 알지 못합니다!"(누가복음 23:34)라고 울부짖으신다. 억압자의 손에 의해서 죽음이 발생할 때마다, 하나님은 이 세상에 만연해 있는 인간의 죄악으로 인해 죽음에 직면하는 사람들의 고통스런 몸부림 속에서 다시 탄생하기 위해서 죽는다. 다시 말하지만, 이 말은 고통을 통해서만 구원을 이룰 수 있다는 것을 의미하지 않는다. 그 어떤 고통도 본질적으로 구원을 가져오지는 않는다. 앞에서 하나님이 고통받는 자와 함께 울부짖으시고 죽는다고 하는 것은, 불의가 인간 개개인을 비인간화하는 곳에서 하나님은 영원히 비통해하시고 고통당하신다는 사실을 확인시켜준다는 것을 의미한다.

 억압받는 자와 연대하시는 이러한 하나님의 모습은 매우 설득력 있게 들린다. 전 세계적으로 부와 폭식의 상징인 미국에서 약 10만 명의 어린아이들이 매일 밤 집이 없어 밖에서 잠을 자야만 한다. 매일 약 8천 명의 아이들이 학대받거나 방치되고 있는 아이들 명단에 이름을 새롭게 올리고 있다. 하루에 약 30명의 아이들이 가난 때문에 죽어간다.[58] 이러한 현상들이, 전 지구의 인구 가운데 약 20퍼센트를 차지하고 있지만 지구 전체 자원의 80퍼센트를 소비하고 있는 부를 가진 미국에서 벌어지고 있는 것이다. 이 아이들 가운데 하나님이 함께하신다. 이 아이들의 음성은 바로 회개하라고 이 세상 사람들에게 외치는 하나님의 목소리다. 이러한 작은 목소리들은 그들의 어머니들뿐만 아니라, 지구상의 모든 곳에서 억압받고 있는 아이들의 음성이다. 그들의 목소리들은 아주 극소수의 남을 지배하는 특권을 가진 이들에 의해 무시되거나 침묵에 잠겨서, 전혀 외부에 들리지 않고 있다.[59] 그러나 우리가 살고 있는 이 세계 속에서 하나님은 침묵만 지키고 있지 않다. 하나님은 이 세계의 수백만 곳의 지역에서, 수백만의 다른 방언과 언어를 사용하는 수백만 개의 다른 목소리들과 함께 울고 있다. 이 세계는 고통과 아픔과 상처로 인한 하나님의 울음으로 꽉 들어차 있다.

우리는 왜 우리 가운데 계시는 하나님의 음성을 듣지 못하는 것일까? 그 이유는 아마 하나님이 거하지 않는 곳에서 하나님의 말씀을 들으려 하기 때문일 것이다. 하나님은 안전한 곳에 거하지 않으신다. 하나님은 성소에서 살지 않으신다. 하나님은 모든 것이 다 풍부하며 안전한 장소에 거하지 않으신다. 하나님은 다른 사람들의 손과 말에 의해 저질러지는 부당한 폭력으로 고통당하는 사람들 가운데 거하신다. 하나님은 정신적 고뇌로 인한 아픔 가운데 거하신다. 또한 하나님은 억압받은 자들 가운데 거하신다. "그는 바로 이곳에 있다—그는 여기 교수대 위에 매달려 있다."[60] 이러한 하나님의 음성은 그저 가난한 자와 억압받는 자들에 대한 값싼 낭만적인 표현이 아니다. 오히려, 하나님의 목소리를 부인하려는 불의에 대한 비난의 음성이다. 예레미야애가를 묵상하는 가운데, 성서신학자인 캐슬린 오코너 Kathleen O'Connor 는 위험을 무릅쓰고 이러한 결론에 도달했다. 의아스럽게도, 우리는 얼핏 보면 하나님의 음성이 추방을 다룬 이 책에는 부재한다는 사실을 상기해낼지도 모른다. 그녀는 다음과 같이 썼다.

> 예레미야애가는 부인하기를 거절하고, 진실을 말하려고 하며, 기억상실증에 걸린 이스라엘 백성을 되돌린다. 이 책은 독자들을 인간과 신 모두의 아픔과 혼란과 잔학성으로 초대하며, 또한 눈물보다 더 깊은 내상과 상실 그리고 비탄을 전하고 있다. 하나님의 음성이 부재하기 때문에, 이 책은 성경의 다른 책들과는 달리 고통의 음성 그 자체를 전달하는 데 집중하고 있다.[61]

그러나, 하나님의 목소리가 고통받는 자들의 음성과는 아무런 관계가 없는 것일까? 하나님의 부재의 목소리라는 역설 속에서, "성경 속의 다른 책들과는 다른 고통받는 목소리" 속에서 하나님은 울고 있는 것이다.[62]

억압받는 사람들이 고통 가운데서 살아날 수 있도록 지배 이데올로기를 깨부수기를 원하는 분은 바로 하나님이시다. 이러한 사회에 대한 도전을 시작하신 분은 하나님이시다. 그리고 하나님은 이 땅을 새롭게 하기 위한 작업에 우리를 협력자로 초청하신다. 마태복음 2:13 상반부에 기록된 것처럼, 예수님 탄생 때에 관한 소동을 일으키는 성경 이야기는 우리에게 경각심을 불러일으킨다. 왕좌를 잃어버릴 것에 대한 두려움으로 이성을 잃어버린 헤롯은 조금이나마 의심되는 어떤 위협이라도 완전히 제거하려고 했으며, 아들을 잃은 여성들은 눈물(하나님의 눈물)로 저항했지만, 헤롯의 이기적인 발작을 멈추게 할 수는 없었다. 이 상황에서 정치적인 폭력으로부터 도망가는 것만이 유일하게 할 수 있는 일이었으며, 하나님은 라마에서 어린아이들이 살육당하는 것을 막을 수 없었고, 탈레반의 아이들은 말할 것도 없고, 이라크 전쟁터에 남겨둔 아이들, 그리고 미국에서 가난에 시달리는 아이들, 혹은 앙골라의 아이들을 그저 두고 보기만 했어야 했다. 이 세상에서 시달리고 있는 아이들의 울부짖는 소리 안에서 하나님의 음성을 듣는 것은, 리타 나카시마 브락이 말한 것처럼, "그들 자신의 주권을 천명하며, 학대에 저항하고, 윤리적인 구별을 해야 하는 책임감을 가지며, 정의를 위해 싸울 수 있도록 사람들에게 힘을 부여하기 위한"[63] 기본적인 요소다. 폭력으로부터 구원의 희망을 이 세상에 가져다주는 것은 예수님의 십자가 처형이 아니라, 신앙 공동체의 삶 속에 녹아 있는 예수님의 삶과 부활인 것이다.

부당하게 억압당하는 사람들의 아픔과 고통 속으로 하나님 자신이 성육신하셔야만 했던 자기 제한 Self-limitation 은 언뜻 보면 많은 그리스도인들을 혼란에 빠뜨리는 것 같다. 많은 그리스도인들은 가난하고 억눌린 사람들은 섬김을 받아야 하며, 남을 섬기는 사람들의 이타적인 행동들 안에서 하나님을 찾을 수 있다고 생각하는데, 사실 이것은 잘못된 생각이다. 그리스도인들은 가난하고 억눌린 사람들을 섬겨야 하는데, 그 이유는 그들을 섬기는 바로 그 장소에서 육화된 하나님을 직접 대면할 수 있기 때문이다. 또한 힘없는 자들과의 연합과 고통의 현장 속에서 느끼는 하나님의 부재를 통하여 그리스도인들은 하나님의 현존과 힘을 알게 되기 때문에, 그리스도인들은 가난하고 억압받는 자들을 섬긴다. 하나님은 타인의 고통을 위하는 그리스도인들이 나타내는 동정에서 자신을 드러내지 않는다. 하나님은 고통 바로 그 안에서 자신을 나타낸다. 하나님은, "이런 미친 짓거리를 당장 집어치워! 만일에 네가 진정 나를 찾고, 나를 알고자 한다면, 정의로운 행동을 하고 평화를 위해 노력하라!"라고 울부짖으신다. 만일 폭력이 사람들에게 침묵을 강요한다면, 그리고 사람들이 고통 속에서 울부짖을 수도 없다면 어떻게 할 것인가? 만일 그렇다면, 우리는 변호자가, 곧 그 사람을 위한 하나님의 고뇌의 목소리가 되어야 한다. 이 세상에서 신실한 그리스도인이 되고자 하는 사람들, 특히 힘이 없는 사람들에게 자기를 희생하며 침묵을 지키라고 권고하는 것은 우리의 시대에 있어서 참으로 무책임한 일이다. 예수님이 자기희생을 통해서 아버지인 하나님께 복종했다고 생각하는 것은 복음서를 잘못 해석하는 것이다. 이러한 생각은 우리가 본받아야 할 삶과 죽음에 대한 적절한 태도가 아니다. 예수님에 대한 이런 식의 이해로 폭력은 바꾸어질 수 없다.[64]

만일 하나님의 말씀을 듣는 것이 우리를 인간의 고통의 현장 속으로 이끈다고 한다면, 오히려 우리가 생각하기에 그럴 듯하지 않은 장소에서 하나님을 찾을 수 있을 것이다. 부당한 폭력과 억압은 그 어떤 물리적 혹은 정치적 경계나 종교적 전통, 성이나 인종적인 정체성 등을 가리지 않고 작용한다. 하나님은 이 세상을 사랑한다. 그 사랑 안에서, 하나님은 고통 속에 신음하는 사람들과의 연대라는 과정을 통하여 모든 위험을 감수하신다. 하나님은 전 세계를 다스리시는 하나님이시다. 하나님은 유대인이나 그리스도인, 힌두교인이나 불교신자 그리고 무슬림도 아니다. 하나님은 단지 하나님일 뿐이다. 그리스도인들은 상대방의 종교적 혹은 국가적인 배경과 관계없이 모든 형제와 자매들을 섬긴다. 그 이유는 하나님은 사람들이 부당하게 고통당하는 곳이면 어디서나 존재한다는 것을 깨닫기 때문이다. 그리스도인들은 고통당하는 사람들 안에 나타나는 하나님의 말씀을 들을 때, 이 세상 속에서 일하시는 하나님의 사역에 함께 참여하는 것이다. 복되고 좋은 소식은 그리스도인들이 다른 사람들의 아픔과 고통에 관심을 기울임으로써, 부재 안에서 하나님의 현존을, 약함 속에서 하나님의 능력을 확신하게 된다는 사실이다.

폭력으로 얼룩진 세상에서 하나님의 말씀 듣기

하나님의 부재 속에서 하나님의 말씀을 듣는 것은 환대의 개념과 밀접한 연관성이 있다. 고전학자인 수잔 포드 윌트셔 Susan Ford Wiltshire 는 "현대사회에서 환대는 주로 친구들 사이에서 이루어지는 반면에, 고대사회에서는 낯선 사람들 사이에서 행해졌다"라고 말하고 있다. 현대사회에서 환대는 당사자들의 유사성을 강화한다. 반면에 고대사회에서 낯선 사람들에게 자신을 드러내는 환대는 우리 존재를 변화시킨다. 따라서 고대의 환대는―그리스 전통에서 xenia라 불렀고 로마인들이 hospitium 혹은 ius hospitii라고 불렀던―공적이고 사적인 일들을 위한 만남의 장소를 제공

한다.[65]

　억압받는 사람들과의 연대 안에서 하나님의 부재를 신중하게 받아들임으로써 하나님을 알아가는 과정 혹은 방법은 앞에서 언급한 바 있는 고대사회의 환대와 같다고 할 수 있다. 교회는 교인들 상호 간의 돌봄이 필요한 경우들이 있는 한편, 연대라는 선교적인 태도는 교회에 속한 개인들이나 집단들로 하여금 교회 밖에 속한 사람들과 동일시해야 하는 위험과 그에 동반되는 영향이나 변화 등을 예측할 수 없는 상황에 열려 있게 한다. 이러한 관점에서, 하나님을 아는 것은 본질적으로 관계에서 오는 위험을 감수하는 행위이며, 하나님에 대한 지식은 무엇보다도 기독교 공동체 밖에서부터 나온다는 사실을 특히 주목할 필요가 있다. 기독교 공동체에 대한 하나님의 말씀을 이렇게 이해하는 것은 대다수의 교단들에게는 낯설 것이다. 대다수의 교단들은 신앙의 경험과 성경을 신앙 공동체를 초월하여 세상 속에서 이해하고 적용하려고 하기보다, 교단이 가지는 내부적인 기준을 가지고 분석하는 데 익숙해 있기 때문이다. 선교는 복음을 가지고 세상 속으로 들어가는 것뿐만 아니라, 세상 속에서 복음을 "발견"하는 것이다.

　이러한 신앙 공동체의 정체성과 형성에 대한 이해는 기독교 공동체가 계속 생명력을 발휘하기 위해 필요한 다양성의 중요성을 확인하는 것이다. M. M. 바흐친 M. M. Bakhtin은 다음과 같이 쓰고 있다.

역사적인 고대 그리스 시기—언어학적으로 말하면, 안정적이고

> 단일언어를 사용했었던 시기—생활에서의 모든 줄거리, 제목과 주제, 전체적인 기본 이미지들, 표현들과 어조들은 모국어를 기반으로 해서 이루어졌다. 바깥 세계에서부터 들어오는 모든 것은 닫힌 단일언어성monoglossia이라는 강력하고 자신감 넘치는 환경에 동화되었다. 단일언어성은 다중언어성을 야만인들이 가지는 속성이라고 간주하며 경멸했다.[66]

비록 기독교가 표명하고 있는 대부분의 사회적이고 정치적인 입장들이 단일언어를 가진 국가 전통이나 외국인 혐오증을 반영하고 있는 것처럼 보이기는 하지만, 기독교는 본질적으로 다원주의적(다언어적) 종교 전통을 기반으로 한다. 환대는 말씀이 선포되는 곳이면 외국인들을 포함한 그 어디에서라도 하나님의 말씀에 귀 기울일 것을 기독교 공동체에게 요청한다. 사실, 하나님을 아는 것은 낯선 이들과의 대화와 직접적으로 연결되어 있다.

그리스도인들이 낯선 이들 안에서 역사하는 하나님의 말씀에 주의를 기울일 때 생각하지도 않았던 굉장한 일들이 일어나는 것을 볼 수 있다. 낯선 이들과의 연대 속에서, 그리스도인은 현상유지를 하고자 하는 그가 속한 기독교 공동체에 위험요소가 되며, 하나님의 부재와 현존이 공존하는 처소가 된다.

다른 사람들과 고통을 함께 나누는 것은 타인 안에 존재하는 하나님의 음성을 듣는 환대의 행위이며, 또한 하나님의 말씀이 (기적과도 같이!) 환대를 제공하는 사람 안에서 육화되어 나타나게 된다. "당신"은 하나님이 현존하는 부재 안에서 하나의 존재가 되는 것이다. 일단 하나님의 부재 안에서 현존을 경험하게 되면, 그 한 번의 경험은 영원토록 그의 마음에 새겨지게 된다. 여기서 **새겨진다**mark 를 다른 말로 표현하면 **성품**character 이라고 할 수 있다. 한 사람의 성품은 하나님의 부재에 의해서 만들어진다.

성령께서 채우시는 침묵과 공허의 순간들 속에서, 우리는 두려움에 사로잡히게 된다. 우리는 문명과 질서라는 가면 없이 우리의 삶이 분열되는 것을 목도한다. 그리스도인이 된다는 것은 급진적으로 다원주의적이고 다중언어적이 되는 것을 의미한다. 하나님의 현존은 전 세계에 널리 퍼진다. 캐서린 라쿠나는 다음과 같이 말한다.

> 하나님의 영광은 고통과 거절에 의해서 깨어진 사람들, 볼품이 없고 환영받지 못하는 사람들, 나병환자들, 각각의 사회에서 차별당하는 사람들, 공공의 죄인들, 종교적으로 정결하지 못한 사람들과 같은 "매우 작은 사람들" 안에서 특히 자신을 나타내신다. 만일 우리가 하나님의 영광을 보기 원한다면 이 모든 "영광스럽지 못한" 사람들을 찾아가야 한다. 예수님은 이 점을 분명하게 알고 계셨다.[67]

이 인용문을 폭력적이고 부적절한 방법의 맥락에서 보면 이해하기가 쉬울 것이다. 수년 동안, 미국의 부유한 교회들은 가난한 나라들로 소위 "단기 선교"field trips 를 가곤 했다. 가난하고 신체적인 도움이 필요한 곳들은 종종 "선교 프로젝트"로 일컬어졌으며, 가난한 이들을 돕고자 하는 열망은 종종 순수하고 열정적으로 이루어졌다. 우리가 가지고 있는 것들을 전 세계에 살고 있는 우리의 형제와 자매들과 함께 나누는 것에는 그 어떠한 잘못도 없다. 그러나 그러한 좋은 의도가 고통받고 있는 이들과의 연대를 통해서 하나님의 말씀을 듣고자 하기보다 단지 "돕는" 행위가 된다면, 타인에게 의존하려고 하는 식민주의적인 패턴들이 쉽게 사랑을 대치할 수 있다는 점을 주의해야 한다.

작가인 토니 모리슨 Toni Morrison 은 그녀의 저서인 『어둠 속의 유희: 백색과 문학적 상상력』Playing in the Dark: Whiteness and the Literary Imagination [68] 에서 힘을 가진 이와 가지지 못한 이들 사이에 내재해 있는 문제들에 대해서 서술하고 있다. 사람을 사물로 보는 것은 상대방에게 침묵을 지키라고 의도적으로 강요하는 권력의 남용이라고 모리슨은 보았다.[69] 이러한 종류의 '**보는 행위**'는 '**권력**'에 대한 좋은 선례라고 할 수 있다. 우리 대부분은 고통당하고 있는 사람들을 돕고자 하는 선한 의도에서 나온 자선 행위가 타인을 비인간화시키며 폭력을 행사하는 것이라고 생각하지 않는다. 만일 어떤 사람이 굶주리고 있는데, 그에게 주어지는 음식이 그를 사물로 **보는 행위**에서 나온 것인지 아니면 진정한 사랑에서 나온 연대의식의 발로인지 사이에 어떤 차이가 있을까? 마치 그것이 환대에서 나온 행위인 **것처럼** 음식을 나누는 것은 배고픈 이를 비인간화시키고자 하는 사람들에 의한 폭력 행위가 된다. 자기 의를 드러내기 위한 자선의 행위로서 음식을 주는 것은 배고픈 상대방을 비인간화시키려 하는 이들에 의한 폭력 행위다. 폭력의 일환으로 상대방의 배고픔을 채워주는 것은 후에 상대방을 하나의 물건으로 여기게 한다. 그러한 행위는 궁극적으로 인간의 영혼을 죽이는 권력의 한 형태인 셈이다. 거짓된 자선, 비인간화, 사물로 보기, 가난한 사람들에게 음식을 주는 행위 등의 예들을 설명하기 위해서 엘리 위젤의 『밤』으로 다시 한 번 돌아가보자. 꽤 오랜 시간 동안 먹을 음식도 없는 유대인들을 태운 열차가 독일을 건너가고 있다. 그 열차는 독일의 어느 읍에 정차했다.

> 노동자들과 호기심 많은 군중들이 떼를 지어 열차 주위로 몰려들었다. 그들은 그러한 화물열차를 전에는 한 번도 본 적이 없었던 것 같다. 이윽고, 거의 모든 방향에서, 빵조각들이 열차로 떨어지기 시작했다. 관중들은 거의 죽어가고 있는 사람들을, 서로 더 먹겠다고 아우성치고 있는 뼈만 남아 앙상한 몸의 남자들을 뚫어지게 쳐다보고 있었다.[70]

노동자들이 한 행위는 결코 환대가 아니다. 왜냐하면 그들은 단지 자신이 가지고 있는 힘을 나타내고자 했기 때문이었다. 부당하게 굶어 죽어가고 있는 사람들에게(노동자들에게는 짐승으로밖에 보이지 않는) 빵을 던지는 행위는 인간을 사물로 간주하는 폭력의 형태를 띤 것이다. 이것은 연대가 아니라, 말 그대로 야만적인 행위이다. 자신이 던진 빵으로 인해 그들이 어떤 대가를 지불해야 했는지 그들은 도대체 알고나 있었을까? 빵을 던지는 행위로 인해 인간의 존엄성과 사랑 그리고 인간 존재라는 값을 치러야만 했던 것이다.

하나님이 저 굶주려 죽어가고 있는 유대인들 한 사람 한 사람 안에서 체현되어 있었다는 사실을 독일 노동자들은 알고나 있었을까? 그렇지 않았을 것이다. 오히려 그들은 하나님의 말씀을 듣는 데 전혀 귀 기울이지도 않았다. 만일 그들이 주의를 기울였다면 과연 무엇을 들었을까? 확실히는 모르겠지만, 아마도 그들은 "이런 미친 짓일랑 당장 집어치워! 나는 너희들의 형제란 말이야! 하나님은 생명의 충만함을 나에게 불어넣어 주시며 창조하셨단 말이야! 때가 너무 늦기 전에 이런 미친 짓거리는 그만둬!"라는 말을 들었을 것이라고 추측할 수 있다. 위젤이 말한 바에 따르면, 그 누구도 굶주린 유대인들을 태운 열차를 멈추려 하지 않았다. 아무도 항거하지 않았다. 분명히, 하나님도 굶어 죽어가고 있는 유대인들을 통해서 말할 수 없었다. 그런 이유로 인해, 독일 노동자들은 바짝 마른 유대인들의 아우성치는 광경을 지켜만 보았으며, 빵조각들을 던졌던 것이다.

심리학자인 로버트 콜스 Robert Coles 는 루비 브리지스 Ruby Bridges 라고 하는 한 어린 소녀의 이야기를 전한다. 루비는 학교에서 흑백분리정책이 실시되던 당시, 뉴올리언스에서 살던 흑인 여자아이다. 겨우 여섯 살밖에 되지 않았던 루비는 매일 아침 등교할 때마다 성난 백인들의 무리들을 지나쳐야만 했다. 경찰관이 그녀와 함께 동행했지만, 그들의 더럽고 사나운 고함소리와 침 뱉음, 그리고 육체적인 폭력 행위들을 막을 수는 없었다. 루비는 매일같이 하루에 세 번씩 사나운 무리들 앞에서 멈추었으며, 정부에서 고용한 경찰관이 그녀를 학교와 집으로 동행할 때에 그녀의 입술은 무어라 중얼거리곤 하였다. 콜스는 루비와의 대화를 통해서, 그 중얼거림은 바로 루비가 자신을 파괴하려는 사람들을 위해서 기도하는 것이라는 것을 발견하게 되었다. 콜스는 이렇게 물었다.

"루비야 너는 그 사람들을 위해서 많이 기도하니?" 그러고 난 다음 나는 루비가 그러한 기도를 하루에 세 번씩 하고 있다고 덧붙였다. 그녀가 침묵을 지키는 동안, 나는 다른 질문을 던지기로 마음먹었다. "루비야 너는 어떤 기도를 드리니?"라고 물어보았다.

루비는, "나는 항상 같은 것을 기도해요"라고 말했다.(그녀와 대화를 나누는 어떤 시점에서 나는 눈동자가 점점 커지면서 혈압이 약간 올라가고 있음을 느꼈다.) 나는 말했다, "그것이 뭐지?"

그녀는, "나는 '하나님 그들을 용서하게 해주세요, 저 사람들을요. 저 사람들은 자기들이 무엇을 하고 있는지 알지 못해요'라고 기도해요" 하고 말했다.[71]

하나님의 말씀에 귀를 기울이는 것은 다른 사람들을 단지 물건으로 바라본다거나 응시하는 것과는 완전히 반대되는 행위이다. 하나님의 부재 속에서, 하나님은 루비의 말 속에뿐만 아니라, 그녀 안에 완전히 거하셨다. 그녀가 보여주었던 담대한 신앙과 동정심을 담은 정의, 하나님의 말씀을 기억하고 타인들을 용서하는 행동들은 가장 최고의 성숙함과 신앙적인 깊이를 담은 신학적 성찰과 행동을 나타낸 것이다. 전혀 기대치 않은 위대한 신학자가 나타난 것이다! 그녀에 대한 이러한 생각들은 기대할 수 없는 것들이다. 토마스 아퀴나스Thomas Aquinas는, "육체의 나이가 영혼의 나이를 결정하지 않는다"라고 말했다.[72] 루비는 우리가 환대를 더 잘 이해하도록 돕는다. 그녀는 우리가 위험에 처했을 때 부인할 수 있는 하나님을 새로운 각도에서 인식하도록 한다. 일단 하나님이 자신을 드러내면, 그러한 하나님의 계시를 우리가 가두는 것은 불가능하다. 이런 의미에서 루비는 지도자이자 선생이다. 그녀는 다른 사람들이 하나님이 하는 일을 좀더 분명하게 볼 수 있도록 도와주었다. 그녀와 인식을 같이하거나 연대하는 것은 단지 우리의 동기에서 나오는 기술로 가능하지 않다. 그러한 행동은 "여기에 있는 지극히 작은 자"들을 섬기고자 하는 비전을 믿음과 사랑으로 품으며 하나님께 나아가기 위하여 하나님으로부터 오는 선물인 것이다.

전통적으로 말하는 삼위일체에서, 성령의 능력은 우리로 하여금 복음에 합당한 삶을 살도록 격려하는 예수 그리스도 안에 나타난 하나님의 구원하시는 사랑으로부터 오는 선물이다. 하나님은 우리를 무엇으로부터 구원하는가? 성령의 능력을 통하여 하나님은 우리의 개인적이고 공동체적인 삶 속에 들어 있는 폭력으로부터 우리를 구원하신다.

어떤 형태의 그리고 어떤 방식으로 신앙이 위험에 처하게 될 것인지는 환대에 의해서 결정된다. 환대는 공동체 바깥의 목소리들을 공동체 안으로 초대하는 것이다. 환대는 억압당하는 사람들의 목소리를 경청하는 것인데, 왜냐하면 바로 그곳이 부재하시는 하나님이 현존 속에서 말씀하고 있는 현장이기 때문이다. 환대는 본질적으로 다원주의적이며 하나님이 말씀하고자 하는 곳이면 어디든 간에 하나님의 성육신에 주의를 기울이는 것이다.

요약

우리는 매우 짧은 시간에 아주 긴 여행을 함께했다. 책을 읽는 가장 중요한 목적은 바로 저자와의 대화라는 것을 독자들이 기억했으면 좋겠다. 아마도 어떤 독자들은 나에게 많은 질문을 하고 싶을 것이다. 당연히 질문이 있어야 하며, 그것은 독자들이 첫 장에서 내가 말한 것들을 진지하게 생각하고 있음을 의미한다. 하나님은 우리의 삶 전체를 통하여 하나님과 관계를 맺고 더 가까이 나아가기를 원하신다. 하나님과의 관계를 통하여 더 나아가 타인들과 관계를 맺고자 하는 이러한 열망은, 우리가 하나님의 형상으로 창조되었음을 증명할 수 있는 것들 중 일부이다. 그리스도인들로서 우리는, 우리가 경배하며 예배하는 하나님께 좀더 우리의 삶이 향하기를 원한다. 이런 차원에서 볼 때, 영광송과 죄를 잘 분별하는 것은 긍정적인 삶을 사는 데 있어서 실천적인 이슈가 된다.

우리가 영광송과 죄에 대해서 좀더 깊이 생각하면 할수록, 예수님의 삶과 죽음의 의미에 대해서 좀더 의식적으로 알고 싶어 하기 마련이다. 성경 속에서, 특히 바울은 예수님의 삶과 죽음의 의미에 대해서 가장 잘 말하고 있다.[73] 그러나 이 장에서 다루었던 브론펜브레너의 주장에 대한 논의를 통해서 우리 모두는 자신이 누구인지, 타인들과 어떻게 의사소통을 하고 있는지, 그리고 타인들과의 관계 속에서 우리 자신을 어떻게 이해하고 있는지 등에 대해 알게 해주는 사회적인 환경(저마다의 독특한 관념들과 이야기들을 담고 있는) 안에서 살고 있다는 사실을 알게 되었다. 이 시대의 여러 학자들은 우리가 바울 당시 지중해 세계에 살던 사람들이 희생과 폭력을 설명하기 위해 사용했던 중요한 방법 중의 하나인 희생양 신화를 이해하는 데 도움을 준다. 특히, 르네 지라르는 그러한 신화의 이모저모를 자세하게 알 수 있도록 돕고 있다. 지라르와 같은 학자들의 연구를 살펴본 결과 내가 나름대로 얻은 결론은, 하나님을 비폭력적이고, 관계적이며, 우리에게 힘을 부여하시는 분으로 생각하는 것이 얼마나 중요한 것인지를 이해하게 되었다는 것이다.

오늘날과 같이 폭력이 난무하는 세계에 살고 있는 우리가 하나님이 이야기하시는 방식에 대해서 의아해하기 시작할 때, 우리는 알 수 없는 신앙의 세계로 이전보다 더 깊이 들어가는 것이다. 9·11 테러 사건 이후, 아마도 이 세상은 폭력으로 가득 차 있는 곳일 것이라고 막연하게 생각한 사람들도 있을 것이다. 그러나 오늘날 대부분의 사람들은 특히 불필요한 폭력에 의해서 부서지고 있는 이 세상 속에서 하나님은 당신의 말씀을 도대체 어디에서 드러내고 있는지 크게 의아해하고 있다. 하나님에 대해서 생각할 때, 우리는 역설의 가능성을 염두에 둔다면, 환대야말로—아무리 그것을 기대할 수 없는 곳에서도조차—하나님께 우리 자신을 열어놓기 위한 가장 중요한 방법이라고 결론지을 수 있을 것이다.

다음 장에서 우리는 일종의 폭력의 소용돌이에 사로잡혔었던 한 어린 소년의 실제 사례를 살펴보려고 한다. 그의 이야기는 지금 우리의 이웃에서, 주에서, 각 나라들에서, 그리고 이 세상에서, 우리 주위에서 얼마든지 볼 수 있는 유사한 이야기다. 학교폭력을 대중이 저지르는 폭력의 한 예로써 논의하고자 할 때, 다음 장은 타인과의 관계에서 발생하는 폭력이라고 하는 현대의 위기를 해석하기 위한 중요한 토대를 쌓는 데 도움을 줄 것이다. 학교폭력은 본질적으로 우리 사회가 처한 영적인 위기를 보여주는 표지라는 것을 발견하게 될 것이다.

2장

폭력의 희생자가 된 칼 Karl : 사례 연구

그는 더 이상 자신이 가지고 있던 문화를 유지하지 못했다.
자신이나 남을 배려하는 행위를 멈추었다.
그의 영혼은 폭력의 무게 아래에서 깨지고 부서졌다.
자기 자신이나 다른 사람들은 조금도 상관하지 않았다.
폭력을 당하는 자신의 상황이 변할 것이라고 느끼지 않았다.

폭력과 기독교 신앙에 대해서 우리가 지금까지 살펴보았던 일반적인 지식들을 구체적인 사례 연구에 적용하여 보다 자세하게 살펴보도록 하자. 1983년 노르웨이 교육부가 전국적으로 실시했던 반反학교폭력 캠페인이 (학교폭력으로 두 명의 아이가 스스로 목숨을 끊은 사건에 대한 적극적인 대응책으로) 진행된 이래, 또래 아이들 사이에서 발생하는 폭력이 전 세계적으로 새로운 관심을 끌었다. 그러나 나는 아동에 의한 학교폭력이 그리스도인들에게 미치는 장기적인 영향에 대해서 조사한 사례들을 거의 찾아보지 못했다. 과거 7년 동안, 나는 아동기에 폭력을 당한 기억이 있는 성인 그리스도인들과 이야기를 나누었다. 첫 번째 사람은 강의하고 있는 신학교의 주간신문에 낸 광고를 보고 이야기를 나누기 위해서 찾아왔다. 그러나 시간이 지나자 더 많은 사람들이 어린 시절에 자신이 당했던 학교폭력의 경험에 대해서 말하고 싶은 욕구가 목구멍까지 치밀어 올라서 나를 찾아오게 되었다. 나는 미국 전역에 걸쳐서 백인, 흑인, 아시아인 등 다양한 인종 출신의 남녀와 이야기를 나누었다. 그들의 연령대는 24세에서부터 68세까지 분포돼 있었다. 일부 사람들은 남을 직접 괴롭힌 경험을 가지고 있는 한편, 몇몇은 학교폭력의 피해자이자 가해자로서의 경험을 동시에 했던 사람들이었다. 다음 사례는 주인공인 칼의 정직성과 통찰력 그리고 용기를 여실히 보여주는 좋은 예다. 이 사례에 주로 나오는 폭력의 경향과 주제는 다른 사람들과의 상담에서도 반복해서 나타났다.

이 책에 인용할 사례로 그의 이야기를 사용하기 위해 허락을 구했을 때, 칼은 긍정적이고 사려 깊고 배려하는 태도로 나를 대해주었다. 자신의 이야기를 나누고자 하는 칼의 용기는 순수하고, 칭찬할 만하며, 감동을 주었다. 그는 왜 아동기 시절에 자신이 경험한 폭력을 나와 나누기 원했을까? 대답은 의외로 간단하다. 칼은 아이들 사이에서 벌어지는 폭력을 어떻게 해야 멈출 수 있는지 도움을 주려는 열망을 품었기 때문이다. 좀더 구체적으로 말하면, 칼은 폭력의 소용돌이에 빠진 아이들을 위한 지지자가 되기를 자청하고 나선 것이다.

이 사례가 모든 문화와 성별과 상황에 일률적으로 적용된다고는 말할 수 없다. 각 사람의 독특한 상황을 초월하여 칼의 사례를 일반화하는 것은 부적절하고 불가능한 일이다. 반면에, 이 사례에서 제기된 중요한 주제들(또는 여기서 제기되지 않은 다른 이슈들)은 어린 시절에 발생한 폭력과, 그것을 종교적으로 어떻게 이해할 수 있는지 이야기할 기회를 주고 있다. 당신 자신이 경험한 것에 대해서 이야기하는 것은, 적어도 특정한 타인의 경우만큼 중요하다. 이 세상에는 폭력에 관한 사례들이 너무도 많지만, 많은 사례들이 그냥 그대로 묻힌 채 잊혀간다. 우리가 사례들을 어떻게 해석하느냐는 그 사례가 제공하는 정보만큼 중요하다. 그 이유는 사례를 해석하는 방법이 우리가 폭력을 바라보는 방식과 우리 사회와 세계 안에 발생하는 폭력에 대해서 중요한 무언가를 말해주기 때문이다.

다음 사례에 등장하는 이름 칼은 가명이다. 특정한 장소들과 다른 이름들 역시 바꾸었다. 많은 사람들에게 이 사례는 읽기가 그다지 쉽지 않을 것이다. 추상적으로 폭력에 대해 이야기하는 것(물론, 분명히 폭력을 이해하는 데 가치 있고 중요한 방법이긴 하다)과, 폭력에 얽힌 다른 사람의 구체적인 경험을 듣는 것은 완전히 별개의 문제다. 다음 장을 읽기 위하여 너무 성급하게 사례를 속독할 필요는 없다. 독자 각자가 자신에게 알맞고 편안한 속도로 이 장을 읽기를 권고한다. 앞장에서 이야기되었던 폭력에 대한 이해를 바탕으로 사례의 내용들을 틈틈이 숙고하기를 바란다. 당신이 남을 괴롭혔던 기억이 떠올라 놀랄 수도 있다. 왕따를 당해서 너무나 괴로워했던 시간들로 인해 당황스러울지 모른다. 모든 어른들은 학교폭력을 당했었고, 남에게 폭행을 행사한 경험을 가지고 있다. 우리 중 그 누구도 칼의 이야기에 나타난 문제들의 심각성으로부터 제외되지 않는다.

이 사례 연구는 기본적으로 묘사의 기법을 사용했다. 1장에서, 우리는 폭력의 역동성을 이해하기 위해서 적절하다고 여겨지는 기독교적 접근을 탐구하였다. 이 장에서는 관계적 폭력에 대한 구체적인 실례를 탐색할 것이다. 또한 1장은 독자들이 3장을 더 잘 이해할 수 있도록 준비시키는데, 3장은 칼의 경험과 1장에 나온 내용들 사이의 매우 진지하고 효과적인 대화를 시도하고 있다. 다른 말로 표현하자면, 경험은 중요하지만, 비판적인 성찰 없는 경험은 거의 항상 우리를 침체시키며, 운명주의로 흐르게 한다. 경험만으로는 변혁적인 결과를 가져올 수 없다. 성찰된 경험이 성장과 변혁의 가능성을 가져다주는 것이다. 이 장은 사례와 그에 대한 분석으로 나뉘는데, 분석 부분으로 가기 전에 적어도 세 번 정도 사례를 정독하기를 바란다.

사례 연구

칼은 42세 된 백인 남성이다. 7학년 중반에서 9학년 때까지 세 명의 소년으로부터 학교에서 폭력을 당했다. "한 명은 마르지만 깡다구 있게 생겼으며, 또 한 명은 키가 크고 뚱뚱한 편이었고, 다른 한 명은 작았다." 이 아이들은 모두 그보다 나이가 많았다.

칼은 7학년 때까지 가톨릭 계통 학교를 다녔으며, 그곳에서 견진 성사를 받았다. 그 학교를 다닐 때는 주위에 친구들이 있었다. 7학년을 반쯤 지났을 무렵에, 그는 공립학교로 전학을 갔다. 칼의 부모는 공장에서 일하고 있었는데, 더 이상 사립학교를 다닐 비용을 감당할 수가 없었다. 그가 처음으로 학교폭력을 경험한 것은 바로 새로 전학 간 학교에서였다.

　가톨릭에서 관할하는 교구학교에서, 칼은 푸른색 교복에 검정 넥타이를 맸었지만, 공립학교에서는 무엇을 입어야 할지 칼과 그의 부모들은 몰랐다. 그의 엄마는 허시 파피Hush Puppies 상표가 붙은 옷, 몸에 딱 붙는 짧은 바지, 네이비 코트와 검정색 셔츠를 입혀 보냈다. "나는 해피 데이즈Happy days: 1974-1984년에 미국 TV에 방영됐던 시트콤—편집자 주에 나오는 리치 커닝햄Richie Cunningham 같아 보였다! 내 모습은 가톨릭 학교를 다녔을 때 사제를 돕는 천사 같은 제단 소년이었을 때와 비교하면 매우 달라졌다. 그 학교에 새로 전학했으며, 혼자였고, 공격당하기 쉬운 처지였다"라고 칼은 탄식했다. 공격할 만한 대상을 노리고 있었던 같은 학교의 아이들 역시 이러한 사실을 알고 있었다.

　칼에 대한 신체적인 공격은 간혹 가다 있었지만, 그가 느끼는 공포는 언제나 한결같았다. 그를 폭행하는 그룹들 중 한 명이 교실에서, "학교가 끝나고 오늘 밤에 두고 보자!"라는 말로 위협하며 칼을 조롱했다. 칼은 그들 "몰래" 집으로 가기 위해 노력해야만 했다. 그는 자신의 정체를 숨기려고 다른 사람의 스웨터나 친구의 모자를 빌려 써야만 했고, 아니면 일부러 여자 친구들과 함께 집으로 가야만 했다. 그는 학교에 가지 않기 위하여, 엄마가 눈치 챌 수 있도록 따뜻한 물과 함께 여러 알의 알카 셀처(소화제 이름)와 소금 뿌린 크래커를 삼킨 후 토하는 듯한 흉내를 내기도 했었다. 이러한 행동은 2년 동안 매일같이 반복되었다. 칼은 자신을 고문하고 있는 아이들을 무서워하였다. 춤을 배우러 간다거나,

백화점 혹은 혼자 운동 경기를 관람하는 것도 무서워했으며, 아빠나 엄마에게 용기를 내어 이런 상황을 털어놓지 못하는 자신에 대해서 혼란을 겪었다. 불량학생들이 칼에게 다가가 위협하려고 할 때에 학교 선생님들이 그들에게 주의를 주곤 했지만, 칼에게 접근하지 못하도록 그들을 차단할 수 있는 그 어떤 장치도 마련해주지 못했다.

    7학년에서 8학년에 걸쳐서 칼이 견뎌야만 했던 학대는 단지 신체적인 공격뿐만이 아니었다. 언젠가 쉬는 시간에는, 불량학생들과 구경꾼들이 그의 주위로 몰려와 그를 둥그렇게 둘러싸고는, 그들 가운데 가장 약해 보이는 아이, 즉 "꼬마"로 하여금 원의 한 중앙으로 가게 한 후 칼과 싸우도록 강요하였다.[1] 칼은 만일 자기가 그 꼬마와 싸운다면, 전체 아이들이 그 약한 아이에게 달려들어 그를 때릴 것이라는 사실을 알았다. 칼은, "나는 매일같이 공포를 경험했다. 나의 삶이 변할 수 있을 것이라는 것에 대해서 상상조차 할 수 없었다"라고 말했다.

    칼은 이전의 학교에서는 늘 B$^+$ 성적을 유지했지만, 새 학교에서는 간신히 낙제를 면할 수준인 D와 F만을 받았다. 칼은 "엄마 젖 먹는 어린애"Howdy Doody 이미지를 바꾸려고 안간힘을 썼다. 담배를 피기 시작했으며, 남에게 욕을 퍼붓기도 하고, 예전 같으면 엄두도 못 냈을 일인 백화점에서 물건을 훔치는 일까지 했다. 13살 때는 인디아 잉크와 안전핀으로 자신의 팔에 영문 K자 문신을 새기기도 하였다. 이것을 본 교장선생님이 급기야 부모에게 그 사실을 알렸다. 그의 아버지는, "야! 이 녀석아, 너는 그 형편없는 문신이 다 닳아 없어질 때까지 설거지해야만 해, 알았지!"라고 말했다고 한다. 그날 저녁에, 칼은 설거지를 하는 한편, 강철솜 수세미로 문신을 지우기 위해 박박 긁어댔다. 그때 그는 문신이 영원히 남는다는 사실을 깨달았다. 바로 그해 13살 때, 북북 문질러서 피나고 얼룩진 살갖은 평생 동안 접시를 닦지 않기 위해 할 수 있는 유일한 대안이었던 것이다. 문신을 지우느라 문질러댔던 부위는 전염되었고, 문신을 지우기 위해 결국 외과 수술을 받아야만 했다. 거의 30년이 지난 지금, 칼은 그때 난 상처 자국을 나에게 보여주었다.

  칼은 8학년 때 깊은 절망에 빠졌으며, 내성적인 아이가 되었다. 여자아이들에게 웃음거리가 되었으며, 아무도 그의 곁에 가까이하지 않았다. 칼은 7학년과 8학년 아이들 사이에서 놀림의 대상이 되었다. 가정생활 역시 그리 나아 보이지 않았다. 당시 알코올 중독에 빠진 아버지로 인해 신체적이고 감정적으로 고통당했던 것이다. 칼은 그 누구도 믿을 수 없었고, 도움을 요청할 사람조차 아무도 없다는 사실을 알았다. 그는 학교 선생님, 부모, 성직자, 그리고 경찰관 등 어른에 대한 신뢰를 상실했다.

  어느 날 오후, 친구들의 폭력에 대한 그의 인내는 "한계점"에 도달했다. 그를 괴롭히던 아이가 칼에게 비스듬히 다가오더니만 귓속말로, "학교가 끝난 후 오늘 밤에 두고 보자"라고 속삭였다. 그러자 칼은 그의 어깨로 손을 내밀더니만, 그의 머리채를 잡아끈 후, 자신이 할 수 있는 가장 힘껏 그의 머리를 책상 아래로 내리쳤다. 그를 기절시킨 후, 칼은 그를 다시 교실에 놓인 창문가로 질질 끌고 간 후, 반복해서 그 아이의 얼굴을 유리창에 내다 박았다고 한다. 칼은 그러한 자신의 행동들이 "자살"적인 행동이었다고 인정하지만, 그는 신경 쓰지 않았다. 그는 자기 자신은 물론이고, 남들을 조금도 개의치 않았다.

칼은 자신을 괴롭혔던 아이들을 한 번에 한 명씩 찾아내어 복수하리라고 결심했다. "나는 완전히 정신이 나가버린 미친 상태였지요. 꿈에서 깨고 싶은 가장 커다란 악몽을 경험했던 것입니다." 그는 자신이 했던 행동에 대해서 깜짝 놀라 겁에 질렸지만, 자신을 괴롭혔던 아이들이 고통당하는 것을 볼 때 커다란 즐거움을 느꼈다. 칼은 "나는 절대로 남을 괴롭히는 아이가 아니었다"라고 주장했다. 그는 계속해서 "오히려 그들이 불량배들이었지요. 매우 이상야릇하지 않나요? 그들이 나에게 가르쳐준 폭력이 반대로 그들을 괴롭히고 있었답니다"라고 말했다. 자신이 도대체 무엇이 되고 싶었는지조차 이해할 수 없게 된 칼은 본드 냄새를 맡기 시작했다. 선생님이나 어른들 앞에서 공개적으로 담배를 피웠으며, 도둑질을 계속했으며(결국 체포되기까지 했다), 아주 작은 일에도 급우들을 공격하는가 하면, 뻔히 급우들이 보는 가운데 여자 아이들과 부적당한 신체 접촉을 하기도 했다.

"나를 괴롭힌 아이들이 내가 8학년을 마지막으로 학교를 다니지 못하도록 만들었지만, 나는 그에 대처할 준비가 전혀 되어 있지 않았다"고 그는 말했다. 학교를 그만둔 후, 칼은 네 번이나 경찰에 체포되었는데, 그중 한번은 여자친구의 아버지를 폭행한 혐의로(일부 여성들은 칼의 폭력성에 매료되곤 했다), 그리고 다른 경우는 자신의 아버지를 폭행한 혐의로 체포된 것이었다. 알코올 남용, 차 절도 그리고 폭력은 곧 그의 삶의 일부분이 되고 말았다. 자신의 여자친구와 춤추고 돌아오던 중에, 그녀의 남자친구들 중의 한 명이 그녀에게 "잘 가!"라고 말했다. 그러자 칼은 그의 머리와 얼굴을 세게 쳐서, 씹고 있던 껌이 입 밖으로 튀어나오는가 하면, 그의 귀가 머리에서부터 잘려나가 버렸다. 칼은 고등학교 2학년 때 학교를 그만두었다. 열여섯 번째 생일이 되었을 때까지, 칼은 무려 여덟 번이나 체포되었으며, 그 가운데 다섯 번 유죄판결을 받았다. 칼이 자신의 마지막 판결 청문회에서 판사의 강요가 없었다고 말했지만, 그는 주립 교정센터에서 120여 일의 사회봉사와 추가로 2년 동안의 보호 관찰 대신에 군복무를 하는 게 어떻겠냐는 판사의 권유가 현명한 처사였다는 것을 알게 되었다.

　칼이 자신의 이야기를 할 때—그가 이러한 이야기를 한 것은 이번이 처음이었다—그는 마치 가상현실 속에 있는 것처럼 방을 옮겨 다녔다. 다른 사람들을 때리는 것처럼 팔을 허공에다 휘두르기도 했다. 그는 마치 춤을 추는 것처럼 스텝을 밟았다. 아주 오랫동안 침묵 속에 잠겨 있었던 것들을 말로 꺼내놓는 것은 칼과 나 모두에게 매우 강력하게 마음을 움직이는 일이었다. 자신을 괴롭혔던 가해자들을 위해서 기도해본 적이 있느냐고 물어보았을 때, 나는 매우 짧지만 강하게 그의 생애 초반을 장악했던 분노를 그에게서 느낄 수 있었다. 그는 "뭐라고요! 절대로 그럴 수 없지요! 그 녀석들은 나에게서 공부할 수 있는 기회를 빼앗아 갔다고요. 그 독한 녀석들이 열세 살밖에 안 된 내가 도저히 통제할 수 없는 상황으로 억지로 집어넣어 버렸어요. 나를 괴롭혔던 녀석들 중 첫 번째 놈을 때린 지 5년 후에, 나는 베트남에서 수색 작업을 맡아 전쟁터에 있었는데, 그 녀석들을 포함해서 나와 함께 공부했던 친구들은 졸업 파티를 즐기고 있었단 말이에요!"라고 대답하였다. 동시에 자신의 의자를 손으로 꽝! 하고 내리쳤다. 칼이 학교에서 처음 폭력을 당한 지 약 30년이 지났다. 그러나 당시의 기억들과 감정들이 여전히 지금, 너무도 새롭게, 그의 몸에서 꿈틀꿈틀 일어나고 있었다.

사례 분석

칼: 공립학교를 다니기 전 시기

먼저 이 사례를 유리 브론펜브레너의 인간 발달 범주를 가지고 이야기해보자. 미시체계 microsystem, 중간체계 mesosystem, 외부체계 exosystem, 거시체계 macrosystem, 시간체계 chronosystem라고 불리는 범주 말이다.

칼은 개인이나 집단과의 계속된 관계를 어디에서 가졌나? 그의 사례를 통해서 우리는 칼의 미시체계(가족, 학교, 친구, 교회)들이 시간이 지나감에 따라 바뀌고 있는 것을 알 수 있는데, 이것은 미시체계와 시간체계가 칼이 자기를 이해하는 데 매우 중요한 변수라는 것을 암시하는 것이다. 7학년 전까지 칼은 가톨릭 학교를 다녔다. 추측하건대, 칼은 친구들과 잘 사귀는 좋은 학생이었던 것 같다. 그는 가톨릭 가족 공동체에 속해 있었다. 칼은 자신을 보호해주었던 가톨릭 학교에서의 경험뿐만 아니라, 사제와 선생님 같은 권위를 가진 사람들과 가졌던 경험에 대해서도 언급하였다. 그의 가족은 블루칼라, 즉 노동자 계층에 속하였다. 이것은 그의 부모들이 열심히 일했으며, 하루에 잠깐밖에는 서로 얼굴을 보지 못했다는 것처럼 들렸다. 칼이 아버지의 알코올 중독에 대해서 자세하게 말하지 않았지만, 그의 아버지가 표출하던 적절하지 않은 분노의 중요한 원인이었을 것이라는 사실은 의심할 여지가 없다. 이러한 점으로 짐작해보건대, 칼은 아빠로부터 사랑을 받았다기 보다 두려움을 더 많이 받았을 것이다. 분명히, 칼은 자신의 아빠와의 관계를 묘사할 때, 서로 사랑하고 존경하는 관계로는 이야기하지 않았다. 그의 엄마는 불분명한 상태로 남아 있었다. 단지, 필요한 것을 공급해주었지만(7학년 전후 모두에 칼을 돌보아주었지만), 아마도 칼에게 애정을 표현할 만큼 충분한 시간이나 에너지를 가지고 있지는 않았던 것 같다.

칼은 그의 미시체계(가족, 학교, 친구, 교회)에서 가졌던 관계 가운데 어디에서 자신의 존재와 가치를 확신했을까? 그는 좋은 친구가 있었고, 성실한 학교생활을 했으며, 그의 자존감은 이 두 체계와 밀접한 연관을 맺고 있었다고 추측해볼 수 있다. 그는 가톨릭 신자였는데, 이것이 그의 삶에 어느 정도의 안정성과 무엇을 해야 하는지, 어떤 일이 있을지를 예측할 수 있도록 해주었다. 그는 어떻게 행동해야 하는지, 어떻게 옷을 입어야 할지, 그리고 자신의 익숙한 환경에 어떻게 잘 적응해야 하는지 등에 대해 알고 있었다. 그의 가족 체계는 그에게 커다란 스트레스를 주었는데, 즉, 아빠의 알코올 중독과 엄마의 부재, 그리고 경제적인 어려움 등이었다. 이러한 스트레스로 추측건대, 칼은 대부분의 시간을 집에서 혼자 보내야만 했던 반면에, 열심히 일했던 그의 부모는 칼에게 필요한 물질적인 것들을 제공하려고 노력하였다. 칼이 그의 부모에게, 반대로 그의 부모는 칼에게 사랑과 믿음을 표현했다고 하는 명백한 혹은 간접적인 증거는 없었다. 그러한 것들은 자존감과 사회적 능력 향상에 매우 중요한 요소들이다.[2]

다음으로 그의 중간체계로 넘어가 보자. 칼의 다양한 미시체계(가족, 학교, 친구, 교회)가 상호작용하는 과정 속에서, 우리는 불분명한 관계들에 부딪히게 된다. 어떻게 보면 그의 가족, 학교, 교회 등의 가치들이 가톨릭 신앙의 가치와 서로 연결되어 있는 한편, 칼이 가정에서보다 학교에서, 그리고 또래 친구들과의 관계 속에서 보다 긍정적인 자아관을 가지고 있었다는 것은 분명하다. 우리는 그의 학교와 집 모두 위계질서를 중심으로 관계가 형성되었지만, 아빠와의 사이는 학교에서와 같은 인정을 받지 못했다. 예를 들면, 좋은 학생 혹은 복사服事, altar boy가 되는 것 등 말이다.

외부체계(친구들, 이웃들, 부모들의 직장)는 칼의 경우 어떤 시기에 있어서는 거의 아무런 관계도 없는 것처럼 보인다. 예를 들어, 이웃들이나 칼 가족의 친구들은 칼의 이야기에 거의 등장하지 않는다. 이것은 마치 칼의 삶에는 오직 가정과 교회 그리고 학교 외에는 다른 체계들이 거의 없는 것처럼 들린다. 그렇다면 가정, 교회 그리고 학교 간에 실제로 어느 정도의 커뮤니케이션이 이루어졌을까? 칼에게 의미 있는 세 가지 체계 사이에 매우 활발한 커뮤니케이션이 이루어졌다고는 볼 수 없다. 확실한 것은 부모들이 일했던 "직장"은 칼에게 거대한 영향을 미쳤다는 것이다. 그의 부모와의 관계뿐만이 아니라 그가 사립학교를 다닐 수 있게 한 조건이라는 점에서 그렇다. 베트남 참전을 둘러싼 "갈등"이 그 시기에 일어났으며, 당시 미국의 문화적 가치들이 엄청난 소용돌이를 경험하고 있었다. 폭력과 반발 그리고 약물 실험과 전통적 권위에 대한 회의 등이 거세게 몰아닥쳤던 시기였던 것이다. 그러나 칼에게 좀더 폭넓게 영향을 미친 사회적 상황은 가톨릭 학교를 더 이상 다니지 못하게 된 사건이었다.

앞에서 설명한 대로, 시간체계는 앞에서 묘사한 모든 체계적 관계에 엄청난 영향을 미친다. 우리는 이 전에 행했던 칼의 삶 속에서 발견할 수 있는 체계들에 대한 탐구를 칼과 그를 둘러싼 관계에 대한 스냅 사진으로 생각해볼 수 있다. 그러한 모든 관계는 7학년 때 공립학교로 전학한 결과로 인해 완전히 바뀌었던 것이다. 또한 우리는 칼이 이 시기 동안에 한 사람으로 커갔다는 사실을 간과해서는 안 된다. 약 열두 살 나이에 발생했던 공립학교로의 전학은 그에게는 너무도 크고 중요한 역할을 하였다. 십대가 된다는 것은 아무리 모든 여건이 다 훌륭하게 갖추어져 있다고 하더라도 온갖 스트레스와 긴장으로 가득 차 있기 마련이다.[3] 이제부터 칼에게 닥친 이러한 십대의 문화적 형성이 때마침 옮겨간 공립학교의 새로운 문화적 경험에 어떻게 영향을 미쳤는지 살펴보도록 하자.

칼: 공립학교에서 행해지는 소속 의례 Ritual of Belonging

사회학자 앤 스윈들러 Ann Swindler 는 문화는 "언어와 가십, 이야기들과 매일의 의례와 같은 비공식적인 문화적 행위들은 물론이고, 신앙, 의례, 예술 형태와 의식을 포함하는 의미의 상징적 수단들로 이루어져 있다"[4)]라고 말했다. 사람들이나 집단이 시간이 흐름에 따라 의미를 만들고 공유할 수 있는 것은 다름 아닌 이러한 의미의 상징적 수단들을 통해서다. 그녀의 말은 특히 칼의 이야기를 분석하는 데 반드시 기억하고 있어야 할 중요한 이슈다. 그는 학교를 바꾸었을 뿐만이 아니라 학교를 둘러싼 문화까지도 바꾼 것이다. 우리는 어떤 면에서 보았을 때 칼이 공립학교로 전학 가기 전에 그의 좀더 큰 문화 체계에 균열이 가고 있었을 수도 있을 것이라고 추측해볼 수 있지만, 사실, 그의 다른 문화체계는 그다지 큰 변동이 없었다. 그러나, 칼의 안정된 문화적 경험들이 불안정과 급격한 변화로 인해 생긴 새로운 문화에 의해서 조금씩 허물어져 가기 시작했다. 물론 급격히 바뀐 새로운 문화는 사춘기라는 피할 수 없는 성장통과 결합된 학교의 변화로 말미암아 비롯된 것이었다.

칼의 이야기를 들여다보면 7학년, 8학년, 9학년 때까지(12-13, 13-14, 14-15살) 그의 가정은 별다른 변동 없이 그저 늘 똑같은 모습을 유지하고 있었다는 많은 증거가 있다. 부모 둘 다 계속 오랫동안 일을 했다. 비록 자세하게 언급되지는 않았지만, 가톨릭 학교는 계속 그에게 영향을 미치고 있었다. 그러나, 가톨릭 학교를 다니면서 사회적 병폐로부터 보호받았던 날들이 사라져버렸다. 푸른색 교복과 검정 넥타이(대부분의 가톨릭 학교에서 볼 수 있는 중요한 상징들)가 사라져버렸다. 친하게 지내던 친구들과도 헤어졌다. 학교에서 만났던 종교과목 선생님들과 신부님들도 더 이상 만날 수 없었다. 신부님을 도와야 했던 자신의 역할과 의식들도 더 이상 그의 삶의 일부분이 되지 못했다. 모든 일상생활 속에서 느꼈었던 안전을 더 이상 경험할 수 없었다. 가톨릭 학교에서 제공받았던 폭력으로부터의 안전도 더 이상 가능하지 않았다.[5]

칼은 새로운 옷인 "유니폼"을 입었다. 종종 어떻게 옷을 입는지가 자신의 "자아의식" sense of self 에 영향을 미친다. 예를 들면, 만일 내가 해변가에서 수영복을 입고 있다면, 나는 해변가에 있는 다른 사람들에 의해서 받아들여지거나 혹은 정상이라고 느껴지는 의상을 입고 있는 것이다. 그 누구도 내가 수영복을 입고 있는 모습을 보고 이상하다고 쳐다보지 않을 것이다. 그러나 만일 내가 바하와 모차르트의 음악을 듣기 위해 수영복을 입고 심포니 홀에 간다면, 내 주위에 있는 정장 차림으로 있는 사람들은 아마도 충격을 받거나 아니면 나를 쫓아내려고 할 것이다.

칼이 새로운 상황과 환경에서 어떤 옷을 입어야 했었나? 그는 허시 파피 상표가 붙은 옷, 몸에 딱 붙는 짧은 바지, 네이비 코트와 검정색 셔츠를 입고 있었다. 이러한 그의 옷차림을 보았을 때, 칼의 엄마는 칼보다도 더 공립학교의 생활에 대해서 잘 모르고 있었다고 말할 수 있을 것이다. 아마도 그녀는 미디어에서 이러한 옷차림에 대한 아이디어를 얻었을지도 모른다. 해피 데이즈 같은 쇼를 보면 "착한 아이들"은 리치 커닝햄처럼 옷을 입어야 한다고 광고한다. 여기서 우리는 그녀가 갖고 있던 칼의 이미지와 공립학교에 그를 보내며 옷을 입히는 방식을 통해서 그녀가 칼에게 가졌던 희망에 대해 많은 것을 말할 수 있을 것이다. 공립학교에 가는 첫 날에 칼의 엄마와 칼이 느꼈던 긴장과 기대감에 대해서 잠깐 상상해보기를 바란다.

새로운 학교에 가는 것은 일종의 종교적인 의식과도 같은 의미를 가지는데, 칼의 경우도 예외는 아니었다. 가톨릭에서 행하는 견진 성사에는 미리 예측할 수 있는 양식들이 있다.[6] 견진 성사 지원자들은 의식적으로 자기가 그저 당연시 여기던 세계를 떠나 거룩한 장소로서 준비해왔던 기도와 묵상 그리고 공부를 위한 장소로 들어간다. 미사를 드리는 동안에 견진 성사를 받는 젊은이들을 위한 하나님의 축복을 빌기 위하여 전체 교인들이 기도드리는 것은 매우 흔한 일이다. 젊은이들은 많은 희생을 요청받는다. 시간, 물질, 우선순위, 그리고 어느 경우에는 자신의 삶 속에서 가장 소중하고 가치 있게 여기는 것들 등. 이 모든 것을 하나님과 신앙 공동체 앞에 드리는 것인데, 이러한 의식은 견진 성사를 받는 이들이 예수 그리스도 안에서 새로운 사람이 되는 이 의식을 진지하게 받아들이고 있다는 것을 나타내는 표징이 된다. 회중 가운데 지혜로운 사람들이 한 세대에서 다음 세대로 전해 내려오는 믿음의 "보배"들을 가지고 젊은이들을 권면하는 시간도 있다.

그 다음에는 견진 성사를 받는 이들을 혼란케 하는 시간이 있다. 나는 성당에서 이 과정을 경험했던 아이들이나 어른들 모두, 더 이상 정확하게 자신이 누구인지 또는 무엇을 하기 위해 부르심을 받았는지 알 수 없는 시간이라고 말하는 것을 들었다. 이전의 삶의 방식들(사고, 행동, 믿음, 관계를 맺는 방식들)을 더 이상 가지고 있으면 안 된다. 반면에, 그들이 앞으로 어떻게 해야 하는지에 대해서는 너무도 불확실하다. 감정적인 혼란, 애매모호함 그리고 취약성 등을 경험하는 시간인 것이다.

그 후 견진 성사를 받는 이들이 신앙 공동체에 들어올 준비가 되어 있는지 여부를 확인하기 위하여 장로(주교를 대신하는 신부)들을 통해 테스트를 치른다. 만일 성공적으로 마치면, 여기저기에서 축하를 해준다. 성공한 이들은 새로운 이름을 선택한다. 특별한 드레스와 코트, 예배 의식에서의 특별한 역할, 그리고 종종 새로운 회원이 신앙 공동체에 가입함을 축하하기 위하여 공동체가 마련한 특별한 파티들이 열리는데, 이러한 시간에는 정말로 많은 "특별한" 것들이 있다. 성만찬에 참여하는 것은 그날 모든 순서의 정점을 차지한다. 성당에서는 일반적으로 아이들이 2학년이 되면 처음으로 성찬식에 참여하는데, 이날 참여하는 성찬식은 그 전과는 사뭇 다르다. 새로운 자아의식 sense of self 과 무언가를 결정하는 등의 일들이 다가오고 있는 것이다. 이윽고 모든 과정 중에서 가장 어려운 순서가 이어지는데, 그것은 새 회원에 대한 조심스러운 가입과 교구생활과의 융합이다. 이 절차를 통하여 새롭게 신앙 공동체에 들어오는 회원은 또 다른 신입자들을 지도할 장로가 되기 위한 준비를 시작하게 되는 것이다.[7]

제2차 바티칸 공의회 이전 시대의 종교적 신념과 행위들을 간직해온 분위기에서 자라온 칼은 이러한 의례적인 과정을 아주 잘 알고 있었으며, 매우 익숙해 있었다. 칼은 의식적이고 무의식적인 차원에서 자아의식을 변화시키는 그러한 의식의 힘과 신앙 공동체 안에서의 역할에 대해서 배우며 자라왔던 것이다. 그러나 가톨릭 학교의 학생이었을 때 칼이 경험했던 생명을 확인하는 견진 성사 의례가 가톨릭 학교의 문화에서 공립학교의 문화로 전환하는 의례의 과정과 거의 유사하지만, 두 학교에서 경험했던 친구들과의 관계의 과정은 너무도 달랐다. 그러나, 새로 전학 간 공립학교에서 만났던 친구들에 의한 세속적인 견진 성사는 성당에서 베풀어졌었던 의례 못지않게 개인적이고 사회적인 역동성에 있어서 강력한 영향력을 가진 것이었다. 앞에서 살펴본 바 있는 종교 의식 과정에 속하는 9가지 단계들에 기초해서 칼이 경험했던 "세속적인 견진 성사"에 대하여 살펴보도록 하자.

당연시 여겼던 장소 떠나기

칼은 어린 시절에 경험했던 안전감을 상실했다. 오래된 친구들, 장소, 태도, 가치, 관계를 맺는 방법, 인사하는 방법, 적응하는 방법 등의 것들이 그가 새로운 문화적 상황을 다루는 데 도움을 주지 못했던 것이다. 칼은 떠나는 과정 속에서 몇 가지 준비를 하고 있었다. 새 옷과 신발, 새 자켓과 셔츠 등은 "여기"에서 "저기"로 옮기는 긴 여행을 위해서 적절하고 필요한 것으로 여겨졌다. 칼의 모든 내적인 부분들, 그의 생각과 자아감 등, 모든 것들이 위험에 처해 있었다. 한때 천사와도 같은 복사服事였던 칼이, 그의 말을 빌리자면 "모든 게 낯설고, 혼자이고 공격받기 쉬운" 상태에

놓였던 것이다.

새로운 장소에 대한 준비

새로운 공간이 마련되었다. 그런데 안타깝게도 칼이 잘 알고 있었던 가족, 학교, 일터, 또래 친구들, 혹은 교회에 의해서가 아니라, 그가 잘 알지도 이해하지도 못하는 사람들, 그리고 칼을 알지도 이해하지도 못하는 사람들에 의해서 공간이 마련되었다. 칼이 다녀야만 했던 공립학교는 낯선 사람들에 의해서 준비된 낯선 세계였다. 칼은 낯선 공동체에 자신을 던져야만 했는데, 그는 그 안에 존재하고 있었던 문화적 유형들을 인식하지 못했다. 그는 그러한 유형을 선택할 권리를 가지고 있지 못했다. 그의 부모는 그 학교가 칼이 다녀야 할 학교라고 결정했고, 따라서 그는 그저 순종해야만 했던 것이다. 그러한 결정을 내려야만 했던 중요한 배경에는 경제적인 이유가 있었다.

공동체 속에서 어울리기

공립학교에서 만난 어울림은 다름 아닌 폭력을 일삼는 아이들에 의해서 이루어지는 어울림이었다. 칼은 그 안에서 어울리지 못하는 이방인이었다. 그는 낯선 행동들과 가치관을 가진 그런 상황에서 매우 동떨어진 존재일 뿐이었다. "학교 끝나고 오늘 밤에 두고 보자!"라는 속삭임은 칼에게 자기 의심과 두려움 그리고 굴욕을 일으켰다. 그는 아무도 몰래 은밀하게 집으로 가고자 애를 써야만 했다. 신체적인 폭력을 피하고자 한 것이다. 소름 끼치는 말들을 무시하고자 애를 썼지만, 결국 그 말들이 주는 깊은 고통들로부터 자신을 숨길 수 없었다. 한 무리의 아이들이 칼을 보기 위해서 원을 그리며 모여들었다. "힘없는 꼬마"가 그 원 안에 들어가 있기 마련이었다. 정확하게 말하자면 검투사들의 대결 구도와도 같이, 칼과 "힘없는 꼬마"는 둘 중 누구 한 명이 죽을 때까지 싸워야 하는 인간 경기장의 한가운데 놓여 있는 셈이다. 칼은 천천히 걸어 원 밖으로 나갔으며, 아이들의 조소하는 소리가 곧 학대자의 모습으로 변하리라는 것은 조금도 의심할 바 없었다. 칼이 느껴야만 했던 모욕이 더욱 깊어만 갔던 것이다.

    1997년 드폴 대학교의 졸업식에서 행했던 연설에서, 엘리 위젤은 졸업생들에게 다음과 같이 당부했다. "나의 친구들이여, 항상 기억하세요. 우리가 절대로 저지르지 않아야 할 죄악된 것이 있는데, 그것은 다른 사람에게 모욕을 주거나, 혹은 그들이 우리에게 소리치거나 저항하지도 못한 채 우리 앞에서 모멸감을 느끼도록 만드는 것입니다."[8]

    칼을 위한 지지 체계는 어디에 있었나? 그의 부모는? 그의 선생님들은? 교회는 도대체 어디에 있었을까? 그는 모멸감 속에서, 그 어느 어른들에게도 자신이 느꼈던 가장 깊은 두려움들을 내보이지 않았다. 한번은, 선생님이 개입할 거라는 아주 희미한 한줄기 희망이 있었지만, 결국 제대로 이루어지지 않았다. 칼은 모멸감과 절망 속에서 혼자였던 것이다. 그를 지지해줄 만한 사람은 한 명도 없었다.

칼, 자신을 희생하다

칼은 가해자가 행사하는 신체적 폭력을 피하기 위해서 자신의 존엄성과 가치 등 자기 자신을 희생하였다. 한때 가톨릭 학교에서 우수한 학생이었던 칼은 공립학교에서는 D와 F 점수를 받았다. 그는 자기 자신을 보호할 수 있다는 자존감을 희생한 것이다. 그는 소금과 알카 셀쩌를 스스로 입에 털어 넣음으로써 아픈 체해야만 했다. 그는 자신의 사회생활을 희생했다. 춤을 배우러 다니지 않았으며, 스포츠 게임도 포기했으며, 혼자서는 백화점도 가지 않았다. 이런 행동들이 의미하는 바는 결국 그가 거의 아무 곳도 가지 않았다는 것이다. 그는 여자친구들도 회피했다. 이러한 희생들에는 그 어떤 영웅적인 요소들이 전혀 들어 있지 않았다. 칼은 단지 살아남기 위해서 애썼을 뿐이다. 신체적인 폭력의 두려움으로부터 자신의 목숨을 구하고자 애씀으로써, 결국 그것을 상실한 결과를 낳고야 만 것이다.

폭력을 알아갔던 시간

칼은 스스로가 말했듯이, 그의 아버지로부터 폭력의 유형을 배웠다. 단순하게 집에서 솜씨 있게 만든 문신을 지우기 위해 철수세미를 동원해서 박박 문지르는 그런 고통스럽고, 창피하고, 당황스러운 일을 상상하기란 거의 불가능하다. 칼은 공립학교에서 만난 가해자들로부터 남을 괴롭히는 방법을 배웠다. 칼이 공립학교에서 아주 많은 것들을 배웠다는 증거는 아무데서도 찾아볼 수 없었지만 자신의 분노가 스스로 통제할 수 없는 정도까지 치달았을 때, 그는 자신을 고문한 불량배들의 행동들을 통해서 남을 어떻게 폭행해야 하는지를 배웠다. 분명히 어른들이나 사회 환경(가족이나 학교와 같은)으로부터 폭력을 행사하는 아이들을 어떻게 다뤄야만 하는지에 대해서 배우지 못했던 칼이 폭력을 행세하는 방법을 알기 시작했던 것이다. 칼을 가해했던 학생들은 끊임없이 칼과 관계를 맺기 원했는데, 그 수단으로 단지 폭력만이 사용되었다. 그러한 관계는 오직 단 하나의 목적과 결과만을 가졌을 뿐인데, 다름 아닌 인간인 다른 사람을 죽이는 것이었다. 이러한 방법으로 칼은 죽음에까지 내몰렸던 것이다.

칼의 일탈기

우리가 지금까지 이야기했던 여러 가지 의례들 중에서, 의심할 바 없이 이 부분이 가장 가슴 아픈 시기다. 분명한 것은, 칼이 스스로 신체적이고 감정적인 폭력을 행사하는 사람이 되어야겠다고 결정했다는 단서는 없다. 그와 같은 결정은 지극히 한 순간에 일어났는데, 꽤 오랫동안 통제해왔던 참을 수 없는 분노가 마침내 증오에 가득 찬 복수와 힘으로 폭발했던 것이다. 그는 더 이상 자신이 가지고 있던 문화를 유지하지 못했다. 자신이나 남을 배려하는 행위를 멈추었다. 그의 영혼은 폭력의 무게 아래에서 깨지고 부서졌다. 자기 자신이나 다른 사람들은 조금도 상관하지 않았다. 폭력을 당하는 자신의 상황이 변할 것이라고 느끼지 않았다. 그는 억압과 모욕감을 느꼈다. 어른들로부터 버림받았다고 느꼈다. 그리고 아주 짧은 순간에, 무의식적으로 분노를 방출함으로써, 그는 폭력의 사로잡힌 사람이 되어버렸다. 가해자가 되어버린 지금, 자신을 학대했던 사람들과 관계를 맺기 원하는 유일한 통로는 바로 죽음이었다. 폭력의 유희와 힘은 그의 주위에 있는 가해자들을 다루는 데 효과적이지 못했다. 왜 내가 비효과적이라는 단어를 쓰고 있는가? 지금 그를 괴롭혔던 가해자들이 칼의 위협과 행동으로 인해 두려워서 도망가고 있지 않는가? 그러나 폭력은 칼과 그를 괴롭혔던 이들을 치유해주지 못했기 때문에 나는 비효과적이라는 단어를 사용한 것이다. 아무것도 바뀐 것은 없다. 노벨문학상을 받았던 막심 고리키 Maxim Gorky 의 말을 빌리면, "한때 인간이었던 창조물들이 제거되었지만, 감정적이고 신체적인 아픔이 여전히 칼에게 남아 있었던 것이다."[9]

시험받는 칼

칼의 사례에 나오는 이야기를 자세히 살펴보면 참으로 놀랍고, 불편하고, 불쾌하고, 마음을 아프게 한다. 칼은 자신이 그토록 두려워했고 혐오했던 바로 그 사람들이 가지고 있던 모습을 똑같이 보여주고 있는 것이다. 상대방의 입에서 껌이 튀어나올 정도로 뺨 휘갈기기, 책상 위로 머리 내리치기, 성적으로 여자아이들을 학대하기, 도둑질, 학교에서 선생님들 앞에서 도전하는 양 담배 피우기, 본드 흡입하기, 음주, 차 절도, 그리고 자신의 아버지에게 대들기 등은 자신을 공격했던 이들에게 보복하리라는 중대한 결심을 한 그 순간에 폭발하고야 말았던 행동들 중 일부이다. 마침내 칼은 7학년 때 전학왔던 공립학교의 분위기에 적응하게 되었다. 그러나 그는 리치 커닝햄이 아니었으며, 자기 자신의 모습도 잃어버리게 되었다. 칼은 가해자들이 자기에게 주문했던 시험을 통과했지만, 그 대신에 자신의 정체성의 상실이란 비싼 대가를 지불해야만 했다.

칼의 축하 의례

약간 의아스럽게 들릴지 모르겠지만, 칼의 마지막 재판장에서 판사는 칼이 폭력이라는 과제를 성공적으로 수행했다는 축하 행사를 한 셈이었다. 칼은 교정시설에서 머무르기보다 군대를 선택했다. 여덟 번의 체포와 다섯 번의 유죄판결을 받았던 칼이 선택할 수 있는 길은 그리 많지 않았다. 나는 칼이 말한 대로 판사가 내린 판결이 결코 우울한 축하만은 아니라고 생각한다. 베트남에서 검문소를 지키는 것은 칼의 폭력 행위에 대한 강력한 비유였다. 그것은 칼의 마음을 채워주지 못했다. 그는 자신을 방어할 수 있는 유일한 수단으로서 폭력을 사용하고 있다는 것을 알았다. 자신에게는 그 외에 달리 선택할 방도가 없다는 것도 알고 있었다. 또한 학교폭력의 문제를 해결하려는 자신의 해결책이 적절하지 않았다는 것도 알았다. 자신을 괴롭혔던 가해자들이 졸업 파티를 즐기러 가는 동안, 칼은 집에서 수천 킬로미터 떨어진 베트남의 검문소를 지키고 있었다. 반복해서 말하지만, 칼의 문화적 환경이 바뀌었다. 이것은 스스로 자신의 환경을 선택한 것이 아니라, 그를 둘러싼 환경들이 그를 위해 선택된 것이다. 그는 자기 자신의 정체성을 발견할 수 있는 곳에 속하지 않았다.

장로로서 공동체 안에 통합하기

칼은 공립학교에서 성공적으로 무언가를 배울 수 있었다. 그는 적응을 잘 했다. 그는 새로운 이름을 알게 되었는데, 그것은 공포였다. 그는 어떤 사람으로부터든지 신체적으로 자신을 보호할 수 있었다. 그는 유명해졌는데, 단지 그가 다녔던 공립학교의 공간 안에서였다. 다시는 돌아갈 수 없었다. 졸업식과 졸업 파티는 이미 끝났다. 한편으로는 칼이 경험했던 의식은 성공했지만, 다른 한편으로는 실패했다. 칼은 공립학교 안에서 폭력으로 점철된 삶에 대면할 준비가 되었다. 그러나 칼이 다녀야 할 공립학교는 더 이상 존재하지 않았다. 가해자들에게 당했던 폭력과 자신이 행사했던 폭력이 이제는 칼로 하여금 학교문화에 적응하도록 준비시켜주었지만, 칼은 더 이상 학교의 한 구성원이 되지 못했다. 그는 자기 자신이 군대에 속해 있다는 엄연한 사실을 발견하게 되었다. 그는 그러한 삶의 한계를 보았다. 그는 다음에 무엇을, 어떻게 해야 하는가?

자신에게 폭력을 가했던 아이들을 위해서 기도할 수 있겠느냐는 나의 질문에, 칼은 절대로 그들을 용서할 수 없을 것이라고 힘주어 말했다.

삶의 여정 속의 중요한 일들

우리가 일생을 살아가는 동안에 어떤 일들은 매우 중요하기 때문에, 우리의 삶을 심오하고 깊이 있게 이해하는 데 도움을 준다. 이것은 마흔두 살 먹은 사람이 열두 살 때 일어난 일에 대하여 생각하는 것 못지않게, 열두 살 된 아이가 네 살 때 발생한 일의 중요성을 생각하는 과정에서도 똑같이 적용된다.[10] 우리는 기억에 의하여 우리 자신과 타인들 그리고 세계를 해석할 수 있다. 이러한 중요한 사건들은 펀딩 사건들 funding events : 장기간 동안 지속되는 중요성을 가진 강력한 이미지들을 제공하는 사건들로 이해할 수 있을 것이다. 펀딩 사건들은 자연스럽게 종종 무의식적으로 현재에 의미를 제공해주는 상상력 안에 자리 잡게 된다. 나이를 먹게 되면, 자기 자신의 삶과 펀딩 사건들의 중요성을 재해석한다는 사실을 발견하게 될 것이다. 나이가 들면, 우리는 펀딩 사건들에 깊이 배어 있는 몇 가지 의구점과 상처로 해결하고자 할지도 모른다. 삶의 의미와 자기 이해가 숨어 있는 심해의 장소, 우리 삶 속에 내재해 있는 펀딩 사건들은 평생 동안 우리 안에 머물러 있는 경향이 있다. 이러한 펀딩 사건들은 자주 함정과 침체를 가져오거나 혹은 성찰이나 긍정적인 성장 그리고 변혁의 처소가 될 수 있다.

    7학년과 9학년 사이에 경험했던 학교폭력이 마흔두 살 된 칼에게는 매우 중요한 펀딩 사건인 것이다. 가해자들의 손에 의해서 매일, 매 주일, 매년 고통당했던 폭력은 깊은 상처와 해결하지 못한 분노를 만들었다. 나는 중년에 접어든 몇몇 친구들이 10년 혹은 20년 전에 자신의 삶 속에서 발생했던 사건들에 대해서 계속 말하면서 당황해하는 경우들을 알고 있다. 긍정적이든 부정적이든, 펀딩 사건들에 의해서 생산된 그러한 에너지는 수년 동안 심지어는 평생 지속될 수 있다. "인간의 심리는 시간에 의해서 구속받지 않는다"라는 말이 있는데, 그것은 정말 틀린 말이 아니다.

우리는 종종 폭력적인 아이들이 어떻게 다른 아이들에게 영향을 미치는가 하는 질문을 잊곤 한다. 이러한 질문은 그다지 유쾌한 주제가 아니고, 유년기는 어떤 모습이어야만 한다는 우리의 낭만적인 생각을 산산이 부수고 만다. 폭력의 원인을 부모나 동료 친구들에게서 찾으려는 사람들이 있다. 어떤 사람들은 아이들이 자라면서 스스로 의미를 만들어야 하는 책임감을 갖는 방법으로 폭력의 원인을 찾으려고 한다.[11] 그러나 오직 하나의 원인에서 모든 해결책을 찾으려는 것은 그리 적절하지 못하며, 앞에서 언급한 다양한 원인 어딘가에 숨어 있다. 칼이 자신을 괴롭혔던 아이들에 대한 반응을 보일 때, 아버지의 알코올 중독이 어떤 영향을 미쳤을까? 어머니와의 부족했던 사랑의 관계가 칼에게 한 요인으로 작용하지는 않았을까? 공립학교에서 만났던 또래 아이들과의 교제가 십대였던 칼이 성공적인 학교생활을 하는 데 적당했었을까? 칼은 왜 그의 삶 속에서 만났던 어른들을 자신의 지지자로 여기지 않았을까? 칼이 고통을 당할 때 그의 부모, 이웃, 신부들, 또래 친구, 선생님, 그리고 학교 직원들은 모두 어디에 있었을까? 칼은 왜 부모에게 도움을 구하지 않았을까? 칼을 괴롭혔던 가해자들은 도대체 어떤 아이들이었을까? 그들은 어떤 가정 출신이었나? 그들은 왜 그런 가해자가 되었을까? 칼이 공립학교라는 낯선 세계에 참여했던 방법들을 볼 때 답은 그리 간단하지만은 않다. 칼의 관계적인 지지 체계를 묘사하는 데 도움이 되었던 브론펜브레너의 생태학적인 모델도 칼의 복잡한 상황에 대한 답을 제시하지 못한다.

다만 우리는 확실하게 몇 가지 정도는 알고 있다. 칼이 새로운 학교에서 받을 도전에 대해서 충분히 준비되지 않은 채 학교를 옮겼다는 사실이다. 그의 지지 체계는 비록 전혀 없었다고는 말할 수 없지만, 매우 허약하였다. 그는 가해자들로 인해 모멸감을 느꼈다. 마흔두 살이 된 지금도, 십대에 3년 동안 경험했던 폭력이 칼의 감정적인 에너지와 삶을 해석하는 데 계속 작용하고 있었다. 칼이 행했던 보복성의 폭력은 그가 경험했던 상처와 고통을 해결해주지 않았다. 칼의 사례는 폭력의 무익함, 하찮음과 무력함 그리고 인간의 영혼에 오랫동안 미치는 폭력의 영향들에 대해서 강력하게 증거하고 있는 것이다.

요약

어른으로서, 우리는 모두 학교에서 폭력을 당하거나, 남을 폭행한 경험을 가지고 있다. 칼의 이야기는 폭력의 극단적인 사례이며, 그와 같은 극단성은 우리로 하여금 학교폭력의 몇 가지 유형을 보다 분명하게 볼 수 있도록 도와준다. 칼의 사례에서 사람들이 성장하는 데 매우 중요한 관계적인 지지 체계가 심하게 손상되었거나 결핍되었다는 것을 우리는 목격할 수 있다. 칼의 삶 속에서 그를 보호하고 지지해줄 수 있는 어른들이 부재했다는 것은 매우 안타까운 사실이다. 어떤 집단의 새로운 회원이 되기 위한 의식적인 과정(특히 사춘기에 있는 아이들에게 필수적인)은 그가 새로운 학교와 그 외의 장소에서 펼쳐지는 삶을 준비시키는 데 실패했다. 처음에 칼은 자신이 당하는 폭력의 경험에 대해서 침묵을 지켰다. 자기의 상황을 그 누구에게도 말하지 않았던 것이다(적어도 직접적으로는). 한때 공부를 잘하던 아이가 낙오자가 되어버렸다. 칼이 자신에게 가해지는 폭력을 멈추기 위하여 폭력을 사용했을 때, 그의 삶은 그 전보다 더 지옥 같은 상태가 되었다. 그의 삶은 통제 불능이 되었으며, 오직 그의 위기를 심각하게 받아들였던 한 사람, 이 경우 낯선 사람이었던 판사에 의해서 구출되었다.[12] 타인과 관계를 맺는 존재로서 가지는 약속과 하나님의 형상으로 창조된 존재로서의 선물은 도착倒着되었고 왜곡되었다. 기쁨 대신에, 타인과의 관계는 슬픔과 자기 타락을 가져온 것이다.

학교폭력에 대해서 우리의 마음에 공감을 불러일으킨 칼의 이야기는 우리가 다음 장으로 나아갈 수 있도록 도와준다. 다음 장에서는 학교폭력을 1장에서 소개되었던 영광송과 죄에 대한 이해와의 보다 직접적인 대화 속에서 살펴보려고 한다. 거기서 학교폭력에 대한 건설적인 대안들을 다룰 것이다.

3장

영적 위기로서의 학교폭력

학교폭력은 사실 타인과 관계를 맺고자 하는 갈망을
가장 밑바탕에 갖고 있는 채 폭력을 반복해서 행사하는 것이다.
그러나 폭력의 가해자들이 가지고 있는 타인과 관계를
맺고자 하는 건전한 바람은 죄에 의해서 왜곡됨으로 인해서
가해자가 가장 갈망하고 있는 타인과의 긴밀한 관계가
오히려 엉망진창이 되어버리고 만다.

지금까지 우리는 폭력이 발생하는 원인과 영향들에 대해서 살펴보았다. 그리고 학교폭력을 직접 경험한 한 사람의 개인적인 이야기를 따라가 보았다. 1장에서 폭력에 대한 일반적인 면들을 논의했다면, 2장에서는 구체적인 폭력의 사례를 살펴보았다. 이번 장에서 우리는 처음 두 장 사이의 대화를 시도하려고 한다.

오늘이라도 당장 대중매체를 보면 학교폭력에 대한 많은 정의와 다양한 해석을 볼 수 있다. **학교폭력**은 모든 종류의 폭력을 대변하는 단어가 되어버렸다. 이것은 나의 지극히 개인적인 평가이지만, 대중매체와 언론에 너무도 자주 언급되는 "학교폭력"은 전혀 학교폭력을 말해주고 있지 못하다. 마치 모든 종류의 무분별한 폭력이 학교폭력인 것처럼 말하는데, 그러나 이것은 사실이 아니다. 그리스도인 부모들이나 선생님들 그리고 종교지도자들로서 우리가 만일 학교폭력을 진지하게 생각하고 있다면, 먼저 우리는

"학교폭력"이 무엇을 의미하는지 알 필요가 있다. 이 장에서는 학교폭력을 매우 응축된 정의로 먼저 제시하려고 한다. 이러한 정의는 학교폭력이 무엇인지를 쉽게 알려주는 매우 유용한 "지름길"이다.

먼저, 1장과 2장에서 읽은 것들을 바탕으로 학교폭력을 구체적으로 정의할 것이다. 그 후에 공감에 담겨 있는(그리고 공감을 기형적으로 변형시키는) 인간의 관계성과 관용에 대한 지배적인 사회적 통념에 대해서 알아볼 것이다. 그리고 이어지는 공감에 대한 논의에서는 오늘날 우리가 살고 있는 이 세상에서 왜 관용이 사색이나 행동을 위한 기초가 되지 못하는지를 알게 될 것이다. 끝으로 영적인 위기로서의 학교폭력이 지닌 중요성을 이해하기 위하여, 앞에서 언급한 논의들을 중심으로 칼의 이야기를 다시 돌아볼 것이다.

학교폭력이란 무엇인가?

학교폭력은 영적인 위기를 행동으로 나타내는 것으로, 한 개인이나 집단적인 가해자들은 다른 사람들에 대해서 반복적으로 폭력 행위를 함으로써 다른 사람 혹은 사람들과의 관계를 구한다. 폭력 행위들은 다른 사람들에게 상처를 주거나 불안을 야기시키려는 의도를 가진다. 이러한 행위들은 신체적이거나 감정적일 수 있다(위협에 그치든 아니면 실제 행동으로 옮기든). 가해자와 피해자 사이에는 항상 힘의 불균형이 생기기 마련이다. 그러한 폭력은 사람들이나 공식적·비공식적인 집단들 혹은 국가에 의해서 일어날 수 있다.

현재까지 미국에서 실시한 학교폭력에 대한 가장 중요한 연구는 톤야 낸실Tonja R. Nansel, 메리 오버펙트Mary Overpect, 라마니 필라Ramani S. Pilla, 준 루안W. June Ruan 외 여러 명이 진행한 연구 조사인데, 그들의 연구는 거의 믿기 어려운 하나의 사실로부터 출발했다. 그들은 "미국 청소년들 사이에서 벌어지고 있는 폭력이 최근 들어 주요 관심사로 등장하고는 있지만, 학교폭력에 대해서는 그리 자주 언급되지 않고 있으며, 그 빈도에 대한 전국적인 자료는 거의 전무한 실정이다"[1]라고 썼다. 지금까지 기독교 교육학계에서 학교폭력을 주제로 장기간 연구 조사하여 작성된 자료라고는 단 하나밖에 없는 실정이다.[2]

아이들 사이에서 벌어지는 폭력이 대중의 보편적인 관심사라면, 학교폭력에 대한 연구가 어쩌면 이렇게 적을 수 있을까? 내가 심각하게 느끼는 것은 그리스도인들을 포함한 대부분의 어른들이 폭력을 수용할 만하고 피할 수 없는 것이라고 여기고 있다는 것이다. 만일 어느 지역교회에서 아이들과 청소년과 섹스에 대한 주제로 강의가 열린다면, 아마도 매우 많은 사람들이 몰릴 것이라는 것은 쉽게 상상할 수 있다. 반면에, 만일 아이들과 청소년과 폭력에 대한 주제로 강의가 열린다면, 매우 적은 수만이 참석할 것이다.[3] 너무도 흔하게, 교회에서 매일 벌어지는 실제 현장 속에서, 교회가 속한 신앙 공동체 밖에서, 그리고 각 교회가 속해 있는 국가적인 경계들을 뛰어넘어서, 폭력 속에 내재해 있는 심각성을 교회는 무시하고 있다. 설령 폭력이 다루어진다고 하더라도, 그러한 폭력은 예배 공동체 안에 속해 있는 사람들에게는 해당되지 않는 단지 "다른 사람들"에게나 문제가 되는 어떤 것일 뿐이다. 그러나 우리는 폭력이 교회 스태프들이나, 교회 교육 환경 속에서, 나이를 불문하고 모든 교회 구성원들 사이에서 벌어질 수 있는 일임을 경험을 통해서 알고 있다.[4] 나는 학교폭력을 다룬 아이들에게 유용한 책의 서두가 떠오른다. 책의 제목은 『왕따 남의 일이 아니야』 Nobody Knew What to Do: A Story About Bullying, 보물창고 역간 인데, 이 제목 원제 "아무도 뭘 해야 할지 몰랐다"를 말함—편집자 주 은 다음과 같은 뜻을 내포하고 있다. "타인을 아프게 하는 행위는 받아들일 수 없다는 것을 알고 있음에도 불구하고, 아무도 그것에 대해서 생각하는 것을 좋아하지 않는다."[5]

학교폭력과 관련된 연구

2001년 4월 25일 「미국 의료협회 저널」 The Journal of the American Medical Association 에 실렸던 논문인 "미국 청소년들의 학교폭력 행위: 확산 양상과 심리 조정 협회"는 학교폭력에 대한 연구에 새로운 시대를 연 것으로 평가되었다.[6] 혁명적이라고 평가받는 이 연구의 결과들을 보면 우리의 경각심을 불러일으키기에 충분하다. 연구에 참가했던 아이들 가운데 29.9퍼센트가 경미하거나 심각한 학교폭력에 동조했다고 보고했으며, 13퍼센트는 그들 자신이 가해자였으며, 13퍼센트 가량은 피해자였다고 했다. 한편, 6.3퍼센트는 자신이 가해자이자 피해자였다고 밝혔다. 이 조사는 6학년에서 10학년 사이의 아이들을 대상으로 미국 전역에서 골고루 실시하였다. 자료는 1998년에 수집했으며, 실제 분석을 위한 표본에는 15,686명의 학생들을 포함시켰다.

이 조사로부터 수집된 자료들을 근거로 추정된 전국적인 학교폭력의 빈도는 놀랄 정도다. 6학년에서 10학년에 해당하는 어린아이들 중 약 1,681,030명이 일주일에 적어도 한 번 혹은 그 이상 다른 아이들을 괴롭힌 적이 있다는 것이다. 또한 1,611,809명 정도의 아이들이 일주일에 한 번 혹은 그 이상 학교에서 폭력을 당한 경험을 가지고 있었다. 이 연구에서 언급한 학교폭력의 구체적인 유형으로는 종교와 인종 그리고 외모와 말투에 대한 모욕, 때리기, 밀치기, 근거 없는 소문 퍼뜨리기, 성적인 말이나 행동하기 등이다. 사람에 따라서는 다른 유형의 폭력을 거론할 수 있을 것이다. 예를 들면, 외톨이 만들기, 말 못하게 하기, 금품 요구하기, 다치게 하겠다는 등의 위협과 험담하기 등을 생각할 수 있다. 동성애자 아이들이 쉽게 학교폭력의 표적이 되고 있다는 설득력 있는 증거들도 나타나고 있다.[7]

앞에서 밝힌 중요한 연구 결과들은 미국과 그 외의 나라에서 실시되었던 다른 연구 프로젝트들과 연관이 있다. 예를 들면, 2001년 오스트레일리아에서 실시되었던 한 연구는 "낮은 자기 개념은 나중에 자기 개념을 향상시킬 수 있을 거라고 믿고 행한 시도에서 문제가 되는 행동을 유발할 수 있다"[8]라고 결론을 내렸다. 의심할 바 없이 가해자는 폭력을 행사함으로써 자신이 다른 관계적인 상황들에서는 경험하지 못한 성공을 하고 있다고 느낀다. 앞에서 예를 든 연구에 따르면 학교폭력의 피해자들 또한 낮은 자기 개념을 가지고 있었다. 가해자와 피해자 모두 낮은 자기 개념을 가지고 있다는 것은 주목할 만하다. 이때 가해자는 피해를 당한 사람들보다 사회에 더 잘 적응하는 것으로 나타났다.[9] 흔히 가해자들은 많은 친구와 추종자들, 지지자들을 가지고 있다.[10] 게다가, 피해자들은 가해자들보다 몸짓이 작거나 신체적으로 더 약한 경향이 있다. 학교폭력을 당한 아이들은 불안하고, 안절부절못하며, 우울해하며, 외롭고 불행하다고 느끼곤 한다. 오스트레일리아에서 청소년들 약 3천여 명을 대상으로 한 연구는 학교폭력과 우울증 사이에 설득력 있는 상관관계가 있음을 입증하였다.[11]

미국의 경우, 국립 첩보기관 위협평가센터 The National Threat Assessment Center of the Secret Service 는 과거 35년에 걸쳐서 37개 학교에서 발생했던 총기 사건들 가운데 3분의 2가 "왕따와 폭력, 위협과 공격 또는 부상을 당했던" 사람들의 보복으로 인한 것이라는 결론을 내리기도 했다. 이 연구 결과, 학교에서 공격을 당하는 사람들은 꽤 오랫동안 그러한 폭력을 경험하고 있는 것으로 나타났다.[12]

또한 내가 그동안 연구한 결과, 가해자는 인기 있고 카리스마가 넘치는 지도자일 것이라는 결론을 내렸다. 가해자는 혼자 혹은 그룹을 지어서 남을 괴롭히거나, 혹은 다른 사람들을 통해서 남을 못살게 군다. 아주 흔하게, 가해자는 매우 훌륭한 조직 통솔력을 소유하고 있다. 가해자들은 피해자들보다 나이를 좀더 먹은 아이들인 경우가 많다. 가해자가 집단일 경우에는 좀 예외이긴 하지만, 가해자들은 보통 아이들보다 더 크고 힘이 세다. 가해자들은 또한 공격적이며 충동적인 성향이 있다. 그들은 동정심이 적으며 일반적으로 남에게 무심한 편인 데 반해, 마치 자신이 천사처럼 착한 아이라고 어른들을 속일 수 있는 학습된 방법을 알고 있다. 어린 시절에 가해자였던 사람들이 다른 사람들로 하여금 평생에 걸쳐서 아픔을 느끼게 했다는 것을 기억도 못하고 깨닫지도 못한다는 사실을 많은 경우를 통해서 발견했다. 그들은 다른 사람의 감정이나 자신의 행동이 타인에게 미치는 영향에 대해서는 조금도 신경 쓰지 않는다.[13] 대부분의 가해자들은 학교를 좋아하지 않는다. 칼의 이야기 속에서 자주 등장하지만, 학교폭력과 보복 사이의 관계는 공공건강에 관심이 있는 사람들에게는 특별한 관심사이다. 의아스럽게도, 학교폭력과 복수 사이의 관계를 직접적으로 다룬 연구는 거의 찾아볼 수 없다.[14] 몇몇 연구들은 여자아이들은 타인의 공격을 내면화하고, 반면에 남자 아이들은 바깥으로 표출하는 경향이 있음을 지적하고 있다.[15] 타인의 공격에 "매우 취약한"$_{\text{high target}}$ 아이들은 타인에게 도움을 구하거나 문제를 해결하기 위해 애쓰는 대신에 공격을 그저 안으로 삭이는 경우가 많다.[16]

    심하게 역기능적인 가족 체계에서 자라난 아이들이 건강한 가족 체계에서 자란 아이들보다 학교폭력의 가해자나 피해자가 될 가능성이 높다. 많은 경우 학교폭력을 당하는 아이의 경우 친구가 적고, 자기 개념이 낮으며, 내성적이고, 소심하고, 자기주장을 잘 못하는 경향이 많다. 또한 이러한 아이들은 또래 친구들보다 몸이 더 약하다. 학교폭력에 집중하는 연구들이 갈수록 가해자와 피해자 그리고 방관자들을 포함하는 경우가 많아지는 경향이 있다. 선생님이나 어른들도 학교폭력을 일으키는 가해자들의 행동에 두려움을 느낀다. 심지어는 그러한 폭력을 무시하고 못 본 척한다. 학교폭력 행위를 목격해도 그것을 제지하기 위한 어떤 시도도 하지 않는 사람들은 사실상 학교폭력을 지지하는 것과 똑같다고 할 수 있다.[17] 많은 사례들을 보면, 학교폭력을 목격한 사람들이 마치 자신이 폭행을 당하고 있는 것 같은 느낌을 받거나, 가해자와 동일시하는 것은 가능한 일이다.[18] 완전히 중립의 위치에 있는 방관자는 없는 것이다.

앞에서 브론펜브레너가 언급했던 것처럼, 사람들이 시간이 지남에 따라서 발달하는 과정에는 다양한 요소들이 밀접하게 관련되어 있다. 브론펜브레너조차 사실은 인간 존재와 인간이 된다는 의미의 복잡성 중 한 단면만을 말하고 있을 뿐이다. 동시에, 지배적인 통념들, 이야기들, 태도와 문화의 이데올로기들을 포함하는 거시체계들은 사람들이 사회 체계들에 적응하고 반응하는 방법에 대한 구체적인 단서를 제공하고 있다. 전지구적인 포스트모더니즘 시대를 지나고 있는 서구사회에서 날로 확산되고 있는 지배적인 사회적 통념들 가운데 하나는 관용 tolerance 이다. 나는 관용이라는 개념이 평화를 증진시키기 위한 시도라는 그럴듯한 이유로 사람들과 집단들 사이에서 벌어지는 폭력을 지지하는 확고한 기초를 주고 있다고 확신한다. 게다가, 관용이라고 하는 사회적으로 받아들여진 규범은 피할 수 없이 폭력을 불러일으키며 학교폭력을 인정하게끔 한다. 우리 시대에서 관용의 의미와 그의 적용에 대해서 살펴봄으로써 학교폭력에 대해서 좀더 알아보도록 하자.

관용이라는 사회적 통념

우리는 우리가 살고 있는 통념들 myths 그 자체라고 할 수 있다. 통념은 우리의 삶과 행동들에 의미를 부여하는 문화 안에 존재하는 이야기다. 때때로 우리는 이러한 통념들을 의식하고 있지만, 대부분의 경우, 그러한 통념은 우리를 규정하는, 무의식적으로 당연히 받아들이는 이야기들을 형성한다. 관용은 우리를(특히 서양에서) 규정하는 문화적 통념 가운데 하나이지만, 우리는 그것에 대해서 생각할 기회가 거의 없다. 관용은 우리 문화에 널리 퍼져 있는 영향력 있는 사상이다. 대중 앞에서 그것의 가치를 물어보는 것은 쓸데없는 일로 비춰질지도 모르며, 심지어는 그렇게 하는 것은 미국 사람이 아니라고 여겨질지도 모른다. 관용은 사회적 통념이 얼마나 사람들의 행동에 힘을 발휘하는지를 보여준다. 그러나 관용은 사람들이 서로 관계를 맺는 방식에 있어서 부적절하고 파괴적이며, 또한 관용이라는 문화적 통념이 학교폭력에 영향을 미치고 있다고 주장하고 싶다. 우리는 비관용 intolerance, 편협함이 그리스도인으로서 실천해야 할 다양함을 품어주는 행위에 해가 된다는 것을 알고 있다. 그러나 비관용의 반대말은 관용이 아니라, 바로 공감 empathy 이다. 목적으로 사용되는 관용은 비관용을 낳으며, 비관용은 결국 폭력을 가져온다. 우리 시대에 특히 나타나고 있는 다양성이라는 맥락에서 관용의 부적절함을 이해하기 위해서, 계몽운동시대로 잠시 되돌아가 보자.

관용에 대한 사회적 통념을 이해하는 데 필요한 계몽운동은 서양에서 발생했던 매우 중요한 역사적인 사건이다. 다원화되는 세계에서 함께 살아가는 방법에 대한 계몽주의의 교훈들을 서양사회에서는(그리고 전 세계적으로) 의식적이든 무의식적이든 지속적으로 실천하고 있다. 계몽운동에 대해서 많은 것들을 말할 수 있지만, 기본적으로 그것은 평화 만들기 운동이다. 오늘날 우리는 30년전쟁 1618-1648 이 얼마나 엄청난 영향을 남겼는지를 잊고 있다. 단지 서양인들의 마음에 가장 깊이 각인되어 있는 것은 제1차 세계대전이다. 종교개혁 이후 종교전쟁이 발발했는데, 30년전쟁의 밑바탕에 깔린 원인으로, 평화를 위해 공헌하지 못했던 종교 다원주의를 들 수 있다. 하나님의 이름을 빌미로 유럽인들은 "타인"을 파괴하고자 했으며, 베스트팔렌 조약이 성립하기까지 폭력을 휘두르며 스스로를 소진하였다.

종교전쟁과 30년전쟁이라는 대학살에서 출현한 정치적으로 진보적인 관용의 미덕은 다름 아닌 종교적인 증오와 전쟁의 경험에서 발생한 것이다. 그렇다면, 이러한 역사가 학교폭력과 어떤 관계가 있는 것일까? 관용이라는 사회적 통념은 서양사회에서 거의 400년 동안 인간에게 긍정적이고 선한 것으로서 수용되어왔다. "우리"와는 다른 사람들에 대한 관용은 갈등이 일어날 수 있는 소지를 없애주었다. 그러나 관용이라는 생각에 내재해 있는 자유방임적인 가치들은 서로간의 의사소통이나 상호존중 그리고 돌보는 행위들을 향상시키지는 못했다. 관용은 사람 사이를 가르는 분리의 벽을 만들었으며, 상호이해 결핍, 의사소통 부족, 상호존중 결여, 돌봄과 배려의 부족 등의 현상을 일으켰는데, 이는 비관용을 낳았다. 관용은 관용의 수혜자나 집단 혹은 국가를 하나의 사물로 변화시킬 수 있는 힘의 유형으로 이해되곤 한다. 관용의 관계는 불신과 오해, 편견, 시기, 두려움의 관계라고 할 수 있다. 관용의 관계는 또한 힘의 불균형을 나타내는 관계다. 관용은 다양성의 가치를 부인하고, 우월관계를 영속화시키며, 필요한 자원들이 부족할 시에는 서로를 파괴할 수 있는 여지를 남기는 방식으로 타인이나 집단들과 관계를 형성하는 것이다. 사라예보에서 무슬림과 그리스도인들은 오랫동안 서로 관용해주며 살아왔다. 중동 지역에서 팔레스타인 사람들과 유대인들은 때때로 서로를 관용하였다. 학교폭력의 가해자들은 다른 사람들을 관용해주는데, 오직 자신이 그들과의 관계를 원했을 경우에 한해서다. 그러나 그러한 관용은 단지 다른 사람들의 진정한 인간다움을 무시해야 한다는 느낌을 강화시켜줄 뿐이다. 관용은 개인적이고 사회적인 역기능의 표시이자, 다양성을 두려워하는 표시인 것이다.

뉴저지의 프린스턴에 소재한 고등과학원The Institute for Advanced Study의 사회과학 교수인 조안 왈락 스콧Joan Wallach Scott은 "우리가 서로 다르다는 점이 어쩌면 우리가 가진 가장 큰 공통점일 수 있다"[19]라고 썼다. 스콧은 현대의 대학교를 염두에 두고 이 말을 했지만, 가정이나 각종 학교 그리고 교회 같은 환경에도 그 말이 적용될 수 있는지 탐구할 가치는 충분히 있다. 우리가 매일 살아가는 개인적이고 집단적인 상황 속에서, 만일 우리가 서로 다르다는 점들이 어쩌면 우리가 가진 가장 큰 공통점일 수 있다는 것과 그러한 차이점들에는 예외가 없다는 생각을 가지고 출발한다면, 모든 인간이 관계를 맺는 방식과 자기 이해와 각 집단의 서로에 대한 이해는 아마도 새로운 점들을 강조할 것이다. 즉 관용은 앞에서 언급한 것과는 정반대의 가정을 가진다. 우리가 가장 공통적으로 가지고 있는 것은 바로 우리의 공통성commonality이라는 것이다.

관용이라는 주제는 오늘날 정치학계에서 가장 뜨거운 감자가 되고 있는 영역 중 하나다. 만일 어떤 사람이 미국이나 다른 서양 세계(혹은 서양 문화가 지배하는)에서 살고 있다면, 의식적이든 무의식적이든, 관용이라는 예측할 수 있는 행동 유형들에 대해서 잘 알고 있을 것이다. 조지아 애틀랜타에 있는 에모리 대학의 스티븐 카우츠Stephen Kautz 는 "관용은 자유주의 세력이 가지는 미덕이다"[20] 라고 말하고 있다. 그는 이어서 다음과 같이 말한다.

> 루소로부터 시작하여, 심지어는 자유주의 정치제도에 대해서 그다지 호의적이지 않는 비평가들조차도 다음과 같은 점들에 대해서 궁금해한다. 진보적인 자유의 실천이 인간의 영혼에 끼치는 진정한 영향은 무엇인가? 민주시민들이 자유주의 철학이 자랑하는 독립성과 절제에 대한 대안적인 미덕을 보여주고 있는가?[21]

철학자인 리처드 로티 Richard Rorty 는 카우츠의 이러한 질문에 답한다. 그는 자유주의자들은 "너무나 마음이 열려 있어서 마치 뇌가 없어진 것처럼 보이며" 그들은 또한 "윤리적인 분개나 모욕감을 느낄 수 있는 능력"[22]을 상실해버렸다고 주장했다. 허버트 마르쿠제 Herbert Marcuse 는 한층 더 나아가 진보주의의 핵심인 관용을 비판하고 나섰다. 마르쿠제는 자유와의 관계 속에서 관용은 필요불가결하게 억압을 정당화하는 이데올로기일 뿐이라고 결론지었다. 그는 다음과 같이 혹독하게 썼다.

> 오늘날 관용은 그것이 처음 출현했을 때, 즉 현대사회가 시작되었을 때 보여주었던 모습—당파적인 목적, 자유를 강조하지만 실상은 파괴적인 개념과 행위 등—을 그대로 다시 재현하고 있다. 역으로 말하자면, 오늘날 관용이라는 이름으로 명시되고 이루어지고 있는 것은 실제로는 억압을 더 강화시켜 주는 데 공헌하고 있는 것이다.[23]

오직 "자유주의자들"만이 자유주의와 계몽주의에 기초해서 관용을 이해하는 것의 한계들을 지적하고 있다는 결론을 내리지 않기 위해서, 그러한 비판에 대한 소위 "보수적인" 그리스도인들이 주장하는 두 개의 적절한 예를 들어보는 것이 도움이 될 것이다. 멤피스 대학교의 영어과 교수인 브루스 스펙 Bruce W. Speck 은 "많은 사람들은 자신이 상대론자이며 관용의 지지자라고 주장한다. 그러나 어떤 면에서 보면 상대론은 관용을 지지할 수 없다. 왜냐하면 상대론은 일관성 있는 철학이라고 볼 수 없기 때문이다"라고 주장한다.[24] 이 외에도 예수회 신부인 데이비드 홀렌바흐David Hollenbach는 다음과 같이 결론 내리고 있다.

> 서양의 정치문화에서 집단의 다양성과 가치 체계에 대한 전형적인 반응은 아주 오랫동안 관용의 미덕에 의존해왔다. 관용은 완전한 인간선의 개념들이 정치적 담론에 끼어들 여지를 주지 않는 자유방임적인 태도다.…만일 나의 분석이 옳다면, (관용은) 소외와 무규범 상태를 더 악화시킴으로써 실제로는 민주주의에 위협이 된다.…다양한 집단들을 인정하는 다원주의가 인종적이나 계급적 혹은 종교적인 차원에서 발생하는 집단 간의 갈등을 다루어야 하는 반면에, 순수한 의미에서의 관용은 자기의 머리를 모래에 처박고 있는 타조의 전략과 같은 어리석은 수단이 될 수 있다.[25]

페미니즘 연구자들은 관용에 대한 홀렌바흐의 이해에 크게 찬성하고 있다. 예를 들면, 엘레노어 홀Eleanor R. Hall, 주디스 하워드Judith Howard, 그리고 쉐리 보에지오Sherrie L. Boezio는 성폭행에 대한 사회의 관용을 연구하였다. 그들은 "성폭행에 대한 관용과 성차별주의적인 태도 사이의 관계가 성폭행에 대한 관용과 반사회적인 성격과의 관계보다 더 밀접하게 나타났다"라고 결론 내렸다.[26] 이 연구는 상식 수준이나 혹은 심지어는 전의식preconscious 차원에서 작용하는 관용에 대한 대중적인 개념이 어떻게 사회의 전 분야의 사람들의 태도를 형성하는지를 설득력 있게 논증하고 있다. 이와 아울러 사람들의 그러한 태도가 어떻게 우리의 사고와 행동의 가장 깊은 수준까지 영향을 미치는지도 조사하였다. 역사가인 헨리 메이Henry F. May가 지적한 대로, 계몽주의는 "미국의 제도나 기관, 그들의 사고 습관 속에 너무도 깊이 배어 있기 때문에 떨쳐버릴 수 없게 되었다."27)

    관용이 가진 한계에 대해 다루고 있는 이러한 대표적인 접근은 우리에게 무엇을 말해주고 있는가? (1) 관용은 문화와 종교의 다양성이 당연한 것으로 인정되는 사회적 상황들 안에 존재하는 사람들의 관계에 대한 묘사다. (2) 어떤 면에 있어서 관용은 한 사회가 가지고 있는 민주주의에 대한 생각을 강화시키기보다 오히려 침해하는 것처럼 보인다. 관용이 민주주의의 유익을 위해서 발달되어온 것은 여전히 사실이지만, 이러한 희망은 그다지 큰 실효를 거두지 못하고 있는 것처럼 보인다. (3) 관용의 언어는 다름 아닌 힘의 관계를 나타내는 언어다. 결국, 누구를 관용해줄 것인가는 힘을 가진 사람의 선택이다. (4) 관용의 한계가 불분명하다. (5) 관용의 근거가 공공선을 위해서는 부적절하게 보인다. 사실, 관용은 공공선의 가능성을 부인하는 것처럼 보인다. (6) 만약 우리가 한 걸음 뒤로 물러나서 "관용이 실제로 행해지는 모습"을 살펴보면, 우리는 관용이 가지는 본래적인 한계를 인식하는 사람들이 생각보다 많음을 보게 된다. 페미니스트, 보수적인 그리스도인, 포스트모더니즘 철학자들과 사회적 급진주의자 등이 그렇다. 앞에서 예를 든 사회 비판가들은 다양성이 우리의 삶에 변함없이 필요한 것이라고 가정하며, 관용은 이것을 막는 역할을 한다고 말하고 있다. 그러나 관용이라는 사회적 통념은 계속적으로 미국의 교육계를 이끌고 있는 지도자들의 지지를 받고 있다.

하버드 대학교의 철학과 교수인 존 롤즈 John Rawls 는 오늘날 미국에서 정치적 과정을 위한 관용을 가장 강하게 주장하는 대변인 중의 한 사람이다. 그는 "다원주의 현실"을 받아들이며, 동시에 "민주주의 사회를 위한 사회 통합"을 외치고 있다.[28] 그는 "사회의 중추적인 정치적·사회적·경제적 기관들과 그것들이 어떻게 하나의 통일된 대중협력 체제에 맞게 변화되어갈 수 있을 것인가 하는 문제 사이의" 상호연결점을 아주 잘 웅변적으로 말하고 있다.[29] 롤즈는 "사회의 중요한 기관들은 일반적으로 받아들여지는 형태 안에서 자신만의 관점들을 가지고 있으며, 그러한 관점들은 함축적으로 공유된 기초적인 사상과 원리들을 제공해주는 근원으로서 간주되고 있다"[30]라고 주장한다. 롤즈는 자기 자신이 만들어낸 소위 "중복된 합의"는 서로 매우 다른 집단들 사이에서 가능한 개념이라고 말한다. 합의를 이끌어내는 것은 그것이 정의와 공평이라고 믿는 공유된 감정이다.[31] 이러한 중복된 합의의 개념은 무엇에 기초하고 있는 것일까? 롤즈는 그것이 "관용의 미덕이요, 타인과 합의점을 찾을 준비가 되어 있는 상태에서 나온다. 또한 그것은 합리성과 공정성의 미덕이다"[32]라고 강조한다.

내가 보기에, 롤즈는 우리 시대를 위한 진보적인 전통을 조심스럽게 그리고 건설적으로 다시 말하고 있다. 그러나 중복된 합의와 관용의 상호작용은 오히려 오늘날 뜨겁게 논쟁의 대상이 되고 있는 관용에 대한 비판을 부채질하고 있다. 앞에서 롤즈가 제시한 고상한 모델은 다양성이 잘 발휘되는 것을 심각하게 저해한다. 모든 사람과 집단들의 선을 위한 대화에 필요한 다양성의 역할이 흐릿해진다. 다른 집단들 사이의 접촉은 오직 정의의 이슈와 연관되어 합의가 중복되는 순간에만 이루어진다. 이 모델을 살펴보면 서로 다른 집단들은 일상생활 속에서 적당한 거리를 둘 때에만 각자의 기능을 가장 잘 수행할 수 있다는 것을 그다지 어렵지 않게 상상할 수 있다. 이때, 다양한 집단들은 대화가 아니라, 일단 일치를 염두에 둔 채 서로에게 부합되는 면들을 통해서 합의점을 찾으려는 경향을 가질 것이다. 소위 말하는 제어된 다양성("중립적인 역할"을 수행하는 상태)[33]이라고 하는 이러한 과정은 전통적인 관용에 대한 자유주의적인 이해를 계속 유지할 수밖에 없는데, 이것은 다양성이 실행될 수 있는 기회를 놓치게 된다. 정치학자인 수잔 멘데스 Susan mendus 는 다음과 같은 점을 주목한다.

> 궁극적으로 자율성에 근거를 둔 자유주의는 그 자체가 다양성의 가치에 헌신할 여지를 남겨두지 않는다. 단지 삶의 다양한 유형들은 각자 자율적인 가치를 가지고 있다는 것을 정당화하며, 따라서 어떠한 기초에 근거를 두지 않은 상태에서, 관용을 실용주의적인 장치, 즉 임시방편으로 만들어버리는 것이다.[34]

지금까지 전개했던 모든 이론이 오늘날 우리가 주제로 삼고 있는 영적 위기로서의 학교폭력과 어떻게 연결되는가? 서양세계에 사는 사람들, 특히 미국의 정치사회적 관행에서 굳게 붙들고 있는 관용은 근본적인 결점을 가지고 있다. 관용은 폭력의 불가피성에 대한 사회적 지지와 승인을 허용하고 있는데, 학교폭력은 그러한 생각들이 대중적으로 나타나고 있는 현상 중 하나다. 미국에서 행해지고 있는 관용의 궁극적인 목적은 다양한 집단들을 고립시킴으로써 그들 가운데 있는 다양성을 제거하는 것이다. 관용은 계몽운동에 기원을 두고 있는 세계관을 수용하고 있는데, 대부분의 경우 사회 흡수나 동화가 아닌 체계적인 학습에 의해서 이루어진다. 이런 복잡한 논의에서 떠오르는 자아와 자율권에 대한 이해, 사생활, 종교, 과학, 공동체, 다양성, 권력(특히 전제주의적인 형태와 관련된), 정부와 중립성, 정의, 복잡한 논의로부터 발생하는 공공선 등은 우리의 일상생활 속에 나타나는 습관들을 형성하는 데 영향을—일방적으로나 상호적으로—미치는 윤리관을 다양한 방식으로 갖게 한다.

일치 속에서의 다양성을 강조한 조안 왈락 스콧의 주장은 다양성 안에서 일치를 강조하는 자유주의적 이해와는 사뭇 다르다.[35] 관용이 사회적 억압의 한 형태로 사용될 수 있다는 것과, 그럴 경우 고립과 무질서 상태로 이끈다는 것,[36] 궁극적으로 공공선이 너무 강조되고 만다는 것 등은 환대와 친밀감 그리고 공감 등의 주제들과는 반대되는 현상이다. 다음으로 공감과 학교폭력에 대해서 다루려고 하는데, 지금까지 살펴보았던 관용이라는 서양 사회가 가지고 있는 문화적 전제를 중심으로 살펴볼 것이다.

기독교 실천윤리로서의 공감

학교폭력은 공감_{empathy}이 왜곡되었을 때 나타나는 행동 유형이다. 루신다 스타크 허페이커르_{Lucinda A. Stark Huffaker}는 죄는 "공감하지 못했을 때 나타나는 현상"[37]이라고 말했다. 공감은 자기와 타인 그리고 자연 세계가 각각 본연의 존재를 참으로 이루어가는 과정의 한 방법으로서, 공감은 기독교적인 환대와 "타인" 혹은 "이방인"들을 완전한 인간으로 인식할 수 있는 능력을 키우기 위해서 반드시 필요한 핵심 가치다. 공감은 단순히 남을 동정하는 차원이 아니라,[38] 타인이 가지고 있는 다름을 깊이 인식하는 것이다. 공감이 이루어지지 않는 곳, 그리고 타인이 겪고 있는 고통에 대한 깊은 배려가 없는 곳에서, 폭력의 씨앗이 싹트게 된다. 공감이 없는 곳에는 그 어떠한 "타인"도 존재할 수 없다.

공감이 없는 곳에는 용서도 없고 돌봄의 행위도 없다. 공감은 종교적인 실천적 행위다. 다른 사람이나 집단을 하나님이 창조한 진정한 인간으로 생각해보자. 타인의 신발을 당신 자신이 한번 신어보라. 그러나 그 목적이 단지 그들의 신발이 당신의 것처럼 느끼기 위한 것이 아니라, 왜 그 사람들이 그 신발을 신고자 하는지를 이해하기 위한 목적에서 말이다.[39] 그리고 다른 사람들의 고통에 기꺼이 동참할 수 있도록 우리 자신을 열어놓는 것 등을 생각해보라.

신학자 에드워드 팔리_{Edward Farley}는 저서 『신성한 공감: 하나님의 신학』_{Divine Empathy: A Theology of God}에서 "공감, 즉 타인을 염려하

면서 경험하는 고통은 타인의 삶 속에 참여하는 것"이며 하나님의 성품을 나타내는 것이라고 썼다.[40] 팔리는 계속해서 "따라서 예수님 안에서 하나님과의 관계와 타인에 대해 공감을 느끼며 갖게 되는 염려는 동일한 것이라고 할 수 있다"[41]라고 말한다. 타인의 삶과 함께하기 위하여, 관심을 가지고 기꺼이 자진하는 마음에서 타인의 삶에 참여하는 것은 단지 그 사람의 삶 속에 있는 하나님을 찬양하는 것일 뿐만이 아니라, 이 세상에서 우리를 위하여 역사하시는 하나님이 누구인지를 증언하는 것이다. 여기서 우리는 우리 자신과, 타인 그리고 하나님과의 관계가 문제의 핵심에 있다는 사실을 염두에 둘 필요가 있다. 공감이라고 하는 영적인 훈련에 참여하는 것은 우리 몸으로 직접 체현體現된 방법으로 하나님의 역사에 참여하는 것이다. 성서학자인 존 베르퀴스트 Jon L. Berquist 는 이것을 다음과 같이 말한다. "이러한 체현된 하나님은 고난 passion 과 긍휼하심 compassion 을 가지신 존재다.…하나님은 그분의 백성을 찾찾고 찾으며 갈망하신다. 하나님은 사람들과 만나고 싶어하고 진정한 관계를 원하신다. 하나님은 사람들과 함께 살아가는 방법을 선택했으며, 그로 인한 위험을 기꺼이 감수하신다. 하나님은 인간인 우리와 가까이 거하기 원하며, 그것을 위해서라면 하늘과 땅조차도 움직이실 것이다. 이런 체현된 하나님은 역동적이며, 현존하며, 그리고 강력한 힘을 가진 분이다.[42]

앞에서 언급한 모든 점들이 우리의 주제인 학교폭력과 어떤 관련이 있는가? 학교폭력은 사실 타인과 관계를 맺고자 하는 갈망을 가장 밑바탕에 갖고 있는 채 폭력을 반복해서 행사하는 것이다. 그러나 학교폭력의 가해자들이 가지고 있는 타인과 관계를 맺고자 하는 건전한 바람은 죄에 의해서 왜곡됨으로 인해서 가해자가 가장 갈망하고 있는 타인과의 긴밀한 관계가 오히려 엉망진창으로 되어버리고 만다. 불행히도, 가해자는 이러한 자기 파괴적인 과정 외에는 다른 건설적인 방법이나 선택 사항들을 알지 못하고 있을지도 모른다. 대개의 경우 가해자들은 죄악스러운 행동에 깊이 빠져 있는 사회 환경 속에서 태어난다. 그들에게는 생명을 주는 특성과 기능이 상실되고 왜곡된 공감능력이 아주 어릴 적부터 발달하는 것이다. 우리는 공감이 약 생후 18개월 혹은 그보다 조금 이른 시기에 대부분의 아이들 안에서 자연스럽게 표현되기 시작한다는 사실을 알고 있다.[43] 이러한 공감의 발생은 하나님의 형상으로 인간이 창조되었다는 것이 무엇을 의미하는지를 우리로 하여금 깨닫게 해주는 신비로운 표현이다.

　공감이 이루어지지 않는 곳, 그리고 타인이 겪고 있는 고통에 대한 깊은 배려가 없는 곳에서, 폭력의 씨앗이 싹트게 된다. 공감이 없는 곳에는 돌봄의 행위도 없다. 학교폭력의 가해자는 공감을 실천하지는 않지만, 남과 공감할 수 있는 예민한 기술을 소유하고 있다. 항상 놀라울 정도로 정확하지는 않다 하더라도, 그는 다른 사람이 무엇을 느끼는지 상상할 수 있으며 직관적으로 알 수도 있다. 다른 사람을 "읽는다"는 것은 남과 공감할 수 있는 기술이다. 그러나 "타인을 읽고 있는" 그 사람은 단지 사물일 뿐이다. 왜냐하면 그의 자아 자체가 남과 고립된 사물이기 때문이다. 그러나 여전히 자신과 타인과의 관계 안에 있고자 하며 또한 그것을 느끼고자 하는 깊은 갈망이 숨어 있다. 폭력 행위를 통해서 가해자는 고립된 느낌에서 초월하여 어딘가에 소속되어 있다고 느낄 수 있지만, 그것은 단지 매우 짧은 순간 지속될 뿐이다. 폭력 행위는, 오랫동안 지속되어왔던 자기 고립과 자기 보호라는 방어막을 뚫고 일상생활을 할 수 있는 충분한 힘을 폭력이 제공해줄 수 있을 것이라는 믿음이라고 할 수 있다.

폭력은 관계에 대한 환상일 뿐만 아니라, 사실은 공감이나 동정 혹은 돌봄의 의지가 빠진 관계다. 궁극적으로 폭력은 가해자를 더욱 고립시키며 자신을 더 마비시키지만, 사실 폭력은 타인과 관계를 맺고 싶어하는 영적인 갈망의 표시라고 할 수 있다. 가해자의 입장에서, 폭력은 그가 잠깐 동안이나마 쾌락과 기쁨을 누리고 타인과의 관계를 경험하는 얼마 안 되는 방법 중 하나다. 폭력을 통해서 다른 사람과 관계를 이루는 경험은 아마도 증오나 분노 혹은 경멸로서 설명될 수 있을 것이다. 어떤 의미에서는 그것은 살아 있는 지옥이라고 묘사할 수도 있는데, 폭력을 통해서 가해자는 더욱더 외부로부터 고립되기 때문이다.

폭력은 중독성이 있다. 폭력은 순간적이기는 하지만 격렬한 쾌락을 가져다준다. 그리고 다른 약물처럼, 한때 경험하고 느꼈던 타인과의 친밀감을 반복 경험하기 위해서 폭력의 강도를 높여야 한다. 폭력의 가해자가 된다는 것은 극도로 자기를 파괴하는 영적인 위기를 겪는 사람이 된다는 뜻이다. 타인과의 관계를 갈망하는 가해자가 타인을 파괴하는 행위를 택하게 되는데, 결국 그로 인해 가해자는 철저한 황폐함 속에 남겨지게 된다. 우리는 이런 방식으로 가해자를 이해하는 것이 엄청나게 두려운 일이라는 것을 알게 될 것이다. 폭력이 개인적으로, 집단적으로, 심지어는 국가적으로 이루어질 수 있는 현상이라는 것을 알고 있기 때문이다. 엘살바도르의 가톨릭 주교였던 오스카 로메로Oscar Romero는 자신이 죽기 2년 전에, 이러한 폭력의 비극적인 사이클을 한 개인의 죽음 혹은 자기self의 죽음과 연결지었다. 자기 자신의 순교로서 가장 웅변적으로 보여주었던 그의 말들은 폭력이 가져올 수밖에 없는 모든 부당한 죽음에 초점을 맞추었다.

> 한 개인의 죽음이 하나님에 대한 공격이라는 것을 우리는 알고 있다. 정말로 그러한 죄는 죽음을 불러올 정도로 치명적인데, 단지 죄를 범하는 사람의 내면의 죽음 때문만이 아니라, 그러한 죄가 실제적이고 객관적인 죽음을 불러일으키기 때문이다.[44]

폭력의 가해자는 흔히 자기가 괴롭히는 바로 그 사람에게 의존하는 경향이 있다. 가해자와 피해자는 함께 영적인 위기에 시달리게 되는 것이다. 피해자와 가해자 사이의 관계가 폭력적이고 거칠수록, 그들 사이의 역기능적인 관계가 더욱 영속되는 경향이 있다. 그러한 폭력이 연루된 의존성은 타인과의 관계에 대한 피해자와 가해자의 원초적인 갈망에 의해서 더욱 강화된다. 그러나 가해자에 의해서 행사되는 힘의 남용으로 인해 기형적인 모습을 띤다. 피해자에게 가해지는 가해자의 힘이 너무나 폭력적이기 때문에, 폭력의 지긋지긋한 사이클에서 벗어나기를 원하는 피해자와 가해자 모두에게 죽음 그 자체가 유일한 대안이 되는 것이다. 타인과의 관계를 갈망하는 가해자는 자기 자신이 아닌 다른 모든 사람들을 파괴시킨다. 다른 모든 사람들이 파괴당하고 있을 때, 그러한 무자비한 상태에서 살아남는 유일한 사람은 오직 가해자 자신뿐이다. 피해자가 저지르는 폭력 역시 비극적인 결과를 낳으며, 궁극적으로 주위에 아무도 남지 않은 상태로 쓸쓸하게 혼자임을 느껴야만 한다.

사람들은 "왜 이 사람은 그러한 학대를 받는 관계에 머물러 있었는가?"라는 질문을, 피해자를 경멸하고 싶은 마음을 간신히 감춘 채 자주 하곤 한다. 이것은 피해자가 여자인 경우에 특히 더 발생하는 현상이다. 그러한 질문은 그들의 관계에 있었던 불평등과 타인에 대한 폭력, 감정적·신체적으로 살아남고자 하는 피해자의 원초적인 갈망 등을 과소평가하는 것이다. 여기서 폭력과 죽음의 파괴적인 악순환 속에서 공존하는 가해자와 피해자를 비난할 여유가 없다. 가해자와 피해자 사이의 관계는 "선" 또는 "악"이라는, 이것 아니면 저것 식으로 이해하기에는 너무도 복잡하다. 거기서는 죄악의 한가운데에서도 생명을 지키고 어떤 변화의 가능성을 확인하는 것이 시급한 일이다.

학교폭력은 내면의 영적 위기가 밖으로 드러난 것이다. 학교폭력을 저지르는 사람들도 하나님의 형상으로 창조되었으며, 다른 사람들뿐만 아니라 하나님과의 관계를 열망한다. 가해자들은 그러한 관계들을 이루어가는 수단으로 폭력을 실행한다. 학교폭력은 개인적으로나 집단적으로 행해질 수 있다. 영적인 위기의 한 형태로서. 학교폭력은 반복적으로 타인들뿐 아니라 하나님과의 관계를 구하는 사람들이 선택하는 방법일지도 모른다. 그러나 그들은 폭력을 통해서 그러한 관계가 어느 정도 이루어질 것이라는 잘못된 생각을 가지고 있다.

학교폭력은 반복되는 특징이 있다. 단 한 번의 폭력적인 행위도 매우 파괴적인 결과를 가져오는데 학교폭력은 시간의 흐름을 따라 반복되는 폭력유형이다. 학교폭력은 흔히 신체적인 폭력을 포함한다. 가해자들은 의식적 혹은 무의식적으로 타인에게 폭력을 휘두르는데, 그들은 왜 자기들이 남과 자신을 파괴하는 행동을 선택했는지 그 이유를 잘 의식하지 못하는 것 같다. 학교폭력은 또한 신체적인 측면뿐만 아니라 심리적인 폭력과 지배의 유형을 포함한다. 실천신학자인 캐롤 레이키 헤스Carol Lakey Hess는 영성을 "하나님 안에서 우리 인간의 근원을 기억하고 때로는 재발견하는 실천적 행위"[45]라고 정의하고 있다. 자신의 근원을 기억하고자 하는 근본적인 열망 속에서 폭력의 영성은 오히려 자신의 근원을 도저히 파악할 수 없을 정도로 더 멀리 내팽개쳐버리는 것이다. 또는 시인인 윌리엄 버틀러 예이츠William Butler Yeats의 말처럼, "사물들은 일단 분리되면, 그 중심을 유지할 수 없게 되는"[46] 셈이다.

학교폭력은 흔히 가해자에게 쾌락을 가져다준다. 그러나 가해자의 입장에서 타인과 관계를 맺는 즐거움은 곧 사라지고 말 한 순간의 느낌일 뿐이다. 폭력 행위는 반복될 것이고, 인간과의 관계에 대한 굶주림을 채우기 위하여 시간이 지날수록 더욱더 폭력의 강도는 강렬해질 것임에 틀림없다. 반면 피해자는 이러한 생명을 앗아가는 과정 속에서 파괴되며, 가해자는 또 다른 피해자를 찾거나 혹은 자기 자신을 피해자로 삼는 것 외에 다른 방안이 없게 된다.

흔히 가해자는 자신이 다른 사람들을 괴롭힐 자격이 있다고 주장할 것이다. 다른 사람들이 자신을 섬기기 위해서 존재한다고 믿는 사람들은 "학대권"을 실현하고 있는 셈이다. 권한이라는 이름으로 타인을 억압하는 것은 학교폭력의 일반적인 형태인데, 여기에는 경제적 수준, 사회적 지위, 인종, 종교, 나이, 국적, 성별과 관련된 힘이 포함된다. 이것은 장원莊園이라고 하는 옛날 영국 노예제도 혹은 아프리카와 인도를 점령하고 있었던 유럽 식민주의자들이 강요했던 삶의 유형에 대한 태도와 무관하지 않다. **권리를 부여받았다**고 믿는 사람들에게 자연스럽게 인식된 피할 수 없는 우월의식이 세계를 다스린다. 이 상황을 잘 이해하는 데 다음의 간단한 이야기가 도움이 될 것이다.

미국의 아주 우수한 대학교의 바로 이웃에 위치한 한 공립 초등학교에서, 2학년 반을 담임하고 있는 선생님이 점심시간에 그녀의 반 아이들을 식당으로 데리고 갔다. 그녀의 반에는 인근의 유명한 대학교 교수를 아버지로 둔 두 명의 부유한 백인 소년들이 있었다. 그 아이들은 인종차별적 행동을 보이는 습관이 있었는데, 아이들이 식사를 다 마치면 음식 접시를 닦는 일을 하는 카리브계 흑인에 대해서 비열한 언사를 일삼는 식이였다. 너무도 바쁘고 정신없는 식사시간인지라 선생님은 두 아이들이 그 남자에 대해서 무슨 말을 하는지 전혀 알지 못했다. 그런데 어느 날 그 선생님이 음식 접시를 반납하는 장소까지 걸어가던 중에 그 소년들이 하는 말을 듣고 말았다.

선생님은 두 아이를 즉시 불러다가 조금 전에 한 말을 다시 한 번 해보라고 물었다. 그 아이들은 치욕적인 말을 반복했는데, 그들은 자기들의 말이 그 남자에게 어떤 영향을 미칠 수 있는지는 전혀 깨닫지 못하고 있었다. 선생님은 얼마 동안 그러한 말장난을 했느냐고 묻자, 두 아이들은 "올해 초부터 그랬는데요"라고 대답했다. 무려 3개월 이상이나 아이들은 식당에서 일하는 그 남자에게 학대적인 언어를 사용해왔던 것이다.

선생님은 두 아이들을 그 남자에게 데리고 가서 그에게 "이 아이들이 당신에게 그 동안 쭉 퍼부었던 말들을 들으셨나요?" 하고 물었다. 그는 그렇다고 말하면서, 그 말들 중 일부를 아이들과 선생님 앞에서 되풀이했다. 선생님은 "그러한 말들을 들을 때 기분은 어떠셨나요?"라고 다시 물어보았다. 그는 화가 났으며, 상처를 받았고, 모욕감을 느꼈다고 대답했다. 그러자 즉시 한 아이가 흐느끼는 목소리로 "미안해요!"라고 말했으며, 다른 아이는 고개를 숙인 채 서 있었다.

그러나 이 이야기는 여기서 끝나지 않는다. 선생님이 식당에서 아이들과 했던 일들을 들은, 그 아이들 중 한 아이의 부모가 회의를 요청한 것이다. 회의를 하는 중에 그 부모는 선생님을 향해 다음과 같이 말하면서 비난했다. "선생님은 그런 식으로 우리 아이를 당황하게 할 권한이 없습니다. 어쨌거나 식당 관리인은 성인이지 않습니까. 만약에 그가 아이가 한 말에 대해서 불쾌함을 느졌다면, 그는 어른답게 직접 아이에게 뭔가 말을 했어야지요. 나는 당신이 왜 우리 아이들을 괴롭게 했는지 이해가 가지 않습니다. 그것은 그 사람의 문제이지, 우리 아이의 문제가 아니지 않습니까. 만일 당신이 이런 식으로 우리 아이를 괴롭게 한다면, 나는 변호사를 고용해서 교장선생님께 연락하도록 하겠습니다." 실제로 있었던 이 사례는 우리가 알고 있는 것보다 훨씬 더 보편적인 폭력의 유형인, 폭력을 행사할 권리에 대해서 생생하게 보여주는 예다. 이 사례에 나온 부모와 식당 관리인이 3년 동안 그 학교에 함께 있었지만, 이 가족에게 관리인은 단지 "사물"에 불과했다는 사실에 주목할 필요가 있다.

공감은 환대나 타인을 온전한 인간으로 인식하는 능력에 반드시 필요한 핵심 요소다. 환대는 권리에서 나오는 힘으로 남을 지배하려는 데에는 별 관심을 가지지 않는다. 환대는 정직, 상호관계성과 다양성에 관심을 가진다. 이러한 인식을 하기 위해서는 고통이 뒤따른다. 공감이 없이는 타인이 경험하고 있는 고통을 인식할 수 없으며, 그 순간 폭력의 씨앗이 싹트기 마련이다. 공감이 없는 곳에 "타인"의 존재감이란 있을 수 없다. 공감이 없는 곳에는 "자기 자신"도 있을 수 없다.

공감 가르치기

어떻게 공감을 가르칠 것인가? 나는 타인과의 관계 속에서 살아가는 우리 스스로 공감을 삶의 표준으로 삼음으로써 가장 효과적으로 공감을 가르칠 수 있을 것이라고 점점 더 확신하게 되었다. 나는 고통스러운 고립 속에서 힘들어하고 있는 사람들의 고통에 기꺼이 함께하고자 하는 아이들과 어른들에 의해서, 많은 사람들이 폭력과 편견, 인종차별주의와 증오에서 벗어났다는 사실을 발견하게 되었다. 때때로 공감은 사랑과 정의 속에서 대면하는 형태를 띠기도 한다. 마태복음에 나오는 매우 독특한 이야기로 예수님이 가나안 여인과 대면하는 장면이 등장한다. 이 이야기는 다음과 같다.

> 예수께서 거기에서 떠나서, 두로와 시돈 지방으로 가셨다. 마침, 가나안 여자 한 사람이 그 지방에서 나와서 외쳐 말하였다. "다윗의 자손이신 주님, 나를 불쌍히 여겨주십시오. 내 딸이, 귀신이 들려 괴로워하고 있습니다." 그러나 예수께서는 한 마디도 대답하지 않으셨다. 그 때에 제자들이 다가와서, 예수께 간청하였다. "저 여자가 우리 뒤에서 외치고 있으니, 그를 안심시켜서 떠나보내 주십시오." 예수께서 대답하셨다. "나는 오직 이스라엘 집의 길을 잃은 양들에게 보내심을 받았을 따름이다." 그러나 그 여자는 나아와서, 예수께 무릎을 꿇고 간청하였다. "주님, 나를 도와주십시오." 예수께서 대답하셨다. "자녀들의 빵을 집어서, 개들에게 던져 주는 것은 옳지 않다." 그 여자가 말하였다. "주님, 그렇습니다. 그러나 개들도 주인의 상에서 떨어지는 부스러기는 얻어먹습니다." 그제서야 예수께서 그 여자에게 말씀하셨다. "여자여,

참으로 네 믿음이 크다. 네 소원대로 되어라." 바로 그 시각에 그 여자의 딸이 나았다(마태복음 15:21-28, 표준새번역).

이 성경 본문은 매우 다른 방법들을 가지고 해석할 수 있다. 그러나 내가 여기서 집중하고자 하는 것은 예수님과 가나안 여인의 관계다. 역사적으로, 유대인들은 가나안 사람들을 버림받아 마땅하고 우상을 섬기는 이방인들로서 경멸하고 회피했으며 적대시하였다. 따라서 가나안 사람들에게 기껏 할 수 있는 최선의 방책은 그들을 내쫓고 유대인들이 그들의 땅을 차지하는 것이었다. 팔레스타인에 거주하는 유대인인 예수님이 가나안 사람을 대면할 때, 종교적이고 인종적이고 종족적인 증오심이 실제로 표출될 가능성이 매우 높았다. 더군다나 이 사람은 여자였고, 이미 되돌릴 수도 없는 상황이 되고 말았다. 제자들은 그녀에게 어서 떠나라고 말했으며, 자신의 조상 때부터 대대로 내려와 학습되었던 이방인들에 대한 증오와 편견이 낳은 폭력을 체화하고 있었다.

심지어는 예수님조차도 그녀를 향하여 "개"라고 불렀다. 이에 대해서 어느 주석은 예수님이 "개"라는 단어를 사용한 것은 실제로 그리 나쁘다고 할 수 없는 것이라고 설명하고 있다. 예수님은 "개"라는 단어의 "축소형"을 (애칭으로) 사용하셨다는 것이다.[47] 그러나 예수님이 "너 작은 개여"라고 말했다는 것이 그 상황에 그다지 큰 반전을 가져오지는 못하는 것 같다.[48] 예수님을 외국인 혐오증을 가진 인종주의자로 보는 것은 받아들이기 힘들기는 하다. 샘 킨 Sam Keen 은 그의 저서인 『적의 얼굴』 Faces of the Enemy 에서 "우리는 전쟁이나 대학살을 시작하기 전에, 먼저 우리가 '제거'하기를 원하는 사람들을 비인간화시킨다"라고 정확히 말하고 있다.[49] 단지 작은 개일 뿐인 그녀. 그러나 극심한 고통을 당하는 가운데서도 자신 안에서 넘쳐나던 거대한 힘과 위엄과 비폭력과 지혜를 가졌던 바로 그 순간에, 가나안 여인은 예수님이 자신의 말에 담긴 타인을 비인간화시키는 힘을 직시하도록, 동정적으로 일종의 거울을 던진다. 여인의 그러한 행위는 예수님에 대한 보복에서부터 나온 것이 아니라, 팔레스타인에 사는 유대인들과의 상호의존성에 대한 필요성을 매우 깊이 믿고 있는 공감을 가진 교사로서 행한 실천적 행위인 것이다. 그녀는 그것을 간절히 소망했다. 그런데 놀랍게도, 예수님은 자기 자신을 보았다. 비인간화시켰던 사람의 눈을 통하여, 예수님은 자기 자신을 보았고, 자신의 말을 뉘우쳤으며, 남을 돌본다는 것 그리고 단지 인간이 된다는 것이 무엇을 의미하는지를 보다 완전히 배우게 되었다.[50]

목회적 돌봄을 제공하는 마리 맥카시Marie McCarthy의 말을 빌리면, "공감은 안전하게 무언가를 알거나 알지 못하는 장소, 안전하게 무언가를 탐구하고, 실수를 저지르고, 불확실해도 괜찮은 곳, 사물들을 새로운 방식으로 바라볼 수 있는 곳, 바로 그런 환경을 만든다."[51] 서로 다른 차이가 만들어내는 역할 속에서, 안전한 장소는 다름 아닌 건설적이고, 때로는 삶을 바꾸는 갈등을 품어주는 곳이다. 가나안 여인은 직면을 통해서 안전한 환경을 만들었는데, 그러한 상황을 통해서 예수님은 자신 안에 있는 증오를 보았고, 폭력을 뛰어넘을 수 있었으며, 가나안 여인을 하나의 완전한 인간으로 인식하고, 그리고 자신의 사고의 전환을 이룰 수 있었다. 예수님과 가나안 여인은 타인과의 관계 속에서 자기를 다시 정의하는 것을 포함하여 종교에 대한 이해의 범위를 확장할 수 있는 혁신적인 대화를 주고받았던 것이다.

앎으로 가는 통로로서의 공감

공감이 어떻게 앎 Knowing의 형식을 가질 수 있는가? 공감 안에서 그리고 공감을 통해서 우리가 가지고 있는 다양성 안에서 건강하고 생명을 주는 타인과의 상호의존성을 위한 기본기를 배운다. 에드워드 에버딩 H. Edward Everding과 루신다 허페이커르 Lucinda A. Huffaker는, "공감은 성장을 불러일으키는 '환경을 유지하는' 데 중요할 뿐만 아니라, 또한 다른 사람들을 '붙드는' 경험을 통해서 자기 발전을 이룰 수 있는 통로다"라고 말한다.[52]

공감 없이 남을 돌보는 것은 불가능하다. 공감이 앎의 한 통로가 되듯이, 돌봄도 그렇다. 공감이 혁신적인 대화의 형태를 띠듯이, 돌봄도 마찬가지다. 아마 그 누구보다도 넬 노딩스 Nel Noddings는 우리가 속해 있는 배움의 공동체 안에서 이루어지는 돌봄의 중추적인 역할을 교사들이 잘 이해할 수 있도록 도움을 주고 있다. 그의 연구 중에서 나에게 가장 도움이 되는 부분은 그녀가 말한 "돌보는 사람"과 "돌봄을 받는 사람" 간의 관계다. 그녀는 돌봄을 받는 사람과의 관계에 대해서 다음과 같이 설득력 있게 쓰고 있다.

> 돌봄을 받는 사람과 관계를 맺음으로 인간 실존을 위해 가장 본질적이라고 할 수 있는 관계성을 유지하며 향상시킨다. 교육 현장에서, 아이들의 수용 능력을 유지하고 증가시키려는 교사들을 위한 몇 가지 단계가 있다. 교사가 어린아이를 만나 서로 협력하도록 만들어진 프로젝트를 함께할 때, 교사가 아이를 통제하고 싶고, 그를 꽉 짜인 틀 속으로 집어넣고 싶은 유혹 혹은 명령에 저항할 때, 교사는 수용의 분위기를 만든다. 돌보는 사람은 자신이 보고 있는 현실을 그 아이에게 반영한다. 교사는 학생이 자기 스스로를 인정하기를 희망하면서 그를 인정한다. 즉 무슨 일이 벌어지고 있는지를 보고, 무엇이 변화되고 있는지를 생각하며, 어떻게 될 것인지를 생각하는 것이다.[53]

다양성을 가진 공동체 내에서, 서로를 돌보고, 자기를 돌보며, 세계를 돌보는 것은 당연히 해야 할 의무다. 돌봄을 받는 것은 인간에게 가장 필요한 기본적인 욕구다.[54] 다른 사람들과 상호 돌봄의 관계를 맺는 것은 한 공동체의 도덕적이고 심리적인 건강을 위해서 반드시 필요한 요소인 것이다. 노딩스는 돌봄의 한계에 대한 그녀의 이해와 돌봄의 행위에 포함되는 불공평한 힘의 역학 때문에 일각으로부터 비판을 받아왔다. 그럼에도 불구하고 나는 노딩스가 실제 우리가 살고 있는 이 세상에서 돌봄이 가지는 매우 역동적인 특징들을 우리가 이해할 수 있도록 돕고 있다고 믿는다.

그녀는 자신의 개인적인 경험을 바탕으로 다음과 같이 통찰력 있게 썼다.

> 따뜻한 수용과 신뢰는 모든 돌봄의 관계들에서 중요하다. 우리는 주로 부모와 자식 그리고 교사와 학생 간의 관계들에 관심을 가지고 있지만, 돌봄을 받는 사람들이 자신이 받는 돌봄에 대해서 감사하게 여길 때, 돌봄은 모든 관계들 안에서 완성된다. 이러한 태도를 잃어버릴 때, 돌봄의 대상이 되는 사람은 마치 자신이 물건인 것 같은 느낌을 받게 된다. 그는 공식에 의해서 다뤄지고, 처리 당하는 것이다. 감사하는 마음이 있고 그러한 돌봄의 마음이 인식될 때, 돌봄의 동기에 대한 효과가 자연스럽게 향상된다.[55]

다른 말로 말하면, 돌봄 제공자와 받는 이 모두 "돌봄의 윤리를 따르기를 요구받고 있는 것이다."[56]

우정 friendship 은 공감과 돌봄이 이루어지는 상황에서부터 나온다. 우정은 "상호관계성, 존경, 신뢰, 확신, 애정"의 관계다.[57] 우정은 의식적으로 공동체, 정직, 비배타성, 유연성, 타인지향성 등에 초점을 맞춘다.[58] 우정은 타인에 대한 사려 깊은 배려가 행동으로 나타나는 윤리적인 실천 행위다.[59] 로버타 본디 Roberta C. Bondi 는 이러한 우정의 윤리적 실천행동을 힘의 관계에 비추어 말하고 있다. 그녀는 "한 사람은 힘이 없고 공격받기 쉬운 위치에 있으며, 반면에 다른 한쪽은 모든 힘을 쥐고 있으며, 부족한 것이 없고, 다른 이들에게 상처를 받을 수 없는 위치에 있다면, 그 안에서 이루어지는 어떤 인간관계도 우정이라고 말할 수 없다"[60]라고 말한다. 우정은 낯선 이들과 이루어지는 모든 대화를 이끌어가는 관계의 유형이다. 그것은 또한 우정을 이루는 방법이며, 연대감이 무엇인지 해석하는 과정이기도 하다. 우정은 체현된 정의인 것이다.

    이것은 친구들이 항상 오직 하나의 마음만을 가져야 된다는 것을 말하려는 것은 아니다. 모든 친구는 낯선 사람이기도 하다. 친구는 완벽한 사람이 아니고, 우정을 지키다가 잘못을 저지를 수도 있는 사람이다. 그 친구는 바로 그 낯선 사람이 될 수 있으며, 이 낯선 사람이 자기를 다양한 방법으로 표현하는 것이다. C. G. 융Jung은 한때 다음과 같은 질문을 던진 적이 있다, "만일에 내가 지극히 작은 자 중의 작은 자, 모든 거지 중에서 가장 가난한 자, 모든 가해자들 중에서 가장 무분별한 자가 내 안에 있음을 발견한다면…내 자신이 반드시 사랑받아야만 하는 바로 그 적이라면, 어떻게 해야 하는가?"[61]

    우정은 어렵고, 심사숙고해야 하는 작업이다. 우정은 외부 지향적인 반면에, 또한 내면 지향적이기도 하다. 그것은 우리가 완벽해지기 위해서 필요한 수단도 아니고, 모든 상황 속에서 결정을 내려야 하는 과정을 쉽게 해주거나, 완벽한 답을 주는 통로도 아니다. 우정은 다양성의 공동체를 건설하는 한 방법인데, 이런 의미에서 우정은 예술적 행위라고 할 수 있다. 친구가 되는 것은 환대의 행위인데, 왜냐하면 우정은 모든 사람들과의 연대라는 뜻을 함축하기 때문이다.

    공감은 앎을 위한 하나의 통로로서의 돌봄과 우정이 실천될 수 있는 공간을 창조한다. 공감과 돌봄과 우정은 앎의 한 통로요, 서로 다른 공동체들이 상호의존적으로 살아갈 수 있는 방법들이다. 그것들이 서로 합하여, 변혁 transformation 을 위한 혁신적인 대화의 과정을 구현하게 된다. 공감과 돌봄과 우정은 종교적인 다양성을 포함하여, 다양성이 증가하고 있는 현상을 진지하게 받아들이는 기본적인 태도로서, 관용을 뛰어넘는 의미를 지닌다. 공감과 돌봄과 우정은 앎의 한 통로요, 서로 "다른 사람들이" 함께 대화를 나누는 데 참여하는 혁신적인 방법들이다.

공감과 용서

어린 시절에 경험했던 학교폭력과 관련해서 많은 성인들과 면담을 한 결과, 나는 한 가지 공통점을 발견하게 되었다. 어린 시절에 학교에서 폭력의 희생자가 되었던 성인들은 가해자들을 용서하지 않는다는 것이다. 이것이 어린 시절 학교폭력의 희생자였던 성인들에게 미치는 가장 중요한 장기적인 영향이다. 그러나 가해자들을 용서할 수 없는 마음은 비단 어린 시절에 발생했던 경험에 국한되지 않는다. 우리 가운데는 어른이 된 후에 폭력의 희생자가 된 경우도 많이 있다. 우리 가운데 얼마나 많은 사람들이 가해자들을 용서하고 싶어할까? 용서라는 주제는 반드시 폭력과 연관 지어서 생각해야만 한다. 왜냐하면 만일 폭력을 당한 사람이 그에게 모욕과 고통, 그보다 더한 것들을 가져다준 사람을 용서하지 않는다면, 자신이 해방되고자 몸부림치는 바로 그 파괴적인 폭력에 의해서, 그의 마음이 꼼짝달싹하지 못할 함정에 빠지게 되고 결국 자신을 엉망진창으로 만들어버리고 말기 때문이다.

용서의 부족은 가해자가 물리적으로 저 멀리 사라져버린 후에, 가해자에 의해 공포를 겪어야만 했던 마음에 체념(절망감)이 가득하다는 일종의 표시다. 체념은 학교폭력을 당한 개인이나 집단들에게서 흔히 나타나는 현상이다. 여기서 체념은 상황이 그다지 바뀌지 않을 것이라고 하는 가정을 말한다. 즉 사람들이 달라질 수 없다고 가정하는 것이다. 또한 그것은 상황을 바꾸기에는 힘이 없다고 미리 생각하는 것이다. 이와 아울러 체념은 회개 혹은 후회나 변혁은 불가능하다고 믿는다. 개인적인 변화가 불가능하고, 사회적인 변화 역시 이루어질 수 없다는 것이다. 폭력은 우리에게 이 세상에 나와 너 an I and a Thou 의 관계는 없고, 다만 나와 그것 an I and an It 만이 있을 뿐이라고 가르친다. 나와 다른 상대방은 완전한 인간이 아니다. 반면에 나 역시도 완전한 인간이 아니다. 그 이유는 나는 폭력을 의존하기 때문이며, 혹은 나 혼자서는 자신을 돌볼 수 없기 때문이다.

용서는 이미 발생한 폭력을 잊어버리는 것이 아니며, 폭력의 결과를 축소하는 것도 아니다. 용서는 폭력에 관련된 내 I 가 다시 회복되고 너 Thou 역시 회복되는 과정을 통한 관계적인 실천적 행위다. 용서는 자기 안에서 긍지와 존엄성이 회복되는 공감의 실천이며, 그때 자기와 타인 간의 화해를 향한 움직임이 시작된다. 2001년 3월, 나는 "선행 클럽" The Good Deeds Club 이라는 모임에 참여했던 어떤 태국 불교신자들의 그룹에 관한 신문 보도를 보고 깜짝 놀랐다. 이 사람들이 대규모의 기도회를 조직했는데, 그 목적은 "지난달에 부처상을 파괴했던 아프가니스탄의 탈레반 지배세력들을 위하여 용서를 구하는 것"이었다.[62] 그 모임이 발표했던 공식적인 성명에서 그들이 조직한 기도회의 동기가 무엇이었는지를 잘 대변해주고 있다. "우리는 비록 그들의 행동에 의해서 상처받았지만, 그들을 용서하며 그들이 행복해지기를 바라는 우리의 마음을 탈레반들에게 보여주고 싶다"[63]라는 것이었다. 나는 이들의 행동에 대해 매우 놀랐으며, 며칠 후에 뉴욕의 유니온 신학교에서 있었던 모임에서 이 이야기들을 참석자들과 함께 나누었다. 이 모임에는 미국에 산재해 있는 주요 종교적인 그룹들의 대표자들도 포함되어 있었다. 이 사건을 들은 사람들 사이에 깊은 경청과 묵상이 가득해지는 것을 나는 느낄 수 있었다. 이 모임이 끝난 후, 나와 아내는 자유의 여신상을 방문했다. 세계무역센터는 그 다음에 뉴욕을 방문할 때인 그해 11월에 가기로 했었다. 심지어 2001년 3월 당시보다도 오히려 지금 더, 태국에서 보았던 불교도들의 행동은 그러한 어려운 순간에 할 수 있었던 용서의 의미와 표현에 대해서 생각하게끔 계속해서 나를 자극하고 있다.

용서는 자기와 타인들 그리고 하나님 사이의 전환임과 동시에 대화다. 남을 돌보는 "대화"의 결과로서 우리에게 변화가 일어나기에 용서는 전환이다. 이러한 용서의 대화는 특별한 때에, 구체적인 장소 혹은 상황에서 이루어진다. 오늘날 우리는 악의 축이나 적(그리고 친구)을 목표로 한 핵무기, 대량 파괴를 가져오는 무기들, 재정 피해, 그리고 군인 수백만 명의 카슈미르 국경지대 주둔 등 정치적인 이야기들을 나누고 있다. 우리는 군인으로 가득 찬 미래가 불투명한 이라크와 이스라엘과 팔레스타인이 죽음의 공연을 벌이고 있는 시간과 공간에 살고 있다. 우리는 분노에 차 있는 학생들과 통제 불가능한 학부모들에 의해서 교사들이 감정적으로 신체적으로 해를 당하고 있는, 학교가 망가져가고 있는 시대에 살고 있기도 하다. 전환은 항상 상황적이며, 또한 그러한 상황들은 서로 관계를 맺고 있다. 학교폭력과 용서의 관계에 대한 전환과 대화는 구체적인 것이며, 현실적이고 실제적인 것이다.

용서의 의미

용서에 대한 이 부분을 쓰기 시작했을 때, 컴퓨터가 고장 나 버렸다. 컴퓨터 수리공이 내 사무실에 와서, 수십 개의 나사들을 풀고, 많은 색깔의 전선들을 분리했다가는 다시 연결하고, 가장 어지러워 보이는 전기 회로가 깔린 커다란 금속판을 떼어내더니만, 새로운 것으로 갈아 끼웠다. 15분이 채 안 되어 수리공은 고장 난 컴퓨터를 고쳤다. 공장에서 갓 생산되어 내가 처음 샀을 때보다 오히려 지금 손 본 상태가 훨씬 더 좋을 것이라고 수리공은 말했다.

종종 전자 제품을 솜씨 있게 적절한 시간에 고치는 것과 용서의 과정을 비교해보곤 한다. 용서는 혼란스러워 다루기 힘들고 시간이 많이 걸린다. 우리는 패스트푸드, 도로에서 퍼붓는 욕설, 빠른 수리와 심지어는 속전속결식의 전쟁 등에 익숙한 문화와 시대에 살고 있다. 만일 우리가 무언가를 요리하기 위해서 전자레인지에 집어넣었다가 2분 이상 기다려야 한다면, 우리는 왜 이리 늦냐고 투덜대면서, 참지 못하고 서두르곤 한다. 목회상담신학자인 데이비드 아우구스부르거 David W. Augsburger 는 인간이 생산 라인에 있는 상품들과 별 다를 바가 없다고 일갈한다. 그는 "인간관계라는 다리는 짓기가 쉽지 않으며, 일단 다 짓고 나면, 그러한 관계란 단순하게 유지되는 것이 아니라서, 만일 계속 유지하려면 쌍방에서 비싼 통행료를 요구한다"64)라고 쓴 바 있다.

용서는 서두를 수 없으며, 또 그렇게 해서도 안 된다. 용서는 망각 forgetting 과는 다른 것이다. 용서는 관용 pardon 을 베푸는 것이 아니며, 빨리 고치고 싶은 마음에 무언가를 부인하는 것도 아니다. 용서는 뭔가 얻어지는 것이 아니라, 의식적이고 사려 깊은 결정이다. 신학자인 존 소브리노 Jon Sobrino 의 말을 풀어서 말하자면, 용서는 죄에 대해서 기독교적인 방식으로 행동하고자 결정하는 것이다.65) 죄에 대해서 기독교적인 방식으로 행동하고자 결정하는 데는 위험이 따르기 마련이며, 용기가 있어야 하고, 때로는 공격당하기 쉬운 형편에 놓이기도 한다. 용서하는 과정에서 우리는 자주 자신이 죄에 연루되어 있다는 것을 발견하게 된다. 사실, 처음에는 그 죄란 것이 단지 우리가 용서해주기로 선택한 사람에게서만 찾을 수 있다고 우리는 생각한다. 용서는 가해자와 피해자로 간단하게 분류하지만, 종종 그 안에는 처음에 상상했던 것보다도 더 깊고 복잡한 관계들이 있다는 것이 드러나는 것이다. 위니 마디키젤라-만델라 Winnie Madikizela-Mandela: 넬슨 만델라 전 남아프리카공화국 대통령의 전처—편집자 주가 그녀가 적들이라고 여긴 사람들을 죽이고, 고문하고, 불태우고, 공격하기 위해서 MUFC Mandela United Football Club, 만델라 연합축구클럽을 만들었다는 것을 알게 되자 세계가 얼마나 놀랐던가. 아파르트헤이트 정책이 낳은 폭력으로부터 야기된 이러한 복수는 이 사람을 아는 이들이 볼 때 매우 어울리지 않는 모습으로 비쳐진다. 남아프리카공화국의 진리와 화해 위원회 The Truth and Reconciliation Commission 는 그녀가 "정치적으로 그리고 도덕적으로 MUFC가 저질렀던 심각한 인권 침해에 책임이 있다"[66]라고 결론을 내렸다. 위니 마디키젤라-만델라의 청문회에서, 스토리 Storey 대주교는 진리와 화해 위원회 앞에서 "우리 삶의 가장 커다란 비극 중의 하나는…우리가 가장 싫어했던 그 대상처럼 우리 자신도 될 수 있다는 것이며, 오늘 이 드라마가 그와 같은 점을 여실히 보여주고 있는 예라고 할 수 있다"라고 증언하였다.[67]

    분명히 폭력은 죄라고 말할 수 있으며, 권력 관계와 침해의 상황이 좀더 확실한 경우가 있을 것이다. 그러한 경우에는, 피해자와 가해자의 여부를 보다 적절하게 말할 수 있다. 그러나 종종 사람들과 집단들 사이에서 유지되는 관계가 좀더 복잡한 경우들이 있다. 다른 사람이나 집단을 용서하는 과정 가운데, 우리는 죄의 과정 속에서 나 자신의 모습을 자주 발견하게 된다. 비록 우리가 죄의 파괴적인 영향들을 인식하지 못한다고 하더라도, 죄와의 대면이 우리를 바꿀 수 있다는 사실을 종종 잊곤 한다. 자신의 판단 혹은 직관력에 대한 신뢰의 상실, 친구들을 피할 목적으로 스스로 빠지는 고립, 비이성적인 죄의식과 자존감과 긍지의 상실 등은 우리가 폭력을 당할 때 발생하는 결과들이다. 그러나 우리 가운데 아주 적은 사람들만이 이러한 것들이 폭력의 가해자와의 관계에서 오는 부산물임을 깨닫고 있다.

실천신학자 존 패튼 John Patton 은 용서란 "상처와 부서짐을 초월하여 자신이 누구인지를 재발견하는 것"[68]이라고 말한 바 있다. 관계적인 폭력에 의해 망가져버린 자신과 타인들 간의 왜곡된 형태들을 무너뜨리는 것은 용서가 갖는 목적들 중 하나다. 폭력의 가해자는 가장 당연하다고 여겨지는 안전한 이 세계를 파괴해버리고 마는데, 이러한 현상을 비벌리 플래니건 Beverly Flanigan 은 "상처 받은 사람이 가지고 있었던 삶에 대한 튼튼한 믿음들의 파괴"[69]라고 부른다. "내가 나 자신을 돌볼 수 있을까?" 혹은 "내가 다른 사람들을 믿어야 하나?" 또는 "폭력 없는 미래가 존재할 수 있을까?" 혹은 "내가 감히 다른 사람을 사랑할 수 있을까?" 등은 한 사람의 삶을 지탱하는 기본적인 질문들이다.

종교교육가인 토마스 그룸 Thomas Groome 에 의하면 용서는 우리가 "시간 속에서 순례의 길"을 걸어가는 것이라고 비유할 수 있다.[70] 우리가 용서할 때, 그 용서 안에서 하나님은 하나님의 형상을 닮은 우리가 따라갈 만한 가치가 있는 관계적인 삶의 유형을 마련해준다. 우리는 죄를 용서해주어야 할지 물어보기 위하여 하나님께 다가가지 않는다. 관계적인 폭력 안에 있는 유형들을 용서할 것인지 하나님께 질문하는 것은 예수님의 부활에 담긴 진정한 의미의 핵심을 놓쳐버리는 셈이 된다. 예수님의 부활에 담긴 진정한 핵심적인 의미는 심지어 지금 하나님이 계시지 않는 것처럼 느끼는 바로 그 순간에도 하나님은 희망 속에 우리와 함께 계신다는 사실이다. 하나님은 신비로운 성령님의 임재 안에서 우리와 함께 하시는데, 그러한 성령님의 임재는 우리가 폭력 없는 관계 안에서 우리 자신과 타인들의 존재 의미를 되찾을 수 있도록 도와준다. 폭력 없이도 타인과 관계를 맺으며 살아갈 수 있다는 값비싼 실험을 통해서 얻어진 의로움 안에서 우리는 하나님의 협력자들이다. 그리스도인들은 폭력 없는 삶이 가능함을 보여주는 실험적인 삶이 상처투성이에, 폭력이 난무하고, 복수로 가득하며, 두려움이 넘치는 세상에 대한 치유의 표시의 역할을 하는 것을 믿는다.

시간(과거, 현재, 미래) 속에서 우리는 자신과 타인들을 용서한다. 신학자 마조리 수하키는 용서는 "침해에 연루된 사람들의 행복에 대한 소망"[71]으로 정의를 내릴 수 있다고 정확하게 말하고 있다. 이런 방식으로 용서를 이해하는 것은 우리로 하여금 과거에 발생했던 것들이 현재 혹은 미래에도 계속될 필요가 없다는 것을 깨닫게 해준다. 폭행에 대한 우리의 기억을 과거로 돌리면서, 우리는 과거에 있었던 죄의 패턴이라는 덫에 걸리지 않은 채 타인의 행복을 바랄 수 있게 되는 것이다. 종종 그렇지 않은 경우도 있지만, 용서는 화해를 가져올 수 있다. 물론 때때로 피해자를 가해자로부터 분리하는 것이 더 좋은 경우도 있는데, 이때 화해는 이루어지지 않는다. 용서는 개인들이나 집단들 사이에 감정적인 해결을 이루어야 할 필요가 없는 정의와 평화의 행동이다. 용서는 관계적이라고 할 수 있지만 항상 깨끗하고 깔끔한 것만은 아니다. 만일 우리가 학교폭력이라는 상황에서 어떤 목소리도 낼 수 없고, 폭력을 목격한 사람들 중 누구도 학대받은 사람을 위해서 변호의 목소리가 되어주지 않는다면, 폭력의 피해자가 할 수 있는 최상의 방책은 분별없는 폭력의 현장으로부터 피해자 자신이 피하는 것이다. 종종 개인이나 집단들은 자신이 폭력을 행사하고 있다는 사실을 잘 모르거나 인식하지 못하는 경우가 있다. 이러한 상황에서 폭력의 피해자는 문제를 일으키는 사람이거나, 제정신이 아니거나 아니면 그저 뭔가 잘못한 것이 있는 사람으로 치부된다. 그러한 폭력의 현장으로부터 피해자를 옮기는 것은 큰 위험 부담을 안거나 커다란 용기가 필요한 행동이다. 이러한 경우에, 피해자가 더 심한 폭행을 당하지 않으면서 상대방과의 화해를 구하는 것은 불가능할지도 모른다. 피해자가 자신의 목소리를 가지지 못하고, 목소리를 잃어버린 사람들을 대변해줄 수 있는 사람이 아무도 없는 곳에서는 폭력의 행위가 계속될 가능성이 매우 높다. 때때로 인간의 존엄성을 주장하는 유일한 방법은 잠시 주어진 상황들을 뒤로 접어두는 것이다. 사람들은 종종 자신들이 무엇을 하는지조차 알지 못한다는 사실을 예수님은 인식하고 있었으며, 그러나 그러한 상황에서도 용서는 여전히 가능하다고 가르치셨다. 반면에, 인간의 존엄성과 안전을 위해서 상황들을 제쳐둔다고 해도, 그리스도인이 운명주의자는 아니다. 희망은 낙관주의와는 다르다. 희망(두려움의 반대로서)은 하나님을 찬양하면서 우러나오는 힘에 대한 믿음에 근거한다. 낙관주의는 발전에 대한 비현실적이고 순진한 가정들에 기초로 한다. 낙관주의는 기독교적인 삶과는 전혀 거리가 먼 반면에 희망은 그리스도인의 삶의 중심을 차지한다.

폭력 행위들을 반드시 과거의 일이 되어야만 한다고 말함으로써, 학교폭력은 잊어버려야 한다고 내가 말하고 있는 것일까? 그렇지 않다. 만일 그렇다면, 그것은 용서를 오해하는 것임이 틀림없다. 우리의 삶의 옷자락은 닳아 없어지기 마련이다. 이미 발생한 폭력을 부인하는 것은 자기를 기만하는 행위다. 우리는 삶의 여정 속에서 학교폭력을 포함하여 우리가 경험한 모든 이야기들을 안고 간다. 우리가 그것들을 고칠 수는 없지만, 학교폭력으로 가려졌거나 지워져버린 우리 자신의 삶의 부분들을 기억하고자 하는 긴 과정을 시작할 수 있다. 우리는 절망과 운명론에 저항하기 위해서 삶 속에서 경험했던 부정적인 사건들을 끄집어낼 필요가 있는데, 이러한 행위를 통해서 우리는 자신들의 이야기들을 말할 수 있게 된다. 우리는 복수라는 물이 고여 있는 저수지—복수심에 불타는 사람이나 집단이 의식하거나 혹은 의식못한 채 물을 마셔대는 저수지—에 갇혀 있지 않으면서 우리의 이야기들을 다시 말할 수 있다.

폭력의 피해자들은 자신이 당한 폭력을 평생 동안 안고 살아간다. 자신이 경험했던 폭력이 그 사람 혹은 집단의 이야기의 한 부분이 되는 셈이다. 그러나 폭력의 사건이 그들의 이야기의 끝을 장식하는 것은 아니다. 용서하고자 하는 사람들은 폭력의 늪에 빠지지 않고, 사랑과 희망에 의해서 전환된 삶을 살아가고 있는 것이다.

기독교 종교교육가인 피터 길모어 Peter Gilmour 는 이 세상에서 날마다 살아가는 사람들이 어떻게 하나님을 직접 경험하는지에 대해서 알고자 많은 시간을 보냈는데, 이렇게 결론을 짓는다.

> 기억, 묵상, 상상과 표현 등의 상호작용을 통해서 사람들은 성스러운 텍스트를 창조한다. 삶 속에서 부딪히는 사건들을 깊이 묵상하면서 이끌어낸 이러한 성스러운 텍스트와 이야기들은 그것들을 만들어낸 사람과 사회, 개인과 공동체의 중요성을 구현한다. 그들은 많은 것들을 드러내고 있지만, 그중에서도 가장 중요한 것은 그러한 텍스트와 이야기들이 그들의 삶이 가지는 초월적인 면들을 나타낸다는 데 있다. 거룩한 것들과 거룩한 존재 그 자체는 기록을 통해서 좀더 분명하게 드러난다. 그러나 이러한 작업은 추상적인 신학을 웅장하게 통합한다거나 혹은 인간을 압도하는 카리스마를 가진 거룩한 것을 통해서가 아니라, 매일 만나는 경험들의 일상적인 모습들과 단편 속에서 이루어진다.[72]

우리가 매일의 삶 속에서 경험하는 단편적인 모습들이 희망을 향한 기억을 형성한다. 폭력의 피해자는 자신이 직접 경험한 학대의 이야기를 자주 털어놓음으로써 이 세상 속에서 탄식하시는 하나님의 마음을 알리라고 요청받곤 한다. 이것은 매우 큰 용기를 필요로 하는 행동이다. 이것은 또한 커다란 도덕적인 상상력을 가져야 한다. 폭력의 악순환을 깨는 행위는 이 땅에서 하나님의 사역에 참여하는 것이다. 용서는 하나님으로부터 오는 선물이자, 인간이 내려야 할 결정 사항이다. 피해자는 회개, 즉 죄에서부터 돌아서라고 요청받는다. 이것 역시 커다란 용기가 있어야 하며, 또한 커다란 도덕적인 상상력을 가져야 한다. 하나의 제도 전체가 가해자가 되고 있음을 고백하는 것은 도덕적인 용기와 상상력의 행동에 다름 아니다.

로마에 위치한 국제신학위원회 The International Theological Commission 는 「기억과 화해: 교회와 과거의 과오」라는 문서를 작성했는데, 1999년 겨울에 라칭거 Ratzinger 추기경에 의해서 발간을 허락받았다. 이 문서는 교황 요한 바오로 2세가 쓰고 1944년 발표된 교황교서 「제삼천년기」 Tertio Millennio Adveniente 에 대한 응답으로 쓴 것이다. 이 문서는 "교회의 자녀들이 회개의 영을 가지고 돌아보아야만 하는 역사의 가슴 아픈 순간이 있는데, 역사 가운데 특히 어느 한 세기에, 진리를 수호한다는 명목으로 행해졌던 편협함과 심지어는 폭력의 사용에 대한 묵인이다"[73]라고 말했다.

로마 가톨릭 교회에서는 수년 동안, 이 문서로 인해서 떠들썩한 반응들이 일어났었다. 교황 요한 바오로 2세는 대사면의 해인 2000년을 고대하면서, 그 문서에 나온 내용을 좀더 연구해보도록 요청하였다. 요한 바오로 2세는 그리스도인들의 반유대주의에 의해서 수세기 동안 손상되었던 유대인과 그리스도인 간의 관계에 특별한 관심을 가지고 있었다. 앞서 언급한 문서의 서두에는, "전체 교회사를 돌아볼 때 과거의 잘못된 행위에 대해 정식으로 가톨릭 교권에서 용서에 대해서 언급한 것은 전례에 없던 일이었다"[74]라고 밝히고 있다. 가톨릭 교회의 많은 평신도가 가지고 있던 교회에 대한 신뢰가 뿌리째 흔들렸다. 어떻게 교회가 그런 잘못을 저지를 수 있단 말인가? 우리가 무엇을 믿을 수 있을까? 다른 종교들은 우리를 보고 무슨 생각을 하겠는가?

회개에 대한 결정 속에서, 바티칸은 앞서 말했던 상상이 동반되고 위험을 감수해야 하는 용서의 과정을 보여주었다. 교회가 과거에 다른 사람들, 특히 유대인들에게 부적절한 일을 하지 않았다고 시치미를 뗄 수 없었다. 교황은 교회가 과거에 행했던 일들을 부인하지 않는 차원을 뛰어넘어, 겸손한 태도로 폭력의 악순환을 깬다는 게 무엇인지 증언하였다. 가톨릭 교인과 유대인, 그리고 더 나아가 가톨릭 교인과 무슬림 사이의 관계들이 불과 십여 년 전만 해도 상상조차 할 수 없는 긍정적인 방향으로 나아갔던 것이다.[75]

2000년 8월, 신앙교리성 The Congregation for the Doctrine of Faith 은 「주 예수: 예수 그리스도의 독자성과 구원의 보편성 그리고 교회」라는 선언문을 발표하였다.[76] 이것은 제2차 바티칸 공의회 시대 이후에 나온 발표문 중에서 매우 독특한 것이다. 제목만을 보더라도, 이 세상의 모든 사람(단지 가톨릭 신자들뿐만이 아니라)이 구원받기 위해서는 반드시 예수 그리스도를 영접해야만 한다는 것을 강조하고 있음을 알 수 있을 것이다.[77] 당연하게도 다양한 종교에 속한 신앙을 가진 사람들은 이것에 대해 부정적으로 반응하였다. 특히 유대인들은 이 발표문을 다른 유형의 반유대주의에 지나지 않는다고 여겼다. 1년도 채 지나지 않아, 가톨릭 교회는 용서를 구했던 것을 벗어나 희망으로 가득한 말을 되돌린 듯 보였다.

교회 역사가들이 언젠가 앞에서 언급한 두 문서들을 가지고 연구할 날이 올 것이다. 그러나 폭력과 용서에 대해서 알아보고 있는 우리에게 「기억과 화해」 그리고 「주 예수」 문서가 보여주는 중요성은 다름 아닌 지배와 폭력의 패턴들을 부수기가 매우 어렵다는 사실이다. 「기억과 화해」는 공감과 환대를 다룬 문서다. 「주 예수」는 두려움과 오욕, 그리고 폭력에 대한 내용들이 들어 있다. 용서의 과정 속에서, 우리 자신과 우리에게 상처 주었던 사람들(또는 우리가 괴롭혔던 사람들)은 두 걸음 앞으로 내딛다가도 한 걸음 뒤로 물러설 것이다.[78] 우리는 이 사실을 반드시 알아야만 하는데, 용서는 딱 부러지게 단 한 번으로 이루어지지 않는다는 것이다. 중요한 것은 완전함이 아니라, 용서를 향한 의식적인 의도를 가지고 나아간다는 데 있다. 우리 중 일부는 어느 날은 안전함과 자기 확신에 차 있다가도, 또 다른 날에는 복수라는 괴어 있는 물을 마시고자 하는 유혹에 처하게 될 것이다(그리고 어쩌면 마실 것이다). 다행스러운 것은 하나님이 이런 번거롭고 질척질척한 과정 속에서 우리와 함께하신다는 것이다. 하나님은 우리 자신과 우리 주위에 있는 사람들이 새로운 상상력과 새로운 삶을 살라고 우리를 초청하고 있다.

용서의 과정

우리가 남을 용서할 때, 그리고 타인에 의해서 용서를 받을 때, 우리는 영광 받으실 하나님의 영이 임재하고 있음을 발견한다. 듀크 대학교의 신학대학원장인 그레고리 존스L. Gregory Jones는 용서란 "타인에게 선물로 주어지는 것이기에 폭력의 악순환들이 반복되거나 더 악화될 필요가 없다"[79]라고 말하고 있다. 용서는 우리 자신과 공동체에도 또한 소중한 선물이라는 것을 보게 된다. 폭력의 과정은 일직선으로 이루어지는 것이 아니며, 용서가 언제 이루어지는지를 알기 위하여 주의하며 따라가는 순차적인 단계들도 없다. 그러나 우리가 용서하고 용서받는 인간의 힘을 발견하게 될 때, 우리는 분노, 거절, 아마도 심지어는 우울증에 걸리게 될 수도 있음을 기억할 필요가 있다.[80] 우리는 기억과 상상력이 때로는 서로 어울리지 못한 채 어긋나는가 하면, 서로 조화를 이루는 때도 있음을 이해해야 한다. 폭력적 행동에서 우리 각자가 했던 역할에 대해서 이해할 필요가 있으며, 우리 자신이 폭력에 대한 하나님의 목소리가 될 필요가 있다는 것도 우리는 알고 있다. 때때로 우리가 해야 할 말을 하지 못할 때, 우리를 대신하여 하나님의 말씀을 전해줄 변호자를 가질 필요가 있다고 느낄 때도 있을지도 모른다. 어쩌면 우리는 부끄러움을 느끼거나 안도의 한숨을 쉴지도 모른다. 그리고 폭력에 대한 우리의 경험이 전 세계에 널리 퍼져 스며있는 폭력이라는 거미줄의 단지 일부분이라는 것을 이해하게 될지도 모른다. 우리 중 많은 사람들은 폭력과 대면하는 것이, 특히 처음에는 매우 힘들다. 유전되어 내려오는 죄는 유능한 상담가가 우리로 하여금 보다 분명하게 볼 수 있도록 도와줄 수 있는 부분들이다.[81] 때로는 친구들과 그러한 것들에 대해서 이야기하는 것이 도움이 될 것이다. 우리가 베고 자는 베개나 애완동물과 이야기해보는 것도 도움이 될 것이다. 또는 영화를 보거나, 책을 읽거나, 동네 쇼핑몰에서 부모가 아이들을 혼내는 모습을 관찰한 후에 어떠한 통찰력이 생기는 순간을 경험할 수도 있을 것이다.

용서를 실행에 옮기는 사람은 건강한 신앙 공동체의 지지를 필요로 한다. 용서하는 것과 용서를 구하는 것은 공동체 안에서 가장 잘 성취될 수 있다. 우리는 용서하고 용서를 구하는 여정에서 돌아서지 않기 위하여 공동체의 지지가 필요하다. 때때로 날마다의 일상생활 속에서 발생하는 사소한 이야기들 때문에 신앙 공동체 자체가 재형성되는 것을 볼 것이다. 우리의 삶이 자연스럽게 죄에 대해서 측은히 여기는 마음으로 대면하기를 시작할 때,[82] 우리 삶 속에서 느끼는 기쁨은 향상될 것이다. 하나님을 찬양하는 일에 대한 우리의 참여는 점점 더 우리 자신이 누구인지 알아가도록 돕는 확실한 방법이 될 것이다.

내 생각으로는, 용서는 우리 자신과 이웃들 그리고 이 땅을 위한 일종의 기도와도 같다. 기도는 우리 사이에 그리고 우리를 통해서 역사하시는 성령에 의해서 가능하다. 모든 진실한 기도는 자기와 타인에 대한 회복된 관계에 관심의 초점을 맞추며, 본질적으로 비폭력적이다. 이렇게 볼 때, 그리스도인의 삶, 용서, 비폭력과 기도는 흠 없는 옷을 만드는 것이라고 볼 수 있다. 우리가 자기 자신의 죄와 우리에게 죄를 범한 사람들을 용서할 때, 우리는 이 세상 속에서 새로운 삶을 창조하는 동역자로서 하나님과 함께 일하게 될 것이다.

용서와 아이들

당신은 아마도 다음과 같은 질문을 자신에게 던진 적이 있을지도 모른다. "나는 사람들이 죄에 대해 하는 말들을 어른의 관점에서 이해하고 있는데, 학교폭력에 시달리는 아이들에게는 이러한 이해가 어떻게 적용될까?" 이 질문은 특별한 주의를 끌기에 충분한 좋은 질문이다.

1장에서 루비 브리지스의 삶 속에 있었던 용서 이야기를 기억하기를 바란다. 그리고 2장에서 보았던 칼의 이야기 속에 나오는, 성인이 되어서도 용서하지 못하고 있는 이야기도 떠올려보자. 또한 공감이 약 18개월이나 혹은 그보다 이른 나이의 어린아이 안에서 발달되기 시작한다는 사실을 떠올려보라. 가족과 가족 바깥에 존재하는 아이의 지지 체계들이 아이들의 발달 패턴에 매우 중요하다는 점 또한 주목해보자. 이러한 관점들을 염두에 두고, 우리의 논의를 시작해보기로 하자.

나는 경험을 통해서 아이들은 시간이 흐름에 따라서 자신의 경험에 대해 심사숙고할 수 있는 능력을 향상시킨다는 것을 알게 되었다. 아이들이 어리면 어릴수록, 어떤 행동을 취하기 전에 생각하기보다 반응을 먼저 할 가능성이 많다. 그런데 어떤 시기가 되면 그 아이는 자기를 둘러싼 삶에 대해서 좀더 깊이 생각하기 시작하는데, 교육가이자 심리학자인 로버트 케건 Robert Kegan 이 이름 붙인 "자신의 충동을 다스릴 줄 아는 능력"(충동에 빠지기보다, 충동을 제어하는 것)을 발달시킨다.[83] 시간이 지남에 따라서, 아이는 다른 사람들과 더 많이 대화를 나누고자 하며, 더 나은 대인관계를 형성할 것이다. 만일 삶이 정상적으로 진행된다면, 아이는 자기와 타인을 구별할 수 있을 것이다. 그러나 만일 삶이 어긋난다면, 아이는 타인과의 관계 속에서 자기 자신을 잃어버리게 될—자기를 집단으로부터 구분 지을 수 없게 될—가능성이 있다. 이것은 윤리적 사고의 발달을 위해서 특히 중요하다. 만약에 어떤 아이가 자신이 선택한 것과 자신이 속한 집단이 선택한 것들을 구분할 수 없다면, 그 아이는 위험하거나 심지어 폭력에 빠질지라도 타인들을 따라가고야 말 것이다.

건강하고 긍정적인 사회 환경과 가족 안에서, 아이는 아주 어릴 때부터—심지어 아이가 말을 시작하기도 전에—매일의 삶 속에서 만나는 관계성 속에서 돌봄과 환대, 그리고 우정과 용서의 패턴들을 경험하게 된다. 부모가 어떻게 불일치와 위기들을 다루느냐에 따라서 아이가 자신에게 자연스럽게 주어진 환경을 형성하는 데 영향을 미친다. 어린 형제들 사이에 갈등이 있을 때, 아이들은 어린 나이일지라도 갈등의 결과들을 이해하기 위해서 어른들의 도움이 필요하다. 사랑과 돌봄은 한 가정 안에서 부모와 아이들이 용서가 필요한 때에 서로에게 반응하는 방식들 안에서 나타나는 것이다.

여기서 루비 브리지스의 이야기가 새삼 다시 떠오른다. 신학교에서 어린이들에 대해서 강의하고 있을 때, 학생들은 "루비는 진짜로 자기가 말하고 있는 것에 대해서 알고 있었나요? 루비가 용서의 의미를 이해하기에는 너무 어리지 않나요?"라는 질문들을 많이 던졌다. 이러한 질문들은 적절하고 좋은 것이지만, 핵심을 놓치고 있었다. 평소에 가정에서 용서를 그리스도인이 실천해야 할 가장 기본적인 것으로 이해해왔기에, 루비는 단지 자신의 가정에서 배워왔던 가치들과 돌봄을 실천한 것이다. 사실, 루비는 그녀의 가정에 의해서 세상에 보내진 용서의 사도였던 셈이다. 여섯 살밖에 안 된 루비가 "자기들이 무슨 짓을 하는지조차 모르는" 사람들에게 베풀어지는 용서의 과정을 이해할 수 있었을까? 나는 두 가지에 대해서 생각해보고 싶다.

먼저, 공감이 실천되며 사랑이 넘치는 가족의 도움으로, 그녀는 훌륭한 한 사람으로 성장하고 있는 중이라는 사실이다. 그녀는 자신이 누구인지를 알고 있으며, 자신을 괴롭히려는 아이들이 가지고 있는 분노에 의해서 압도당하지 않았다. 뭔가 다른 긍정적인 것들이 그녀 안에서 이루어지고 있는 중이다. 그녀는 어린이라 할지라도 자신의 신앙과 돌봄을 표현하기 위해서 자기의 가정(어른들이 그녀를 보호해주었던 안전하고 돌봄이 있는 장소로 대표되는)에서 사용했던 말을 쓰고 행동한다. 분명히, 루비는 믿음 안에서 계속 자라가고 있는 중이다. 그녀는 자기의 가정환경(그녀가 다녔던 교회 환경을 포함한)과 자신의 발달 능력과 일치되는 성숙한 신앙을 표본으로 삼고 있는 중이다. 루비는 어른들에 의해서 보호와 지지를 받았기 때문에 자신 있게 폭력을 행사하려는 아이들에게 대처할 수 있었으며, 자기 자신을 확실하게 더 잘 알아가고 있었으며, 가정에서 했던 것처럼 자신의 돌봄의 패턴들을 지키고 있었다.

칼의 경우에 우리는 다른 유형의 예를 보게 된다. 칼의 이야기를 다루면서 말했듯이, 나는 거의 믿기 어려운 도전들을 견뎌내야만 했던 칼에게서 놀라움을 금치 못했다. 칼은 가정이나 학교에서 안전함을 느끼지 못했다. 아버지가 보여주었던 폭력과 정죄함이라는 관계의 패턴으로 인해 칼도 똑같은 패턴을 따랐던 것이다. 우리는 칼의 문신에 대해서 아버지가 어떻게 반응했는지를 보았다. 아버지로부터 처벌을 면하고 아픔과 수치를 피하기 위하여 칼은 강철솜 수세미를 사용하여 문신을 지워야만 했다. 시간이 지나면서 자신에 대한 학교폭력이 더 심해져만 갔던 반면에, 칼은 가정이나 그가 속한 다른 사회 기관들에서 그 어떤 지지나 보호를 받지 못했다. 그가 안전하다고 느끼지 못한 것은, 실제로 안전하지 않았기 때문이었다. 그를 보호해줄 만한 어른들이 없었으며, 자신의 분노를 그저 속으로만 쌓고 있었다. 이렇게 쌓아가던 분노가 마침내 폭발한 것이었다. 그는 분노와 폭력을 통해서 자신과 다른 사람들을 구별했다. 물론, 여전히 그의 내면에는 집단의 한 부분이 되고자 하는 열망은 계속 남아 있었다. 어느 집단에 속하고 싶은 반면에, 또 속하고 싶지 않은 이중적 굴레가 용서가 아닌 복수심을 낳은 것이다. 결국에 그는 통제 불능의 상태가 되었고 혼자 남게 되었다. 베트남에 있으면서도, 자신이 그토록 참석하고 싶었던 졸업 파티를 가해자들이 즐기고 있는 장면을 떠올리기만 하면 너무도 견디기 어려웠다.

만약 어른들이 용서를 실천하기 위한 적절한 환경을 제공하지 않으면, 아이들 스스로가 그러한 환경이나 실천할 수 있는 장을 만들 수는 없을 것이다. 만일 어른인 우리가 우리 아이들의 삶 가운데에서 발생하는 또래 집단에 의한 폭력의 심각성을 진지하게 받아들이지 않는다면, 우리는 그들의 안전성과 행복, 그리고 미래에 있을 영적인 발달을 놓고 도박하고 있는 것과 다름없다. 아이들은 각자 자신만의 성격을 가지고 있기에, 어떤 아이는 다른 아이보다 좀더 다루기가 "쉬운" 경우가 있다. 나는 1, 2학년 아이들을 가르치기를 좋아하는데, 겨우 여섯 살이나 일곱 살밖에 안된 아이들이 이미 강한 성격이 형성되어 있다는 것이 나를 놀라게 한다! 그러나 그 어떤 아이도 학교폭력을 저지르는 가해자가 될 것이라고 예정되어 있지는 않다, 반대로. 그 누구도 태어나기 전부터 학교폭력의 피해자가 될 운명인 것은 아니다. 가정에서 공감이 어떻게 실천되는지, 특히 가정에서 아이들에게 가장 큰 영향을 미치는 어른들에 의해서 용서가 어떻게 이루어지는지가 아이들이 건강하게 발달하는 데, 그리고 자신과 자신이 속한 집단을 복수라는 폭력적인 행위를 통해서가 아니라 돌봄에 기초로 한 방법으로 구별할 수 있는 능력을 향상하는 데 중요한 요소를 차지한다.

요약: 영적 위기로서의 학교폭력

학교폭력이 영적 위기라고 이야기할 때, 이는 무엇을 의미하는가? 기독교 영성은 한 사람이 타인과 자기 자신, 하나님과 이 세계와 관계를 맺는 방식에 초점을 맞춘다. 즉 그리스도인이 가지는 영성은 기본적으로 그가 맺고 있는 전반적인 관계들 안에서 인간을 바라보는 통합적인 방식이다. 영광송이기도 한 기독교 영성은 타인과 관계를 맺고 있는 모든 상황 속에서 하나님을 찬양하는 삶을 사는 것이다. 학교폭력은 모든 인간관계들 속에서 죄를 낳는다. 학교폭력은 한 사람이 타인, 자기 자신, 하나님, 그리고 이 세상과 관계를 맺는 방식에 영향을 미친다.

학교폭력은 생명을 주는 상호의존 관계를 침해하는 것이며, 하나님이 예수 그리스도와 성령을 통하여 우리에게 주신 관계적인 인간성에 대한 침해이기도 하다. 인간성을 침해하는 과정인 폭력은 가해자가 인간 존재와 이 세상에서 하나의 인간으로 되어가고자 하는 하나님이 주신 선물을 망가뜨리기 위하여 선택한(비록 무의식적일지라도) 수단이다. 폭력의 가해자와 피해자 간의 상호의존성은 죄악되고 파괴적인 관계를 형성한다. 학교폭력은 하나님을 찬양하기를 거부하는 행위다. 그것은 타인을 파멸시키기 위하여 하나님과 인간 그리고 인간을 위한 관계적인 과정, 즉 상호의존성을 왜곡시킨다.

관용의 통념을 찬양하는 문화 안에서 하나님과 사람들, 그리고 사람들을 서로 이끌려고 하는 것은 다름 아닌 상식을 벗어난, 잠재적으로 위험한 결합이다. 다양성은 학교폭력의 가해자가 받아들일 수 없는 것이다. 가해자는 오직 서로의 차이점을 부인함을 통해 타인과의 관계를 구한다. 이러한 차이점에 대한 부인은 지속되고 있는 감정적인 학대, 신체적인 폭력, 또는 심지어 살인을 통해서 나타난다. 나와 다른 누군가를 참을 수 있는 경우는 오직 그들을 물건이나 사물로 여길 때뿐이다. 평화는 서로 다른 사람들과 그룹들 간의 급진적인 대화가 이루어지는 기회를 최소한으로 만듦으로써 유지될 수 있다. 그러나 이것은 고정관념과 더 악화된 상황의 씨앗을 낳는 부적절하고 불편한 평화다.

강압적인 관용 기제들이 붕괴되면, 관용의 열매들이 무분별하고 야만적인 행위를 통해서 나타나게 된다. 그리스도인들이 공감을 실천하는 것은 관용에 대한 강력하고 희망적인 대안을 제시하는 것을 의미한다. 공감은 다양성, 환대, 우정의 실천적 행동들을 가정한다. 비관용의 반대말은 관용이 아니라 공감이다. 공감은 우리를 위해서 역사하는 하나님의 마음 자체를 표현하는 것이다. 하나님의 임재하심을 실천한다는 것은 다른 형제와 자매들이 당하고 있는 고통 속으로 들어가는 공감을 실천하는 것을 의미한다.

분리와 고정관념을 사실상 피할 수 없는 관용이 만연한 문화적인 상황 속에서, 운명주의, 두려움, 불신, 권리, 질투는 우리에게 용서는 불가능하거나, 혹은 약함의 표시라고 말하는 것 같다. 반면에 공감과 환대와 우정의 연합에 기초를 두고 있는 삶은 희망이 있는 삶이다. 절망을 경험하지 않은 사람은 희망을 경험할 수 없다고 말할 수 있다. 그러나 희망은 두려움이나 숙명주의를 부인하는 것이다. 희망은 변화가 가능하다고 주장하는 것이다. 여기서 변화는 앎의 한 방법으로서 공감이 필요한 관계적이고 변혁적인 과정이다. 공감 없이 용서는 있을 수 없으며, 치유도 없고, 따라서 다른 사람들과의 관계 안에서 존재하는 인간의 자신에 대한 경험도 없게 된다. 용서는 우리의 단순한 일상의 관계들을 통해서 이루어지는 정의와 화목의 세계에 하나님이 도래할 것을 믿는 기독교의 희망을 보여주는 표시다.

4장은 공감, 환대, 우정, 돌봄, 그리고 용서를 학교, 가정, 교회와 직장과 같은 상황에서 실천할 수 있는 몇 가지 구체적인 방법들을 설명하고 있다.

4장

공감의 실천 방법들

기독교 덕목들을 실천하는 것은 하나님과 이웃들을 향한
우리의 사랑이라는 태도와 실천적 행위의 패턴을 인식할 수 있는
가장 필수적인 방법, 즉 공감의 실천이다. 기독교 덕목들의 실천은
기본적으로 우리를 돌보시는 하나님을 찬양하는 행위인데,
결국 그러한 행위들은 돌봄과 비폭력의 실천이라고 할 수 있다.

이 장에서 나는 공감을 실천하는 네 가지 방법을 생각해보려고 한다. (1) 교회나 학교에서 학교폭력에 대한 정책 작성하기. (2) 학교에서 덕목들을 가르치기. (3) 그리스도인의 실천 행위로서 사려 깊은 비판의식 몸에 배게 하기. (4) 예배를 통해서 공감 실천의 중요성 다지기. 이상의 네 가지 방법들은 각각 최소한 세 가지 방식으로 사용할 수 있다. 먼저 우리 각자의 경건의 시간과 묵상을 통해서 앞에서 말한 공감의 방법들이 가치 있다는 것을 발견할 수 있을 것이다. 그리고 공감을 실천하기 위한 네 가지 구체적인 방법들을 한 시간 정도의 각 교회의 공식 교사 교육 프로그램이나 수련회 등의 교육 워크숍에서도 사용할 수 있을 것이다. 마지막으로, 앞의 네 가지 주제들을 가지고 주일 성인 성경공부반에서 이야기를 나눌 수 있을 것이다. 물론, 이 외에도 공감을 실천할 수 있는 방법들이 많이 있지만, 지역교회에서 가졌던 성인 그룹과의 대화 속에서 이 네 가지 방법이 매우 효과 있음을 발견하게 되었다. 먼저, 우리 교회와 학교에서 학교폭력에 대한 정책을 어떻게 작성하면 좋을지 알아보도록 하자.

교회나 학교에서 학교폭력에 대한 정책 작성하기

폭력은 교회에서나 기독교계 학교에서도 발생할 수 있고, 실제로 발생하기도 한다. 많은 교회와 기독교계 학교들이 학교폭력에 대한 제도적인 정책의 중요성에 대해서 점점 더 많이 생각하는 추세다. 그렇다면 학교폭력에 대한 정책을 생각해보는 것이 왜 중요한가? 학교폭력에 대한 정책은 (1) 학교폭력이 무엇인지 정의를 내리며, (2) 학교폭력의 결과에 대해서 좀더 폭넓은 대중의 목소리를 유도하며, (3) 그러한 정책들이 교사 교육을 위한 중요한 문서로 작용하며, (4) 가해자와 피해자 모두에게 도움이 되는 유용한 대처방법을 설명할 수 있다.

많은 종교 기관에서 종사하고 있는 행정가들이나 교사들은 학교폭력에 대해서 구체적인 생각을 가지고 있지 않다. 학교폭력을 예방하기 전에, 행정가들과 교사들은 정확히 학교폭력이 무엇을 의미하는지 개념정리를 할 필요가 있다. 그리고 동시에 학부모나 행정가, 교사들은 학교폭력의 중요성을 분명하게 인식하고 있어야 한다. 학교폭력의 중요성에 대한 분명한 인식 없이 학교폭력의 개념을 정의하는 것은 누구에게도 하등의 도움이 되지 않는다. 누가 학교폭력을 신고할 것인가? 신고한다면 누구에게 할 것인가? 그리고 남은 사람들은 무엇을 해야 하나? 이러한 질문들은 학교폭력에 관한 모든 정책 속에 포함되어야 한다.

학교폭력에 관한 정책은 또한 교사 예비교육이나 훈련에서 중요한 부분으로 반드시 포함되어야 할 사항들이다. 내가 알고 있는 대부분의 교사들은 학교에서 폭력을 언급하는 것이 매우 중요하다고 입을 모은다. 그들은 자신의 교실과 식당에서, 학교버스와 도서실, 그리고 운동장에서 이루어지고 있는 폭력을 멈추고 싶어한다. 그러나 그들은 학교폭력이 무엇인지, 그들이 어떻게 학교폭력을 멈추게 할 수 있는지, 또는 누구에게 학교폭력을 보고해야 하는지 등에 대해서 거의 아는 바가 없다는 사실을 나는 알게 되었다.

학교 행정가, 부모, 학생, 교사들에게 학교폭력에 대한 유용한 안내와 지원을 제공하는 것은 학교가 반드시 해야 할 윤리적인 의무인 것이다.

학교폭력에 대해 연구한 바 있는 오스트레일리아 학자인 켄 릭비 Ken Rigby 는 많은 학교에서 폭력을 행사하는 분위기와 문화가 마치 정상적인 것처럼 받아들여지고 있다는 사실을 발견하였다. 그는 이러한 현실을 "제도화된 학교폭력"[1]이라고 부른다. 학교나 교회들을 방문할 때마다, 교사나 부모, 그리고 학교 행정가들이 학교폭력에 대해서 다음과 같이 말하는 것을 듣는 것은 흔한 일이다. "론, 자네도 잘 알고 있다시피, 남자 녀석들이란 어쩔 수 없이다 그런 거 아닌가"라거나 혹은 "론, 학교폭력에 대해서 너무 걱정하지 말게나. 아이들은 그저 아이들일 뿐이야"라는 반응들 말이다. 이러한 교육 분위기에 젖어 있는 교사들이나 학교직원들은 학교폭력을 무시하기로 선택한 것과 다름없으며, 그로써 학교폭력을 묵인하고 또 영속화시키는 것이다.

릭비는 그의 책 『학교폭력: 어떻게 할 것인가』 Bullying in Schools: And What to Do About It [2]에서 호주 멜버른에 있는 남자 학교인 자비에르 대학 Xavier College 이 정해놓은 학교폭력 관련 정책을 예로 제시하고 있다. 다음은 릭비가 작성했던 자비에르 대학 모델 중 일부분을 기초로 했다. 독자들이 일하고 있는 미션스쿨이나 혹은 종교교육 프로그램을 위해서 여기에 일부 소개한다. 독자들이 각자의 교육 환경에 맞는 학교폭력 정책을 세우기 원한다면, 다음에 나오는 정책에 관한 주요 사항들이 실제적으로 유용하다는 것을 발견하게 될 것이다. 각 교육 상황에 따른 구체적인 이슈들에 맞게 다음에 제안한 정책들을 수정하기를 바라며, 그러한 수정된 사항들은 그 정책들을 더 가치 있게 만들어줄 것이다. 학교폭력에 관한 정책들을 다 완성한 후, 그것을 학교나 교육구, 각종 프로그램 등에서 실행하기 전에, 교사와 학부모, 그리고 교육정책입안 전문위원회 등에게 배부할 것을 잊지 않기를 바란다.

학교폭력에 관한 정책의 실례

우리 (각자 학교 이름을 적는다) 학교는, 어떤 유형의 학교폭력도 허용하지 않는다. 교사, 행정직원, 학생들과 학부모들은 상호존중과 돌봄, 우정과 용서 그리고 환대가 이루어지는 환경을 만들기 위해 헌신한다. 우리는 학교폭력이 학생들이 거쳐 가야만 하는 피할 수 없는 부분이라고 믿지 않는다. 우리는 학생들이 폭력 없는 공동체에서 가장 잘 배울 수 있다고 믿는다.

학교폭력의 정의

학교폭력은 가해자 개인이나 혹은 집단이 시간이 지남에 따라서 반복되는 폭력 행위들을 통하여 다른 사람(들)과 관계를 맺고자 하는 가운데 발생하는 영적인 위기를 행동으로 표출하는 것을 뜻한다. 학교에서 발생하는 폭력 행위들은 다른 사람들에게 상처를 주거나 괴롭게 할 목적으로 이루어진다. 그러한 폭력 행위들은 신체적이거나 혹은 감정적이다(단지 위협만 했든 실행했든 간에). 가해자와 피해자 사이에는 항상 힘의 불균형 현상이 존재한다. 그러한 폭력은 개인이나 비공식적인 집단, 공식적인 조직체 혹은 국가에 의해서 발생할 수 있다.

다음의 행위들은 학교폭력에 해당한다.

- 종교적 전통을 이유로 비하하기
- 인종이나 문화적 정체성을 이유로 비하하기

- 언어 습관을 이유로 비하하기
- 신체적인 모습을 이유로 비하하기
- 감정적·정신적 혹은 신체적 장애를 이유로 비하하기
- 성적 경향을 이유로 비하하기
- 계속해서 때리거나 밀치기
- 거짓 소문들을 퍼뜨리기 시작하거나 반복하기, 성적인 장면을 연상시키거나 모욕을 주는 말하기, 위협하거나 당황스럽게 만드는 몸짓 취하기
- 외톨이로 만들거나 말을 못하게 하기
- 강압적으로 돈이나 개인 소유물을 요구하거나, 성적 행위를 강요하기
- 중상모략하고 경멸하는 등, 감정적으로 위협하기

만약 우리가 학교폭력의 피해자라면,
- 삶이 도무지 바뀌지 않을 거라는 생각과 함께 불안과 두려움을 느낄 것이다.
- 너무 당황스러운 나머지 폭력을 당하고 있는 상황에 대해서 부모님이나 선생님들에게 이야기하기 어려울 수 있다.
- 모욕감과 분노를 느낄 것이다.
- 학교 성적이 곤두박질치며 떨어질지도 모른다.
- 자기 개념이 낮아질 것이다.
- 춤이나 파티 그리고 다른 모임과 같은 사회적인 활동들이 위축될 것이다.

- 교회출석이나 기도모임과 지역공동체 봉사활동 등에 대한 흥미를 잃어버릴 것이다.
- 가정에서 매우 부정적인 아이가 되며, 부모와 형제자매와의 관계를 제대로 형성하지 못할 수 있다.
- 자신을 보호하기 위해서 스스로 폭력적인 행동을 분출할 지도 모른다(좌절감이나 절망감으로 인해).
- 자기 파괴적인 행동을 할 수도 있다.
- 우리는 하나님의 형상으로 만들어졌다는 것을 기억하자.

만일에 우리가 가해자라면,

- 가정에서 부모 또는 형제자매에 의한 폭력의 피해자일 수 있다. 또는 학교 선생님이나 행정담당자, 혹은 버스 운전사에 의한 폭력의 피해자일 수 있다.
- 주위 친구들 사이에서 매우 인기 있는 아이인 것처럼 보일 수 있다. 혹은 학교의 "주류그룹"에 속하지 않은 친구들로 이루어진 조그만 서클에 속해 있을 수 있다.
- "이따가 수업 끝나고 밤중에 보자!" 같은 남의 목을 조이는 위협을 하고 있을 수 있다.
- 어른 앞에서는 "착한" 아이지만, 다른 아이들에게는 폭력을 휘두르는 어른을 잘 속이는 사람일 수 있다.
- 낮은 자기 개념을 가지고 있을 수 있다.
- 남을 괴롭히고 폭력을 행사하는 것 외에는 다른 사람들과 어떻게 관계를 맺어야 할지 다른 방도들을 알지 못할 수

있다.
- 폭력을 통해서 쾌락을 구하고 있을 수 있다.
- 우리가 괴롭히고 있는 아이들보다 더 나이가 많고 체격이 클 수 있다.
- 우리는 하나님의 형상으로 만들어졌다는 것을 기억하자.

학교폭력을 방지하기 위해서 우리가 함께 해야 할 일은 무엇인가?
- 학교폭력은 행정직원, 교사, 스태프, 자원봉사자, 학부모와 학생을 포함한 학교 전체 공동체에 해당하는 이슈다.
- 전체 학교 공동체는 말과 행동에 있어 관대, 돌봄과 우정의 본이 된다.
- 전체 학교 공동체는 학교폭력의 방관자가 되려는 유혹을 물리쳐야 한다. 사고가 발생했거나 사고가 날 징후가 보이면 즉시 학교생활위원회 Community Life Committee 의 감독에게 알려야만 한다. 감독은 2년 임기로 선출되는데, 행정직원과 교사, 스태프들 가운데서 선발한다. 학교생활위원회는 다음 각 분야에서 해마다 2명씩 선출된 사람들로 구성된다. 행정직원, 교사, 다른 스태프들, 10살 이상 된 학생들, 학부모, 다른 자원봉사자들. 학교장은 이 위원회의 영구회원이 된다.
- 학교생활위원회는 학교폭력에 관한 주제에 대해서 행정직원, 교사, 스태프들과 자원봉사자들을 대상으로 한 교육을 매년 실시한다.

- 학교생활위원회는 다양성의 가치를 존중하며 지키는 일에 헌신한다.
- 학교생활위원회의 각 구성원은 자발적으로 "친절한 행동"들에 주목해야 한다. 이러한 행동들은 매주 뉴스레터, 이메일, 혹은 다른 적절한 방법을 통해서 홍보해야 한다. 그 대상은 학교의 모든 구성원이 포함된다.
- 학교생활위원회는 학교에서 필요할 때 학교폭력과 연관된 자료들을 제공할 수 있어야 한다.
- 학교생활위원회의 각 구성원은 각 학급의 학생들과 부모 및 직원들에게 소개되어야 한다. 각 구성원들은 학교의 모든 사람들이 알아볼 수 있도록 특별히 제작한 "CLC"라고 적힌 옷을 입고 있어야 한다.
- 학교생활위원회는 학교폭력에 대한 영향력을 넓히기 위하여 실천할 수 있는 절차들의 체계를 발달시켜야 한다.

학교폭력을 방지하기 위하여 교사들은 무엇을 해야 하나?
- 교사들은 폭력을 행사하는 행동들을 무시해서는 안 된다.
- 심지어 개인의 안전이 위험해질 수 있어도, 학교폭력에 개입해야만 한다.
- 수업이나 다른 학교 업무의 시간을 엄수해야 한다.
- 학교폭력에 대해서 학생들과 대화를 나누어야 한다.
- 학교생활위원회에 연락하는 등, 학교폭력을 막기 위한 적절한 조치들을 취해야 한다.

- 자기와 다른 사람들에 대한 존경을 학습하는 것은, 지속적이고 통합적인 커리큘럼의 일부분이다.

학교폭력을 방지하기 위하여 학생들은 무엇을 해야 하는가?
- 학생들은 학교폭력이 무엇인지 인식해야 한다.
- 아무리 자기들과 가장 친한 친구들이 다른 사람들을 괴롭히더라도, 자신은 다른 사람들을 괴롭히지 말아야 한다.
- 학교폭력을 선생님이나, 그들의 부모 혹은 학교생활위원회의 회원들에게 알려야 한다.
- 만일 당신이 괴롭힘을 당하고 있거나 혹은 가해자라면, 학생생활위원회에 속한 회원과 이야기를 나눌 책임이 있음을 인식해야 한다.

학교폭력을 방지하기 위하여 학부모들은 무엇을 해야 하는가?
- 가정에서 공감을 실천하라.
- 만일 당신의 자녀가 학교폭력에 대해서 이야기한다면, 그것을 심각하게 받아들여라. 학교폭력에 관한 정책을 참고하여 즉시 학교에 연락해야 한다.
- 학교의 학교폭력 정책에 익숙해지라.
- 만일 당신의 자녀가 가해자라면, 학교의 도움을 구하라.
- 만일 당신의 자녀가 피해자라면, 자녀가 복수를 하도록 자극하지 말아야 한다.
- 만일 당신의 자녀의 성적이 갑자기 어이없게 떨어진다면,

혹은 슬픔이나 좌절의 표시를 반복해서 표출하거나, 학교 가는 것을 거부한다면, 학교 교장에게 연락해야 한다.
- 사귀는 친구들이 누구인지 주의 깊게 살펴보아야 하며, 그들의 가족들에 대해서 알고 있어야 한다.
- 만일 자녀가 위경련이나 다른 질병을 자주 호소한다면, 자녀의 담임선생님과 만나야 한다.
- 자녀에게 부모로서 당신이 자녀들을 보호해야 할 책임이 있으며, 학교폭력의 문제에 학부모들이 참여하는 것은 당연한 것임을 말해야 한다.
- 자녀들이 자주 접하는 텔레비전 프로그램이나 비디오 게임, 잡지나 영화와 인터넷 사이트 등을 점검해보아야 한다.

앞에서 열거한 학교 정책은 교장이나 종교교육 담당교사, 학생주임 등의 사무실 근처 게시판에 붙여놓아야 한다. 또한 화장실이나 운동장으로 가는 복도처럼 안전하지 못하다고 느낄 수 있는 장소(종종 감독이나 지도가 소홀해질 수 있는 장소)에도 게시해두어야 한다. 이 외에도 학교폭력에 대한 학교 정책들은 사무직원과 자원봉사자, 학부모와 학생들을 위한 핸드북 등 학교의 모든 안내서에 포함되어야만 한다. 학부모들은 학교에서 그 어떤 유형의 폭력도 허용되지 않음을 이해해야 하며, 폭력을 전혀 관용하지 않는 이러한 접근은 학교폭력이 중대한 결과를 야기한다는 점을 정하는 것임을 이해하고 있어야 한다. 나는 아이들이 학교생활위원회에서 봉사하는 것이 매우 중요하다고 믿는다. 어른만이 알고 있어야 할 몇 가지 비밀 유지가 필요한 이슈가 있기는 하지만, 학교생활위원회에서 봉사하는 것은 아이들에게 긍정적이고 유익한 경험이 될 수 있다.

일단 학교폭력의 사례가 학교생활위원회에 보고되면 어떤 절차를 밟아야 할까? 절차 안내서를 작성하는 것은 학교생활위원회가 해야 할 가장 중요한 일들 중의 하나다. 각 학교마다 서로 다른 행정조직과 규율에 대한 이해를 가지고 있기 때문에 여기서 모든 학교에 적용되는 일반적인 절차 안내서를 만드는 것은 불가능하다. 그러나 규율에 관한 특정한 절차를 따른다 하더라도, 거기에는 반드시 피해자 쪽뿐만 아니라 가해자 편에 대한 조치가 포함되어야만 한다.

예를 들면, 이틀 동안 가해 학생에 대한 정학 처분을 내리는 것은 처벌의 의미는 있지만 효과는 거의 없다. 가해 학생의 부모는 학교가 마련한 자녀양육 교실에 참여함으로써 도움을 받을 수 있다. 가해 학생은 교사 중에서 지정된 멘토의 지도를 받는 것이 유익하다. 또한 가해 학생의 경우 자격을 갖춘 치료사의 돌봄 아래에서 같은 가해자들끼리 모여 집단상담을 받는 것도 좋을 것이다. 물론 이것은 정학 처분이 부적절하다는 것을 말하는 것은 아니다. 적절하게 감독을 받는다면, 정학이 가장 적절한 방법이기는 하다.

그러나 가해 학생도 보다 넓은 의미의 가족과 같은 사회체제의 일부분이라는 것을 기억할 필요가 있다. 비록 가해 학생이 하룻밤 사이에 완전히 달라지지 않는다 하더라도 놀라지 말아야 한다. 학교에서 학생을 받아들이기 전에, 심지어는 유치원 아이들일지라도 이미 그 아이의 성격은 그들에게 중요한 어른이나 동료집단에 의해서 형성되어 있다. 때로는 그 아이가 받은 정신적인 상처가 너무 깊어서 장기간에 걸쳐서 전문가의 돌봄 가운데 치료해야만 하는 경우가 있다. 만일 학교가 한 아이를 학생으로 받아들였다면, 심지어 그가 가해 학생이라 할지라도 그 아이와 연관된 전체 구조를(가족 체계를 포함하여) 돌보아야 할 책임이 학교에 있다. 치료를 위해서 모든 방법을 다 동원했지만 결과가 실패로 끝나고, 그 아이로 하여금 학교를 영구히 떠날 것을 요구해야만 하는 아픈 시간이 올지도 모른다. 물론 이것은 가장 최후에 할 수 있는 선택이다.

　이와 마찬가지로, 만일 당신이 돌보고 있는 아이가 학교폭력의 피해자라면, 단순히 가해 학생이나 폭력의 **상황으로부터 떨어뜨리는 것** 이상의 돌봄이 필요할 것이다. 나는 매우 빈번하게 자신의 아이가 왜 학교폭력의 피해자가 되었는지, 그 이유를 조사하지 않은 채 아이가 다시는 폭력의 피해자가 되지 않기를 바라는 마음에서 단순히 학교를 옮기는 부모들을 보아왔다. 이러한 행동은 자기 자녀를 자신을 보호할 수 없는 피해자로 이해하려고 하는 부모들로부터 나온다. 아이들은 이러한 함축적인 메시지를 은연중에 느끼게 되며, 자기가 자신조차 보호할 수 없다고 믿기 시작한다. 분명히, 부모는 자신의 자녀가 학교폭력의 피해자가 되기를 바라지 않는다. 그러나 너무 빨리 모든 문제에 대해서 가해 학생을 비난함으로써, 그러한 폭력의 현장에서 자신의 자녀가 한 행동은 보려고도 하지 않는 부모는, 아이가 새롭게 옮긴 학교에서 다시 학교폭력의 피해자가 되는 것을 겪을 가능성이 매우 높다.

폭력의 남용으로부터 아이들이 안전해야 한다는 것은 매우 중요하고 기본적인 사실임을 기억하는 것이 중요하다. 가해 학생에게 피해를 당한 아이는 학교가 자신을 어떻게 보호해줄 수 있는지 알 필요가 있다. 가해자에게 대처하기 위한 개인적인 기술을 피해학생들이 익힐 수 있도록 성인들이 알려주어야 한다. 예를 들면, 다른 아이들과 짝을 지어서 다닌다든지, 가능하면 가해 학생 곁에 가까이하지 않는다든지, 가해 학생이 하는 비난조의 말을 무시하고 그들에게 "그만 해!"라고 말을 한다든지 하는 등의 방법이 있다. 아마도 다른 사람들과 역할극을 하는 것도 큰 도움이 될 것이다. 이러한 대처 기술은 가해 학생으로부터 즉각적으로 피하는 데 필요한 중요한 방법들이다. 동시에, 그러한 기술들 자체가 목적으로 이해되지 않아야만 한다. 아이들을 돌보는 성인들은 "어느 학교에 가나 왜 이 아이가 반복해서 학교폭력의 피해자가 될까?" 같은 보다 장기적인 질문을 해보는 시간을 가져야 하며, 또 그렇게 해야 할 책임감을 느껴야 한다. 피해 학생과 가족들을 위한 실질적인 도움을 찾는 것은, 아마도 그를 돌보는 보호자들이 그 아이를 위해서 할 수 있는 가장 최상의 일일 것이다. 단기적이고 장기적인 전략 모두 반드시 피해를 당한 학생에게 무엇이 가장 유익한지를 고려해야만 한다.

가해자에게 받은 위협과 그로 인한 모욕은 피해를 입은 어린이나 청소년의 영혼에 깊은 상처를 남긴다. 어떤 아이는 다른 아이에 비해 더 쉽게 학교폭력의 피해자가 되곤 한다. 아이의 내성적인 성격, 자기 개념과 적절한 사회적 기술의 부족 등은 단지 그 아이 혼자만의 문제가 아니라, 그가 속한 가족 전체와 관련된 이슈다. 반복해서 말하지만, 가족을 위한 양육 교실, 자격 있는 치료자에 의한 상담, 멘토링 또는 학교 클럽 활동 등은, 아이를 단지 다른 사람의 공격 목표물로 보는 것이 아니라, 아이 역시 전인격을 가진 존재로서 바라보고자 하는 사람들에게 도움을 준다. 학교가 피해 아이에 대한 치료를 권고하려면 반드시 최근 법규를 점검해보아야 한다.

많은 부모가 자기 아이들이 학교폭력에 연루되어 있다는 소식을 들으면 흥분하고 화를 내는 경향이 있다는 것을 나는 경험을 통해서 알고 있다. 또한 그들은 자녀들이 학교폭력의 피해자가 되는 데 어떤 빌미를 제공했을 수도 있다는 말을 들으면, 자기방어적이 되어 적대감을 표시하기도 한다. 다행히 자녀들을 위해서 무엇이 가장 필요한가를 우선으로 생각하는 대다수의 부모는 그렇지 않다. 그러나 때로는 자신의 자녀에 대한 부모의 기대가 너무나 비현실적이고 높기 때문에, 아이들의 행동과 부모 자신의 행동의 차이를 구분하지 못하는 경우도 있다. 자기 아이들의 행동 패턴을 끄집어냈다는 이유로 우리가 자신을 공격했다고 느끼는 부모를 만날 때마다 우리는 인내해야 하며 적극적인 경청과 돌봄을 실천해야 한다.

나는 이러한 사실을 특히 주일 오전에 펼쳐지는 기독교 교육 프로그램에서 발견하게 된다. 많은 학부모가 주일학교나 성경공부 시간은 마치 주중에 아이들이 다니는 학교의 행동 규칙들이 적용되지 않아야 하는 곳처럼 느끼는 것 같다. 많은 학부모가 주일학교를 아이들이 주중의 빡빡한 학교생활로부터 벗어날 수 있는 한 방법으로 여기고 있는 것이다. 어떤 면에서는 아이들을 계속 챙기고 격려해야만 하는 부모들이 겪는 피로와 일요일 아침 몇 시간만이라도 벗어나고 싶은 유혹을 이해할 만하다. 그러나 일요일 오전(혹은 일요일이나 수요일 저녁 등)이 모든 것으로부터 자유로운 행동을 할 수 있는 때라는 식으로 아이들에게 비쳐서는 안 된다. 행동의 규범들이 일주일 내내 일정하게 유지되어야 한다는 말이다.

때때로 우리는 주일학교에서 가르치는 교사들을 위해서는 최소한도의 기준만을 가지고 있는 경우가 있다. 부모로서, 우리는 심지어 일요일 오전에만 진행되는 짧은 프로그램들일지라도 교사 훈련에 높은 수준을 유지해야만 한다는 목소리를 내야 한다. 어린이들은 반드시 어린 시절부터 안전하게 교회활동을 해야만 한다. 왜냐하면 아이들이 하나님의 사람으로서 적절한 삶의 방식들을 배우는 것은 바로 교회에서 배우는 훈련으로부터 시작하기 때문이다. 그리고 교회 활동에서 그리스도인의 삶이 가지는 관계적인 실천들을 보다 구체적이고 좀더 강력하게 배울 수 있는 것은 바로 예배를 통해서다.

학교에서 덕목들을 가르치기

현재 공립학교에서는 인성교육과 그것의 가치에 대해서 활발한 관심을 보이고 있다. 공립학교의 인성교육을 위해 힘쓰고 있는 리더들은 "종교적이고 문화적인 차이들을 초월하여, 모든 인간 안에 존재하는 보편적인 인간성을 표현하는"[3] 가장 기본적인 가치들이 분명히 있다는 것을 강조하고 있다.

우리는 하나님에 의하여 하나님을 위하여 창조되었으며, 하나님은 인간을 하나님 자신에게 이끌기 위한 노력을 절대로 쉬지 않는다는 것이 이 책의 논점이다. 더 나아가 하나님은 생명을 주시며 희망으로 가득 찬 영광송(하나님에 대한 찬양)의 삶으로 인간을 초청하신다. 나는 모든 긍정적인 인간 가치들이 하나님으로부터 나온 선물이라고 주장하고 싶다. 모든 인간이 보편적인 인간성을 가지고 있는데, 그 이유는 오직 우리 모두가 하나님의 형상으로 창조되었기 때문이다. 모든 긍정적인 인간 가치들은 종교적이고 문화적인 차이들을 초월해서 생긴다기보다는, 인류가 하나님을 구체적으로 경험하며 반응할 때 가능한 것이다. 우리가 다양성을 가지고 있는 것은 바로 각 문화적 집단들이 가진 가치들의 특이성 때문이다.[4] 모든 문화적 집단이 각기 다른 가치를 가지고 있다고 가정한다면, 우리의 목적은 지구상에 존재하는 모든 장소의 모든 사람들에게 적용할 수 있는 보편적인 덕목들의 리스트를 만들려는 것이 아니다. 그보다는, 각자의 다양성 안에서 서로의 목소리를 적극적으로 경청하게 하는 게 우리의 목적이다.

전통적인 기독교 덕목들

덕목virtues의 이슈에 매우 민감하게 관심을 가지고 있는 종교 공동체를 하나 들라면 기독교 공동체를 말할 수 있다. 가치에 대한 전통적인 기독교적인 이해는 기본적인 덕목과 신학적인 덕목, 성령의 선물과 성령의 열매 사이의 차이를 구별하는 것이다. 어떻게 이러한 덕목들이 학교의 일부분이 될 수 있는지를 말하기 전에, 이러한 기독교적인 덕목들이 어떻게 역사적으로 이해되어 왔는지 간략하게 살펴보도록 하자.

4세기경 니사의 그레고리우스는 "덕목을 지키는 삶의 목적은 하나님처럼 되는 것이다"[5]라고 하였다. 이것은 우상화하는 말이 아니라, 기독교의 훈련을 강조한 말이다. 그레고리우스는 한 덕목을 행한 후에 다른 덕목을 실현하고자 하는 사람은 모든 덕목들에 참여하는 것과 같은데, "왜냐하면 다른 덕목들로부터 분리된 그 어떤 유형의 덕목도 그 자체로는 완전한 덕목이 될 수 없기 때문이다"[6]라고 말하고 있다. 기독교 덕목들은 서로 분리되거나 그렇다고 독립적이지도 않은, 덕목들 간에 깊이와 이해를 돕는 상호의존적인 특색을 지닌다. 전통적인 기독교의 "기본적인" 덕목은 분별, 절제, 용기, 정의를 포함한다. 이러한 덕목들은 시간이 흐름에 따라서 훈련, 교육, 선택 등을 통해서 발전되어왔다. 분별력이 있는 사람은 기독교적인 원리들에 기초한 건강한 결정을 내릴 수 있는 사람이다. 절제력이 있는 사람은 절도 있는 생활을 하는 사람이다. 정의로운 사람은 공익을 위해서 일하는 사람이다. 그리고 용기 있는 사람은 도덕적인 확신과 강함을 지닌 사람이라고 할 수

있다.[7]

기본 덕목들과 그리스도인의 삶

앞에서 언급한 네 가지 기본 덕목이 특별히 그리스도인들에게 주는 유익이 무엇인가? 사실 그리스도인들 외의 모든 사람도 앞의 기본 덕목을 잘 실천할 수 있다. 신학적 덕목들은 기본적 덕목들이 기독교적인 면에 중점을 둘 수 있도록 도와준다. 신학적인 덕목은 믿음, 소망, 사랑이다. 믿음, 소망, 사랑은 모든 윤리적인 행위의 기초로서 하나님으로부터 부여받은 선물이다. 우리는 이 땅 위의 그 무엇보다도 하나님을 사랑하고 타인을 내 몸과 같이 사랑할 수 있는데, 그것은 오직 성령이 역사하심으로써만 가능하다. 믿음과 소망도 사랑과 똑같은 관점에서 설명할 수 있다. 신앙과 우리의 삶을 연결 지으며 산다는 것, 또는 운명주의 대신에 소망을 안고 살아가는 것은 우리의 의지만의 문제는 아니며, 성령의 임재하심의 증거인 셈이다.

성령이 주시는 도덕적인 삶의 열매들은 희락, 화평, 인내, 온유, 양선, 절제, 친절, 착함, 자비 등이다. 친절 혹은 양선 없이는 성령의 열매들이 기본적인 덕목들을 안내하거나 지도할 수 없는 것처럼 보인다. 도덕적인 삶은 성령이 우리에게 선물로 주시는 성향에 의해서 유지된다. 예를 들면, 지혜, 이해, 상담, 강인함, 지식, 경건과 하나님에 대한 겸손한 경의 등이다. 지혜는 단지 인간이 만들어낸 어떤 것으로서 이해될 뿐만 아니라, 하나님이 우리에게 주신 것으로, 곧 우리가 하나님께로 더 가까이 다가가도록 주

신 것으로 이해할 수 있다.[8]

이제 기독교 학교와 덕목들의 관계에 대해서 이야기해보자. 기독교 학교에서 덕목의 실천은 아이들을 "착한 소년 소녀들로" 만드는 것이 주목적이 아니다. 또한 그들을 충성심으로 가득한 아이들로 만들려는 것도 아니다. 기독교 학교에서 기독교 덕목들을 실천하는 것은 하나님과 이웃을 향한 우리의 사랑이라는 태도와 실천적 행위의 패턴을 인정하는 가장 필수적인 방법, 즉 한마디로 말하자면 공감의 실천인 것이다. 기독교 덕목들의 실천은 기본적으로 우리를 돌보시는 하나님을 찬양하는 행위인데, 결국 그러한 행위들은 돌봄과 비폭력의 실천이라고 할 수 있다.[9]

기독교 가정에서 자란 아이들이 처음 학교생활을 시작할 때부터, 앞에서 강조한 네 가지 기본적인 덕목들을 그들에게 강조하는 것은 매우 필요한 일이다. 그리고 어른들도 도덕적인 행동과 그리스도인으로서 해야 할 덕목들을 이해하는 것 역시 중요한 일이다. 그리스도인들이 기본적인 덕목들을 이해하는 기본적인 틀(신학적인 덕목들과 성령의 선물들/열매들이라는 체계) 안에서, 진지하게 하나님의 영광을 찬양하기를 갈망하는 구체적인 묵상과 행동이 이루어진다.

기독교 교육의 덕목들

나는 주류 개신교와 가톨릭의 많은 교회가 덕목에 대한 기독교적인 이해를 잊어가고 있다는 사실을 우려하고 있다. 2년 전, "어린이들의 도덕적인 삶"이라는 과목을 대학원에서 가르칠 때,

나는 그리스도인 학생들에게(모두가 목사 안수를 준비하고 있었다) 그들의 삶을 인도하고 있는 기본적인 가치들을 어디에서 배웠느냐고 물어본 적이 있다. 대부분의 학생들은 이십대 후반이었다. 나는 학생들이 가족이나 교회 혹은 영향력 있는 기독교 인물로부터 도덕적인 삶을 위한 가치들을 배웠다고 말할 것을 기대했다. 그런데 그들이 한 대답 대부분은 내가 기대한 것과는 사뭇 달랐다! 대답은 "저는 텔레비전 어린이 프로그램인 세서미 스트리트Sésame Street에서 도덕적인 삶에 대해서 배워왔습니다"라는 것이었다. 나는 학생들의 말을 듣고 깜짝 놀랐다.

학생들은 세서미 스트리트에서 성별이나 인종 혹은 경제적인 계급에 관계없이 모든 사람들을 배려하는 것이 중요함을 배웠다. 그들은 갈등의 상황을 어떻게 해결해야 하는지도 배웠다. 또한 공공장소에서 어떻게 행동해야 하는지, "죄송하지만"과 "고맙습니다"를 어떻게 말해야 하는지, 전화로 어떻게 예의 바르게 말하는지, 그리고 여러 유형의 장애를 입은 사람들을 어떻게 자기 그룹의 한 구성원으로 초청해야 하는지 등에 대해서 배웠다. 어른들의 죽음에 어떻게 적절하게 반응할지 그리고 인종 간의 결혼을 어떤 식으로 축하해줄 수 있는지에 대해서도 알게 되었다. 나는 다음과 같은 질문을 학생들에게 던졌다. "여러분은 교회 주일학교 시간이나 기독교 학교에서 도덕적 행동들에 대해서 배웠던 것들은 기억나지 않나요?" 학생들의 한결같은 대답은 "네, 안 나요!"였다. 학생들은 기독교 신앙의 내용들은 참 좋았지만, 실제적인 매일의 삶에 대한 이슈—도덕적 이슈—는 거의 듣지 않았는

데, 그 이유는 교실에서 그러한 이슈를 다루기에는 너무나 시간이 부족했기 때문이었다고 했다.

예배는 공감을 실천하기 위한 장으로서 이해할 수 있다고 우리는 말해왔다. 그러나 우리는 사람들이 그러한 일이 어떻게 가능한지를 "새로운 시각"을 가지고 바라볼 수 있도록 도와주어야만 한다. 따라서 성품의 형성과 함께 우리는 네 가지 기본적인 덕목들이 어떻게 성령의 임재와 사역의 필수적인 부분이 되는지를 사람들이 "새로운 시각"을 가지고 바라볼 수 있도록 도와줄 필요가 있는 것이다.

다시 한 번 말하지만, 기독교 학교, 주일학교, 성경공부 프로그램들과 다른 교육 환경들에서 기본적인 덕목들에 중점을 두는 것은 매우 적절한 일이다. 기본적이고 신학적인 덕목들을 담은 포스터를 교실이나 복도에 붙인다거나, 그러한 가치를 학교의 전체 커리큘럼에 포함시킨다거나, 학교의 사명선언문에 가치들을 강조하거나, 덕목들에 대한 특별 프로그램을 진행하는 것 등은 정말로 필요하고 그렇게 해야만 하는 일들이다. 그러나 기독교 학교가 도덕주의에 빠지지 않기 위해서, 앞에서 강조한 덕목들은 그리스도인의 삶이 세상과 구별된 독특한 점이 있다는 것을 이해할 수 있는 통로로서 그리고 하나님을 만날 수 있는 통로로서 이해되어야 한다.[10]

덕목들을 가르칠 수 있는가?

내가 사람들로부터 자주 받는 질문은 윤리나 도덕을 가르칠 수 있는지의 여부다. 그런 질문에 대한 나의 대답은 도덕적인 삶은 타인을 본받는 것을 통해서, 그리고 구체적인 상황에서 벌어지는 행동과 결정에 대한 성찰을 통해서 가르칠 수 있다는 것이다. 여기서 내가 말하는 "구체적인 상황"이란 무엇을 의미하는가? 교사는 교실에서 하는 행동에 책임이 있다. 유치원으로 거슬러 올라가면, 교사는 학기가 처음 시작될 때 교실에서 용납할 수 있거나 혹은 용납할 수 없는 행동에 대해서 학생들과 이야기할 수 있다. 어린 학생들도 교실에서 용납할 수 있는 행동에 대한 규칙들의 중요성을 이해할 수 있다. 이러한 행동 규칙들을 학급 게시판에 붙이고 학기 내내 참고하고 때로는 수정할 수 있다.

  교사와 학생들의 안전을 위해서 마련한 그러한 행동 규칙에 대해서 명확하게 알기 시작할 때, 다른 주제들이 생길 수 있다. 예를 들면, 많은 아이들이 일곱 살쯤 되면 E. B. 화이트White가 쓴 책인 『트럼펫 부는 백조 루이』The Trumpet of the Swan, 주니어랜덤 역간 [11])를 읽거나 이해할 수 있다. 그 책에서 제기하고 있는 도덕적인 딜레마(어떤 상황에서는 도둑질이 적절할 수 있지 않은가?)는 "나는 선하거나 올바른 것을 어떻게 선택하는가?"[12]라는 질문을 아이들이 던지도록 자극을 주는 데 도움이 된다. 자유라는 개념에 대한 이해가 특히 공정성의 이슈를 중심으로 대두될 수도 있다. 열 살이나 열한 살쯤 되면, 많은 아이들은 자신의 삶의 이야기들이나 자신과는 매우 다른 관점을 가지고 있는 타인들의 시각에서 화이트가 제기한 도덕적인 딜레마를 해석하기 시작한다. 문학책과 다른 예술 작품들, 학교생활, 친구들과의 교제, 교회생활 등으로부터 떠오르는 도덕적

딜레마들이 "영구히 지속되는 삶의 상황들"[13)]로서 이해될지도 모른다. 즉, 똑같거나 유사한 도덕적 딜레마들이 삶을 살아가는 과정에서 반복해서 다시 나타나고, 재해석되며, 이야기될 것이다.

교사가 교실에서 맡고 있는 학습 공동체의 행동에 대한 책임을 느낄 수는 있지만, 그렇다고 해서 교실에서 학생들이 보여주는 윤리적인 모습이 다른 상황들에서도 그대로 나타날 것이라고 추측할 수는 없다. 아이들이 삶 속에서 만나는 각각의 상황은 각기 다른 관계적인 패턴들을 담고 있기 때문이다. 때때로 어떤 윤리적 행동이 다른 영역으로 전이될 수 있지만(특히 만일 상황들이 서로 유사하다면), 대부분의 경우 그렇지 못하다는 것을 염두에 두어야 한다. **교실에서 보여주는 그리스도인다운 아름다운 실천적 행동이 다른 상황에서는 나타나지 않을지도 모른다. 그러나 여전히 학생들이 함께할 때 교실은 안전, 돌봄, 환대와 우정이 실현되는 곳이다.** 학교 전체의 기풍이 교실에서의 가르침과 배움의 현장에서 실천된다면, 그 학교 자체가 기독교 덕목을 실천할 수 있는 안전한 장소가 된다. 가정에서 실천되던 가치들이 학교에서 경험하는 가치를 강화할 수 있을 때(혹은 반대로 학교에서 배운 가치들이 가정에서도 실천될 경우), 학교와 가정 사이의 학습의 교류가 보다 활발하게 발생할 가능성이 높다. 그러나 앞서도 말했지만, 학교라는 상황에서 잘 적용되었던 가치들이, 아이들의 삶 속에서 펼쳐지는 다른 장소(가정이나 교회 그리고 여가를 보내는 곳과 같은)에 그리 쉽게 적용되지는 않을 수 있다.

주일에 이루어지는 많은 성경교리 학습시간과 주일학교 프로그램에서, 교실 규칙과 윤리적 행동의 이슈가 점점 더 문제가 되고 있는데, 그 이유는 주일날 그리고 주일학교에 출석하는 아이들의 숫자가 점점 더 오락가락하기 때문이다. 이러한 여건에서 배움의 공동체가 형성되기는 어려울 수밖에 없다. 매주 학생들의 출석에 변동이 많을수록, 교사들은 매번 수업을 시작할 때마다 교실 규칙을 반복해서 알려주어야 하는 것이다. 학생들이 집으로 가지고 가는 학교 통신문에는 반드시 적절한 행동 규칙들이 포함되어야만 한다. 여기에는 쉬운 답이 없지만, 수업은 일정한 구조가 없는 상황에서는 잘 이루어지지 않는다. 수업에 적합한 구조가 형성되면 학생들은 안전감을 느끼는데, 이러한 안전감 속에서 학생들은 창의성을 발휘할 때 불가피하게 경험하는 위험을 기꺼이 감수하려고 한다. 교실의 분위기가 혼란스러울수록, 학생들은 신선한 방식으로 생각할 모험을 감수하려고 하지 않는 것이다.

영광송으로서의 덕목들

학교에서 적용되고 있는 가치들은 아마도 영광송의 의미가 삶 속에서 실천적으로 드러나게 격려하는 역할을 할지도 모른다. 그 가치는 어떤 삶을 살아야 하며, 어떤 사고를 해야 하는지, 그리고 어떻게 행동해야 하는지 등에 대해서 올바른 시각을 갖도록 한다. 우리는 덕목과 그리스도인의 삶에 대한 논쟁이 수세기 동안 교회 안에서 초교파적으로 이루어져왔다는 사실을 성 그레고리우스와 같은 교회사에 나오는 인물들의 저서를 통하여 알고 있다. 기본 덕목들은 교회 안팎의 사람들이 공통으로 사용하고 있지만, 그러한 기본적인 덕목들을 기독교적으로 이해할 때 가장 구별되는 점은, 그러한 기본적인 덕목들이 신학적인 덕목 및 성령의 은사와 연결된다는 것이다. 교실에서 이러한 덕목들이 실천될 때, 신앙과 삶 속에서 영광송을 깊이 묵상하고 해석하고자 하는 사람들 사이의 적절한 관계가 이루어지게 한다. 덕목들은 교육의 목표라기보다, 그리스도인들이 신앙 공동체로서의 삶을 형성하는 데 반드시 필요한 가치로 간주되어야 한다. 학교 차원에서 주의 깊게 덕목들을 묵상함으로써, 교사들과 학생들은 특별한 질서를 이루는 데, 예를 들면, 돌봄과 우정과 환대가 함께하는 삶의 특성을 이루는 그러한 문화적 질서를 세우는 데 다시 한 번 헌신할 수 있다. 덕목들과 구체적인 상황 속에서 벌어지는 삶의 의미에 대한 해석, 그리고 어떤 선택을 할 것인지에 대한 학습은 나이를 초월하여 "하나님을 닮은 존재"—이 세상 속에서 하나님이 행하시는 영광스러운 일에 동참하는 협력자—가 되기 원하는 모든 사람에게 가장 필수적으로 필요한 것들이다.[14]

사려 깊은 비판의식

신학자 캐서린 모리 라쿠나는 우리가 1장에서 살펴본 바 있는 영광송을 하나님을 찬양하는 것으로 정의했다. 그녀는 우리로 하여금 영광송을 "불의와 편견과 증오에 적극적으로 저항하는"[15] 한 방법으로 생각하도록 이끈다. 라쿠나는 우리가 가정에서 읽을 거리들과 다른 매체들에 접근하는 방법들에 대해서 생각하도록 돕는 아주 귀중한 범주들을 제공해주고 있다. 적극적인 그리스도인의 삶이란, 다름 아닌 깊은 배려심을 갖는 것인데, 그것은 바로 지금 언급하는 "사려 깊은 비판의식" critical literacy 이다. 비판적이란 말은 화를 잘 내거나 혹은 비판을 일삼는 것을 의미하는 것이 아니다. 여기서 이 말은 건설적으로 사려 깊은 것을 뜻한다. 우리는 우리 스스로가 주위의 모든 것을 받아들일 수 있거나 받아들여야만 하는 중립적이거나 수동적인 스펀지가 아닌, 오히려 그러한 것들을 숙고하고, 해석하며, 평가하는 존재라고 생각한다. "사려 깊은 비판의식"은 마음을 집중하는 것과 연관이 있다. 사려 깊은 비판의식은 서적들과 대중매체의 가치들을 신중하게 평가하는 것을 가리키는데, 그 목적은 하나님에 대한 영광송과 현재 보고 있는 것 혹은 읽고 있는 것 사이의 차이점(혹은 유사점)을 의식적으로 깨닫기 위해서다.

1. **주위에 있는 것 평가하기.** 간단한 예를 한번 살펴보도록 하자. 우리는 라쿠나에 대해 이야기하면서, 영광송이 적극적으로 불의와 편견과 증오에 대한 거절이라는 주제들을 내포하고 있다고 말했다. 우리는 또한 영광송의 실천 행위들은 공감과 우정과 환대와 돌봄의 실천이라고 말해왔다. 그런데 만약에 우리가 이러한 간단한 기준들을 십대 아이의 방에 있을 법한 최근호 스포츠 잡지에 적용하면 어떻게 될까? 해마다 이 잡지는 비키니 수영복 차림의 여성 사진을 실은 특집판을 펴낸다. '인기 있는 이 잡지의 수영복 특집판에 십대 아이들은 열광적으로 매료당하고 있다. 아

들 녀석의 기독교계 고등학교에 다니는 친구들은 한 번쯤 그 잡지 책을 본 적이 있다. 이 아이들을 돌보아야 하는 성인 그리스도인으로서, 나는 무엇을 해야만 하는가?

아이들과 함께 앉아서 그들이 읽고 있는 책들과 잡지들을 읽거나, 그들이 방문하는 웹 사이트에 대해서 이야기를 나누는 것 등은 매우 필요한 일들이다. 스포츠 잡지에 실린 여성들의 사진들이 우리가 하나님을 찬양하는 데 도움이 되는가? 술병이 놓인 곳에서 여성들이 포즈를 취하고 있는 광고가 우리에게 무엇을 말하고자 하는가? 사진에서 여성의 목이 잘린 채, 신체의 다른 부위들만 보여주고 있다면, 그것이 우리가 여성에 대한 우정을 향상시키게 할까, 아니면 여성들을 사용 가능한 물건으로 취급하게 만들지 않을까? 또한 남자들이 즐겨 보는 잡지에 나오는 수영복을 입은 여성들처럼 완벽한 몸매를 갖추지 못한 여성들은 그러한 사진을 볼 때 어떤 느낌을 가질까? 그러한 잡지들을 탐독하고 나서, 남자들은 그들 자신과, 타인들 그리고 이 세상에 대해서 돌봄이나 환대의 감정들을 발달시키는가?

대중문화는 그러한 잡지들의 유포를 통해서 무의식적으로 여성들에 대하여 폭력을 행사하기 때문에, 보통 십대 청소년이 그러한 문화가 뭔가 잘못되었다는 것을 깨달을 가능성은 매우 적다. 하나님을 찬양하기로 선택했다는 것은 우리가 경험하고 있는 것들 가운데 어떤 것들을 포기하기로 결정했음을 의미한다. 인내라는 기본적인 덕목은 거의 모든 것을 너무도 쉽고 빨리, 즉시로 이용할 수 있는 우리의 문화에서는 많은 것을 포기해야만 얻을 수 있는 가치다.

2. 사려 깊은 사람이 되는 것은 그리스도인의 선택이다. 이 책을 읽는 독자들 가운데는 "하지만 만일 읽거나 보는 모든 것에 대해 사려 깊은 태도를 취한다면, 나는 종말이 올 때까지 탈진해 버리고 말 거야. 학교가 끝나거나 직장에서 퇴근한 후에 내가 가장 하고 싶은 일은 쇼파에 앉아서 텔레비전을 보면서 아무 생각도 하지 않는 건데…"라고 말하고 싶을지도 모른다. 사실, 그런 의견은 당연히 나올 법하다. 현대 문화 속에서 사람들은 너무 많은 일을 하는 나머지, 대부분은 퇴근 시간이 다가오면 너무나 피곤해서 파김치가 되기 마련이다. 그러나 우리의 마음이나 윤리 의식을 단지 중립에 놓는 것보다, 다른 방법으로 피곤한 우리 몸과 마음에 여유를 주고 휴식을 취할 수 있다. 수년에 걸쳐 우리가 해왔던 습관적인 휴식 패턴들은 깨기 어렵지만, 만일 관습을 깨야겠다는 선택을 한다면 아주 불가능한 것만은 아니다. 때때로 그리스도인이 된다는 것은 문화를 거슬러가야 하는 것이며, 그 어느 때보다도 더 오락에 물든 현대 문화에서, 그리스도인의 대항문화적인 자세는 더욱 요구된다고 할 수 있다. 스포츠 잡지와 연관 지어서 언급했던 사려 깊은 사람이 되는 훈련은 그와 유사하게 텔레비전 프로그램, 영화, 웹 사이트, 만화, 비디오 게임 등에도 적용할 수 있을 것이다.

내가 사는 애틀랜타의 한 쇼핑센터에는 매우 인기 있는 비디오 게임 센터가 있다. 많은 아이들과 부모들이 늘 그곳을 방문한다. 나는 너무나 많은 게임들에 의해 압도당하는데, 갈수록 기술적으로 정교해져서 마치 진짜와 같은 사실적인 이미지들, 특히 피가 튀기며 폭력이 난무하는 장면들이 나를 매우 놀라게 한다. 피로 범벅이 된 신체의 일부가 폭파되어 저 멀리 날아가 뒹굴고, 머리와 다리에 총을 맞는 장면이 그려지며, 게임을 다 마치기까지는 숨 막히는 집중력이 필요하다. 그러한 비디오 게임 중 어떤 것을 할 때는 침입자를 죽이기 위하여 총 같은 모양의 전자 장치를 직접 사용해야 하는 경우도 있는데, 점수를 얻으면 일종의 성공했다는 느낌을 만끽하게 한다. 아이들은(내가 보기엔 어른들도 예외는 아니다) 이러한 게임을 통하여 다양한 살상무기들과 남을 파괴하는 방법의 전문가가 되는 법을 익히게 된다. 영화 제작자들과 비디오 게임 제작자들이 만든 오락과 군사용 무기/전투 시나리오(예를 들면, 공포영화인 〈썸 오브 올 피어스〉The Sum of All Fears)[16] 등이 의도적으로 혼합된 형태를 일컫는 오락의 군사화 militainment: 오락을 뜻하는 enteratinment와 군대를 의미하는 military의 합성어―편집자 주 추세는 폭력과 애국주의를 교묘하게 연결시킴으로써 현실과 폭력의 경계를 융합하려는 데까지 이르게 되었다. 다른 말로 하면, 이러한 오락의 군사화 현상의 상품들이 바라는 결과는 소비자들이 항상 그 어느 곳에서든지 폭력을 행사할 준비가 되어 있는 것인데, 그러한 폭력을 통하여 애국주의적인 영웅으로 탄생할 기회가 주어진다. 장소를 가리지 않고 경계를 해야만 하는 편집증은 두려움과 아울러 어쩔 수 없이 폭력을 사용해야만 한다는 논리의 근거가 된다. 나아가 폭력 사용에 대하여 우리를 무감각하게 만들며 때로는 동시에 때로는 폭력 사용의 필요성을 찬미하도록까지 만든다.

3. 아이들이 이해하는 방식들을 고려하라. 다섯 살이 채 안 된 어린아이들은(종종 2학년 때까지 해당되는 경우도 있지만) 종종 시늉만 하는 것과 실제의 행위 사이를 분간할 능력이 발달되지 않는 경우가 있다. 또한 성인이 시간을 생각하는 것만큼 어린아이들의 시간 개념이 발달되지 않을 수도 있다. 많은 성인들이 이와 같은 사실을 잘 이해하지 못한다. 뉴욕의 세계무역센터에 대한 공격을 텔레비전이 반복해서 보여준 것은 그러한 어린아이들의 발달을 이해하는 데 도움을 준다. 어른들이 텔레비전을 통해서 세계무역센터 공격을 시청할 때, 깊은 감정들이 꿈틀거린다. 그러나 어른들은 비행기가 세계무역센터에 충돌하는 장면을 반복해서 보여주는 것이 단지 재방송이라는 것을 안다. 그런데 어린아이들은 어른들처럼 시간 순으로 생각하는 능력을 가지고 있지 못하다. 비행기가 공격하는 장면이 재방송될 때마다, 어린아이들은 그것이 마치 처음 공격인 것처럼 생각한다는 것이다.

게다가 환상과 현실 간의 경계가 어린아이들에게는 그다지 명확히 구별되지 않는다. 어린아이들은 격렬한 비디오 게임을 현실에서 일어나는 일로 경험할 수 있다. 물론 이런 경우는 좀더 큰 아이들이나 십대 청소년들에게도 발생할 수 있다. 어린아이들의 경우 만일에 군인의 머리가 잘려나간다 하더라도, 곧 완벽하게 재생할 수 있다는 것을 컴퓨터 게임에서 배우게 된다. 이것은 다른 사람에 대한 폭력 행위들이 어떤 결과를 낳게 된다는 정도의 문제가 아니다. 폭파되어 죽어버린 사람이 다시 살아나는 것이다. 내가 직접 1학년과 2학년 아이들과 면접한 결과 발견한 것은 그 아이들이 연필로 다른 아이들을 찌르거나, 도시락 가방으로 친구들을 때리고, 나무 조각으로 가격했을 때, 실제로 그들이 상처를 받는다는 것에 놀란다는 사실이다. 이러한 일들은 폭력이 상대방들에게 상처를 입힌다는 것을 아는 아이들에게는 일어나지 않는다. 나도 그런 것쯤은 익히 알고 있다. 아이들에게 매우 도움이 되는 교육용 비디오 게임들이 있다. 그러나 아이들은 폭력 장면이 들어 있는 비디오 게임들에 노출되지 말아야 한다. 아이들이(그리고 어른들이) 폭력을 즐기게 되고 그러한 행위에 자부심을 갖기 시작하면, 인간의 영혼은 쇠락하게 된다. 어린아이들이 폭력적인 비디오 게임을 하도록 허용한다면, 그들의 부모나 후견인들은 아동 학대와 다름없는 죄를 범하고 있는 것이다. 그리고 미성년자는 볼 수 없는 "R"등급의 공포쇼나 폭력과 섹스가 난무하는 영화에 아이들을 데리고 가는 것도 똑같이 아동 학대에 해당된다. 아이들을 보호하는 책임을 맡은 성인들은 아이들이 그러한 환경에 노출되는 것을 막아야 할 책임이 있다.

 4. 오락으로서의 교육. 종교교육가로서, 나는 요즘 아이들은 과도하게 현대 문화에 의해 자극을 받고 있다고 확신한다. 일부 교육가들은 무언가에 집중하는 시간이 매우 짧은 어린아이들의 관심을 잡아놓기 위해서는 "edu-tainment 교육을 뜻하는 education과 오락을 뜻하는 entertainment의 합성어—편집자 주가 필요하다고", 즉 교실에서 이루어지는 교육이 재미있어야 한다고 주장하고 있다. 그들에게는 학습과 열광적인 행동이 동의어에 속한다. 학교 교육은 단지 교육 프로그램을 문화적인 역기능으로부터 보호하기 위하여 학교나 가

정 혹은 교회에서 어른들을 대상으로 하는 시간이 아니다. 아이들은 폭력이나 과도하게 자극적인 것들을 즐기는 데 능숙한 소비자가 되고 싶은 그 어떤 욕구가 아닌, 차분하고 조용한 상태에서 책 읽기를 누리는 경험을 해야 한다. 물론, 이러한 필요성은 어른들에게도 똑같이 적용될 수 있지만, 특히 어린아이들에게는 절대적으로 필요하다.

사려 깊은 비판의식을 영광송으로 인식하기

사려 깊은 비판의식은 문화적으로 젠체하는 것이 아니고, 아이들로부터 재미를 빼앗아 가는 것은 더욱더 아니다. 그것은 하나님을 찬양하는 데 필요한 삶의 태도를 진지하게 받아들이라고 초청하는 것이다. 우리가 살고 있는 이 시대에, 그것은 아이들에 대해서 염려하고 그들을 돌보려는 사람들에게 아마도 가장 중요하고, 동시에 가장 어려운 훈련일 것이다.

예배를 통해서 공감 실천의 중요성 다지기

약 1년 전에, 내가 학교폭력이라는 주제에 대해서 관심을 가지고 있다는 것을 어느 주요 언론사가 알게 되었다. 방송용 카메라를 든 사람이 내가 가르치고 있던 신학교에 들어왔으며, 특별히 매우 솜씨 있는 기자가 나를 인터뷰했다. 그 후 인터뷰를 촬영했던 카메라맨과 함께 아이들을 키우는 방법과 학교폭력이라는 주제가 오늘날 우리 사회에 얼마나 중요한지에 대한 나의 접근들에 대해서 오랫동안 이야기를 나누었다. 일주일 후에 그 방송국의 편집자로부터 연락이 왔다. 그녀는, 인터뷰는 잘 되었는데 시청자들에게 도움이 될 만한 학교폭력을 영적인 위기로 다루고 있는 자료들에 대해서 내가 언급을 하지 않았다고 말했다. 나는 편집자에게 마침 그 주제에 대한 책을 쓰고 있다고 말했지만, 그녀는 지금 당장 구할 수 있는 구체적인 자료들을 원하고 있었다. 나는 어린이와 청소년, 그리고 성인들이 공감을 실천할 수 있는 가장 기본적인 공공장소는 지역 교회나 유대교 회당 그리고 사원 등이라고 대답했다. 또한 각기 다른 종교를 가진 사람들이 하나님과 타인들, 그리고 이 세상에 대하여 자신이 가지고 있는 깊은 믿음들을 성찰하며 삶을 살아가기를 원하고 있음을 알려주었다. 그런데 편집자는 이러한 것들에 대해서는 전혀 알고자 하지 않았다! 그녀는 그저 빨리 처치할 수 있는 방법만을 원했다. 잘 포장되어 있어서 소비적인 대중이 쉽게 이용할 수 있는 그 무언가 말이다. 내가 찍었던 인터뷰 내용은 취소되었고, 결국 방송되지 않았다.

    이것은 그냥 시시한 이야기가 아니다. 오늘날 신앙 공동체를 포함한 우리의 문화 안에서 자주 볼 수 있는 현상을 예시하는 하나의 좋은 사례다. 그러한 현상은 지역에 산재해 있는 종교기관들이야말로 환대와 돌봄과 우정의 행위들을 통하여 공감을 실천할 수 있는 핵심 장소라는 것을 무시하고 있다. 교회에서 드리는 예배가 사실은 공감을 실천하는 삶을 살아가도록 영감을 주는 공간이라고 생각하지 않는 경우가 대부분이다. 물론 일부 종교 공동체들이 비관용과 폭력과 증오를 촉진하고 있는 것도 사실임을 우리는 잘 알고 있다. 그러나 나는 전 세계에 흩어져 있는 대부분의 종교 공동체들이 사람들에게 생명과 희망으로 가득 찬 믿음을 실천하라고 격려함으로써 평화와 정의를 추구하고 있다고 주장하고 싶다. 내 생각에는, 현대 종교 공동체들이야말로 의식적으로 공감을 실천할 수 있는 이 시대의 최후의 보루다. 빠른 해결책을 구하며, 개인주의적이고 자기 스스로 해결하는 것을 강조하는 문화 속에서, 하나님을 찬양하는 삶에 관심을 갖는 신앙 공동체들은 너무도 빈번히 잊히거나 간과되어간다. 애틀랜타의 에모리 대학 캔들러 신학대학원에서 신학과 예배학을 가르치고 있는 돈 샐리어Don E. Saliers는 "기독교 윤리와 윤리적 삶에 대한 질문들은 그리스도인들이 예배를 어떻게 드리는지에 대한 생각 없이는 적절하게 이해할 수 없다"[17]라고 말한다.

몇 해 전에, 지금은 릴리 재단Lilly Endowment, Inc의 종교 분야 부회장이자 미국장로교PCUSA 목사인 크레이그 다익스트라Craig Dykstra는 사람들의 윤리의식을 형성하는 신앙의 실천적 행위들에 많은 관심을 갖기 시작했다.[18] 보다 최근에 그는 발파라이소 대학의 연구 프로젝트인 신앙 교육과 신앙 형성Education and Formation of People in Faith의 책임자인 도로시 배스Dorothy C. Bass와 함께 연구했다.[19] 다익스트라와 배스는 그리스도인의 실천적인 행위들을 "이 세상에 생명을 주시기 위한 하나님의 적극적인 임재에 반응하고 그런 관점에서 사람들이 함께 어울리는 것"[20]이라고 정의를 내렸다. 그들은 "그리스도인의 실천 행위들은 인간이 존재하는 데 필요한 기본적인 욕구들을 드러낸다"[21]라고 주장한다. 이것은 정확히 맞는 말이다. 종교 공동체에서, 특히 예배에서 우리가 함께 하는 실천적 행위들은 긍정적인 인간과 그러한 인간이 되어가는 데 필요불가결한 요소다.

다음에 나오는 몇몇 단락들에서, 우리 교회에서 드리는 예배의 일부분을 설명하려고 한다. 로마 가톨릭 교회에서 나타나는 기독교 신앙이나 공감의 실천적 모습들이 다른 기독교 전통들과는 다를 수 있다. 형제교회Friends, 침례교, 나사렛 교단, 유니테리언 유니버설리스트, 미연합감리교 등은 각기 자신의 종교적인 전통에 따라서 말할 수 있을 것이다. 이런 맥락에서 나는 내가 출석하고 있는 교회가 주일날 드리는 가톨릭 미사에서 나타나는 공감의 실천적 모습들을 묘사하기는 하지만, 그 모습들이 이 책을 읽고 있는 독자들의 것과 같다거나 혹은 더 낫다고 말하고 싶지 않다. 단지 내가 가장 잘 알고 있는 신앙적인 형태이기 때문에 예로 사용한 것임을 말하고 싶다.

그리스도인의 실천적 행위들은 일반적인 관점에서도 이야기할 수 있지만, 그들의 모태인 종교적 전통들 안에서 더 잘 나타난다. 나의 종교적 전통들에서 나온 실천적 행위들을 살펴보는 것이, 독자들이 몸담고 있는 종교적 맥락의 실천적 행위들에 대해서 돌아보는 계기가 되었으면 좋겠다. 다음의 나오는 예를 독자들이 보다 쉽게 이해하기 위해 참고로 말하면, 매 주일 내가(그리고 함께 하는 신앙 공동체가) 그리스도인으로서의 행하는 각각의 **실천적 행위**들을 강조체로 표시해놓았다. 이 예는 독자들의 신앙 공동체가 시도해볼 만한 쉽고 재미있는 훈련이다. 우리는 공감의 발달이 개인이나 집단에서 행하는 폭력을 막는 데 반드시 필요하다는 것을 잘 알고 있다. 교회나 회중에서 행하는 신앙생활이 다름 아닌 하나님을 찬양하는 삶을 살기 위한 존재로서 준비하는 것이라고 생각하는 것은 정말로 희망적이고 흥분되는 일이지 않는가. 예배에서 행하는 그리스도인의 삶의 규범적 실천을 통하여, 우리는 어떻게 다른 사람을 배려하고 환대함으로써 다른 사람과 관계를 갖는지를 배운다. 독자들이 각자의 공동체에서 이미 행하고 있는 신앙의 실천적인 모습들에 관심을 가진다면, 그 다음에 나오는 질문, 즉 "그렇다면 이러한 실천적 행위들의 목적은 과연 무엇인가?"라는 질문은 공감을 길러줄 수 있는 의미 있는 대화로 우리를 초대할 것이다.

예배에서 공감을 실천하기

우리는 예배실로 들어서는 입구에서부터 **인사한다**. 문양이 새겨진 대리석으로 만든 제단, **스테인드글라스** 창문, 매우 아름답게 **페인트칠을 한** 천장으로 되어 있는 교회 안으로 **경외감을 가지고 들어간다**. 앉을 자리를 결정하면서, 우리는 자리에 들어가기 전에 한 번 무릎을 꿇은 후, **기도하며 기대감을 가지고 자리에 앉는다**. 예배인도자들 중 한 명이 **인사를 나눌** 때 우리는 **일어나서** 중앙통로 쪽을 바라본다. 그리고 주위의 잘 알지 못하는 사람들에게 자신을 **소개한다**. 다른 예배인도자가 우리를 죄의 **고백**으로 인도하며, 키리에 엘레이손 Kyrie Eleison, 오, 하나님 저희들을 불쌍히 여겨주시옵소서…에수님…저희들을 불쌍히 여겨주시옵소서…오, 하나님 저희들을 불쌍히 여겨주시옵소서 **노래를 부른다**. 우리는 예배인도자와 회중 사이의 **대화**인 키리에 **성가로써 화답한다**. 예수 그리스도는 단지 성직자만이 아니라 전제 회중 가운데 임재하신다. 우리의 **관심**은 성직자 한 명에게만 있지 않고, 공동체 전체로 향한다. 우리는 새로운 찬송가를 **읽고**, 성가대와 함께 **찬양을 한다**. 파이프 오르간이 **연주된다**. 우리는 중앙통로로부터 평신도가 들고 오는 향의 **냄새를 맡는데**(향은 예배당에 있는 설교단 아래에 놓이게 된다), 그 향은 "하나님께 들려 올라가는" 사람들의 기도를 나타낸다. 우리는 성직자의 가운에 걸쳐 있는 영대, 강대상, 제단을 통해서 한 해 동안에 사용되는 의전과 관련된 색깔을 기억한다. 우리는 **기도를 하기 위해 무릎을 꿇는다**. 구약성경 구절을 들은 후, 시편 51편을 **화답하며 자리에 앉는다**. 사도신경을 **읽은 후** 요한복음 9장을 기초로 해서 만든 **노래를 부른다**. 복음서를 듣기 위하여 우리는 자리에서 **일어나** (부활의 상징으로) 우리의 이마와 입 그리고 심장 부근에서 **조그마한 십자가 표시를 긋는다**. 우리는 상상력과 예술성의 표현인 설교를 듣는다. 니케아 신조를 **암송한다**. 니케아 신조의 일부를 잊어버릴 때, 나는 다른 사람이 하는 말을 듣고 **기억해낸다**. **죄의 용서를 위한 간구**를 전체 회중을 대신하여 평신도 지도자가 한다. **헌금을 걷는다**. 안내위원이 모인 헌금을 **앞으로 가지고 온다**. 회중 중 평신도가 **빵과 포도주를 동시에 취한다**. 하나님으로부터 오는 선물에 대한 기도를 한다. 우리는 "나 같은 죄인 살리신"을 **부른다**. 성가대는 찬송 "내 안에 정직한 영을 창조해주소서"를 **부른다**. 신부는 빵과 포도주를 성별한다. 우리는 성별된 빵과 포도주를 **보고, 기억한다**. 우리는 최후의 만찬 때 예수님이 했던 말들을 **들으며, 빵이 떼어지는 것**을 본다.

우리는 옆에 있는 **사람의 손을 잡으며 주기도문을 할 준비를 한다**. 내 옆에 앉은 사람은 통로에 앉아 있는 다른 사람의 손을 잡는데, 그로써 한 사람도 소외당하지 않는 것이다. 우리는 낯익은 친구들을 **보며**, 스테인드글라스를 **쳐다본다**. 그 순간 어떤 **영감이 떠오른다**. 우리는 **입을 맞추고, 악수를 하며, 손을 흔들고, 미소를 짓거나 격려하는 말을 하고, 서로 안아주는** 행동을 함으로써 예수 그리스도의 평화를 **서로에게 전달한다**. 나는 18개월밖에 안된 아이가 사람들이 즐거워하는 모습을 보며, "평화! 평화!"라고 **소리를 지르는 것을** 듣는다. 게이와 레즈비언, 온갖 잡동사니로 가득한 플라스틱 가방을 손에 쥔 노숙자들, 변호사들, 교사들, 노인들, 청년들, 갓난아이들, 한번도 이 교회에 와본 적이 없는 호기심 어린 여행객들 등, 이 모든 사람들이 **함께 어울리며, 환영받는다**. 평화를 나누는 동안에, 우리는 이 세상에 존재하는 다른 언어와 다양한 억양의 발음을 **듣는다**. 여기에는 많은 종류의 **옷들이 있다**. 정장과 모자, 티셔츠와 샌달, 진바지, 의식복과 멋진 모자, 민소매 옷과 샌들 등. 감정적으로 어려움을 겪고 있는 남자들이 우스꽝스러운 몸동작과 함께 **혼잣말하며**, 어떤 사람들은 이빨 없는 입으로 말하기도 한다. 하나님께 **감사를** 드린다.

우리는 아그네스 데이 Agnes Dei, 하나님의 어린 양…를 함께 말함으로써 **회개한다**. 우리는 함께, "하나님, 저는 당신의 은혜를 받을 만한 가치가 없는 자입니다. 다만 제가 할 수 있는 말은 제가 치유받아야 한다는 것입니다"라고 말한다. 우리는 발로 걷거나, **휠체어를 타며**, 우리 가운데 일부는 빵과 포도주를 **받기 위해 움직인다**. 선명한 푸른색 모자를 쓴 칠십대 후반의 흑인 여성은 **빵을 들고** 내 앞에 서서 "그리스도의 몸입니다"라고 **말하면**, 나는 "아멘"으로 **화답한다**. 빵을 내 입에 넣고, 십자가를 긋고, 내 자리로 **돌아오면**, 뭔가 **변화된** 나 자신을 느낀다.

우리는 모두 **함께 자리에서 일어서서**, 예수님의 열두 제자가 그려져 있는 **천장을 올려보며**, 그 그림들이 불러일으키는 복음서의 이야기들을 **기억한다**. 나는 특히 안드레와 그의 물고기에 관한 **이야기를 좋아한다**. 어느 한 갓난아이가 자리에서 고개를 들며 운다. 우리는 안절부절못할 엄마와 아프고 무서워하는 아이들 위해서 **기도한다**. 지역 사회에 참여할 기회에 대해서 **광고를 한다**. 정치적인 행동, 굶주린 사람들 돕기, 노숙자들에게 쉼터를 제공하기, 종교 교육, 성가대 연습 그리고 주일날 안내위원 등의 광고들이 나간다. 처음 예배에 참여한 사람들을 위한 **환영**의 인사를 신부가 하면, 우리는 그들을 위하여 **박수를 친다**. 우리는 모두 **일어나서** "당신의 자비로 저희들을 품으소서"라는 **찬양을 부른다**. 성찬식을 담당하는 신부가 모든 회중을 대신하여 아파 집이나 병원에 있는 교인들에게 성찬식을 행하기 위해 앞으로 나온다. **교회 행사에 대한 안내**가 뒤따른다. 우리는 십자가 **성호를 그으면서** 성부와 성자와 성령의 이름으로 **축복한다**. "미사가 끝났습니다. 하나님의 **평안 가운데 돌아가시기 바랍니다**"란 말로 모든 예배가 끝난다. **예배**는 이 세상을 향한 **선교**를 위한 준비다. 내 앞에 앉아 있던 할머니는 그녀의 빨간 빗을 들고 헝크러진 가느다란 **하얀 머리를 빗는다**. 검은 눈에 굵은 머리숱을 가진 내 옆에 앉아 있던 노숙자는 내가 가지고 온 신문을 **들고는** "혹시 이것을 **잊어버리지** 않았나요?"라고 **묻는다**. 우리는 이런저런 **농담을 나눈다**. 그는 내가 이번 주 내내 자기가 말을 나눈 첫 번째 사람이라고 **말한다**. 그는 담배와 알코올에 잔뜩 찌들었던지 숨을 가파르게 내쉬고 있었다.

우리는 아랫층에서 다과를 **나누는 시간을 가진다**. 우리는 11월부터 3월까지 매주 토요일 저녁, 교회 지하에 있는 쉼터에 모일 노숙자들을 **섬기기 위하여 서명을 한다**. 나는 하나님의 충만한 선하심에 **경이로움을 느낀다**. 나는 혼잣말로 "이러한 행위들은 정말이지 신실한 가톨릭 신자가 되기 위한 매우 실천적인 노력이야. 이것이야말로 서로를, 우리 자신을, 하나님과 우리의 관계를, 그리고 이 세상과 우리의 관계를 돌보는 실천적인 노력이지"라고 **중얼거린다**. 나는 새로운 사람이 되어서 교회를 **나선다**. 그러나 우리가 다양성 속에서, 예수 그리스도 안에서 하나되는 마음으로 다시 모여 예배를 드릴 다음 주를 기다리는 것이 매우 힘들다.

예배를 통한 공감 실천에 대해 성찰하기

예배는 그리스도인의 삶의 중심이며, 내가 출석하는 교회의 공공 예배는 다른 예배와는 다른 매우 독특한 실천적인 요소들이 뚜렷하게 드러나는 특색을 지니고 있다. 나는 이러한 실천적인 요소들을 하나씩 혹은 함께 행하면서, 사람들에게 공감을 교육하며 훈련시킬 수 있다고 믿는다. 이 책의 초반부에서 공감은 예수님 안에서 우리를 향한 하나님의 마음이라고 강조한 바 있다. 우리의 실천적인 행위들을 통하여, 예수님 안에서 보여주신 하나님의 사랑에 대하여 화답하는 것이다. 또 다른 말로 말하면, 우리는 영광송과 일치되는 그러한 실천적 행위들을 구현하고자 하는 것이며, 그로써 우리는 좀더 공감적인 사람이 될 수 있다. 환대와 우정과 돌봄이라는 일반적인 덕목들은 구체적인 행동 혹은 실천적인 모습으로 이루어져 있다. 나는 앞서 말한 바 있는 발파라이소 대학의 프로젝트의 연구 조사를 바탕으로 앞에서 말한 일반적인 덕목들과 구체적인 실천적 행동에 대한 논의를 이끌어가고자 한다.[22]

환대

다양성을 환영하기. 앞에서 묘사한 것은 도시에 있는 교회의 예배 현장이다. 그 교회에 나타난 다양성은 하나님을 찬양하는 목적에 아주 잘 부합한다. 예배에 참석하는 사람들의 연령대는 갓난아이에서부터 팔십대 후반의 노인들에 이르기까지 광범위하다. 그들이 사용하는 언어들은 세계 각 지역의 언어다. 그러한 언어의 발음은 완전히 존중받고 있으며 차별을 받지 않는다. 노숙자가 부유한 사람들 곁에 앉아 있다. 코트와 타이를 매고 말끔하게 차려입은 사람들이 티셔츠나 민소매 차림의 사람들 옆에 앉아 있다. 게이와 레즈비언들이 그렇지 않은 사람들과 함께 앉아 있다. 혼자 자녀를 키우는 사람들이 손주를 돌보고 있는 할아버지 옆에, 흑인이 아시아인과 함께 앉아 있다. 중동 출신 사람들이 수세대에 걸쳐 이 교회에 출석해오고 있는 백인 남부 출신 사람들 옆에 앉아 있다. 여기서 나는 모든 다양성이 함께하는 것이 항상 쉽다는 것을 말하려는 것이 아니다. 단지 우리가 함께 모일 때 예수 그리스도 안에서 하나가 된다는 것을 말하고 싶은 것이다. 때때로 나는 성찬식을 위해서 앞으로 나오는 모든 사람들을 지켜보면서 내 눈을 거의 믿지 못하곤 한다. 사랑 안에서 서로를 받아들일 수 있는 그리스도인이기 때문에 우리는 환대를 실천하게 된다. 우리의 다양성은 우리가 가장 공통적으로 가지고 있는 것이다. 역설적으로 말하면, 우리의 다양성이 곧 그리스도 안에서 하나임을 느끼게 해 주는 것이다.

경제적인 측면. 우리는 환대의 행위로서 예배를 드리는 동안 헌금을 모은다. 우리와 다른 사람들에게 도움의 손길을 펼치는 것은 적절한 예산이 있을 때에 비로소 가능해진다. 나는 에큐메니컬 지도자들이 예배에서 드리는 헌금에 대해서 비판적으로 생각하고 있다고 들었다. 그들은 예배를 드리는 동안 돈을 걷는 것은 단지 자본주의를 숭배하고 따르는 행위일 뿐이라고 말한다. 헌금을 걷는 것이 자본주의의 타락을 보여주는 것일 수도 있겠지만, 반드시 그렇다고 생각할 필요는 없다. 실제로 헌금은 이미 하나님께 속한 것을 하나님께 다시 돌려드리는 것이다. 이런 의미에서 헌금을 모으는 것은 자본주의 체제를 경배하는 것으로 보기보다는 청지기 의식으로 보는 것이 더 나은 해석이다. 사실, 헌금을 모으는 행위는 탐욕으로 가득한 자들이 부를 더 쌓고자 하는 욕망을 비판하는 것이다.

우리는 모은 헌금이 어디에 사용되는지 알고 있다. 지역, 국가, 그리고 국제적인 차원에서 사회봉사에 헌금을 사용하는 것은 매우 중요한 가치를 지닌다. 또한 이러한 헌신은 단지 돈에 국한되는 것이 아니라, 주중에 벌어지는 교회 사역에 바쳐지는 시간과 재능 또한 포함된다. 서로 섬기는 교회의 리더십을 통해서 우리의 "가치는 물질이 아니라 하나님으로부터 나온다"[23]라는 것과 우리의 물질이 어떻게 교회의 선교, 특히 가난한 사람들, 어린이들, 그리고 노인들을 위해서 사용해야 하는지를 기억할 수 있게 해준다.

동시에, 평신도들은 빵과 포도주를 앞으로 운반한다. 우리는 우리가 모두 빵을 떼며 포도주를 마시는 성찬식에 초대받았다는 것과 하나님께로부터 선물로 받은 일상적인 음식이 영적인 양식이 될 수 있다는 것을 이해한다.

통찰력. 우리가 어떤 행동을 하는 이유들에 대해서 숙고할 때, 우리가 가지고 있는 환대의 잠재력에 자신을 열어놓는다. 닫힌 마음과 닫힌 공동체는 같은 길을 간다. 우리는 특히 설교를 통하여 자신의 경험을 한 번 더 숙고해볼 것을 요청받는다. 성경, 전통, 신학 그리고 이 외의 관점들은 그리스도인의 신앙과 삶에 도전을 준다. 경험 그 자체는 해석의 과정이 없다면 그다지 큰 의미를 가지지 않는다. 신학자 데이비드 트레이시David Tracy는 "인간이 된다는 것은 신중하게 행동하며, 주의를 기울여 결정하며, 지적으로 이해하고, 모든 것들을 경험해야 한다는 것을 의미한다. 우리가 알고 있든지 모르든지, 인간이 되는 것은 곧 솜씨 좋은 해석가가 되는 것이다"[24]라고 말한 바 있다. 미사를 드리면서, 우리는 예수 그리스도의 삶과 죽음, 그리고 부활을 기념한다. 그리고 신앙의 본을 보인 성인들이 우리 주위에 있다는 것과, 하나님을 찬양하는 새로운 삶을 살아야 한다는 사실을 기억한다. 의전에 따른 색깔들을 볼 때, 우리는 일 년 내내 그리스도인의 믿음에 대한 이야기들을 기억하는데, 특히 예수 그리스도의 전 생애에 걸친 이야기들을 마음에 새기는 것이다. 이러한 행위는 그리스도인의 생활을 적극적으로 숙고하는 것이다. 날마다의 생활 속에서 이루어지는 선교뿐만 아니라, 교회가 해야 할 지속적인 선교를 위해서 우리 스스로가 결정한 선택을 행함으로써 교회는 통찰력을 실천하는 것이다. 기독교 교육반을 매 주일 여는 이유는 자신이 경험한 일들을 기독교적으로 해석하는 기술을 갈고 닦을 시간과 기회를 제공하기 위한 것이다.

기억 memory 은 가톨릭 교회에서 드리는 미사에서 매우 중요한 요소다. 초신자들에게 미사는 매우 복잡하고 당황스러운 일일 수도 있다. 예를 들면, 니케아 신조, 주기도문, "하나님의 어린 양" 기도, 또는 "주님, 제 안에 주님을 모시기에 합당치 않사오나"라는 기도, 어떻게 그리고 언제 성호를 그어야 하는지, 그리고 언제 자리에서 일어서고 앉아야 하는지 등은 매 주일마다 반복된다. 나는 니케아 신조를 말하는 것에 대해서 한 번도 싫증을 느끼지 않았다. 나는 이 신조를 말할 때마다 신앙에 대하여 뭔가 새로운 것을 배운다. 분명히, 이러한 모든 기억들은 따분하고 진부할 수 있다. 그러나 신앙을 해석하고 신앙과 삶의 관계를 생각해야 하는 우리의 책임을 기억할 때, 기억은 신앙과 그 모든 관계들을 좀더 깊이 이해하는 데 도움을 주는 도구의 역할을 한다. 내가 신조의 일부분을 잊어버리면, 공동체가 나로 하여금 생각나도록 도와주지 않는가!

우정

용서와 치유. 용서는 예배의 중요한 부분이다. 우리는 개인적인 죄를 고백하며 예배를 시작한다. 성찬식을 거행하는 동안에, 우리는 공동체적으로와 개인적으로 죄를 고백할 기회를 가진다. 주기도문을 암송하면서 우리가 다른 사람들의 죄를 용서한 것처럼 우리의 죄를 용서해달라고 간구하게 된다. 무릎을 꿇을 때마다 우리는 겸손과 섬김의 필요성을 되살린다. 주기도문으로 기도하는 동 안에 서로의 손을 잡는 것과 그리스도의 평화를 서로에게 전하는 행위는 타인과의 관계에 대한 특별한 주의를 필요로 한다. 게이와 레즈비언, 다른 문화적 배경을 가진 사람들, 노숙자와 가난한 사람들, 그리고 부자와 권력을 가진 사람들에 대한 우리의 태도는 서로의 손을 잡거나 혹은 다른 사람의 눈을 바라볼 때 더욱 구체적으로 나타나게 된다.

더 넓은 맥락에서 교회를 볼 때, 참회와 화해의 의식은 자주 베풀어진다. "내적인 참회"는 하나님을 찬양하는 행위 안에서 새롭게 태어난 자로서 살고자 하는 갈망과 굳은 의지를 나타낸다.[25] 용서와 치유는 참회와 더불어 이루어진다.

영적인 치유는 항상 육체적인 치유와 관련이 있다. 가톨릭 신학에서는 마음과 몸과 영 사이의 그 어떠한 분리도 가능하지 않다. 아주 추운 겨울날 노숙자들을 위한 교회의 사역과 애틀랜타의 다양한 에이즈 퇴치 단체들을 돕는 교회의 지속적인 사역은 몸과 영혼이 서로 연결되어 있다는 것을 공적으로 교회가 선언하는 것이다. 또한 교회는 병균으로 감염되고 부상당한 노숙자들의 발을 치료해주는 등의 섬김을 실천하고 가난한 사람들과 노숙자들을 위한 건강보험을 제공하기 위한 노력을 하는 곳이기도 하다.

돌봄

몸 존중하기. 인간의 몸은 예배를 위해 사용하는 도구다. 우리는 걸으며, 무릎을 꿇고, 일어서고, 손을 잡으며, 입을 맞추고, 악수를 하며, 팔을 흔들고, 걷지 못하는 사람을 부축하며, 교회 안에 휠체어를 탄 사람들을 환영하고, 박수를 치며, 머리를 빗는다. 우리는 추운 겨울날 노숙자를 위한 쉼터를 가지고 있는데, 그곳에서 그들은 샤워를 하고, 따뜻한 음식을 먹으며, 매트리스가 깔린 안락한 침대에서 잠을 자고, 옷을 고치기도 한다. 우리는 예배드리는 동안에 예수님의 몸인 빵을 먹으며,[26] 예배 후에는 음료수와 쿠키를 먹는다. 이러한 음식들은 친밀한 관계와 대화를 갖도록 도와준다. 우리는 팔과 손을 사용하여 성호를 긋는다. 우리는 무릎을 꿇으며, 천장을 바라보며, 노래를 부른다. 육체를 가지고 있다는 사실을 받아들임으로써, 우리는 감정을 느낄 수 있다는 즐거움과 아울러 우리의 유한성을 기억하게 된다. 자기의 머리를 빨간 빗으로 손질하던 그 여인은 자신의 몸과 외모에 자신감을 가지고 있는 셈이다.

의미 있게 죽음 맞이하기. 교회에서 사람들과 친밀한 교제를 하는 가운데 나에게 가장 인상 깊었던 것 중 하나는 노인들에 대한 존엄과 존경심이다. 사람들이 보여주는 노인들에 대한 인내, 수용, 돌봄은 내가 거의 예상하지 못했던 수준이었다. 성만찬 담당 사역자가 어쩔 수 없이 예배에 참석하지 못하고 집에 머물러 있어야 하는 사람들이나 환자들을 방문하는 데는 바로 이러한 노인들에 대한 존경심이 담겨 있다. 사제가 주로 성만찬 담당 사역자를 교회에서 예배를 함께 드리지 못하는 사람들에게 보내는데, 이때 성찬용 빵을 가지고 간다.

경외와 경이와 상상력 키우기

창조적인 예술로서 경외와 경이. 경외와 경이를 느낀다는 것은 건강한 종교생활을 하고 있다는 증거다. 경외와 경이에 기초한 삶에 대한 자세를 가지고 있는 아이, 청소년, 어른들은 세상과 다른 사람들을 다른 시각으로 바라본다. 공감을 건강하게 발달시키는 데 필수적인 이러한 기술은 애정 어린 그리고 감정적인 지성을 발달시키기 위한 가장 기본적인 방법이다.[27] 때때로, 어떤 의아함이 "나는 왜 노숙자들이 미사에 참가해야 하는지 모르겠는데?"라고 말하는 경우처럼 무지에서 나올 수 있다. 이러한 질문은 전혀 이상할 것 없는 이해할 만한 의아함이다. 그러나 이와는 다른 종류의 의아함, 즉 경이도 있을 수 있다. 예를 들면, "나는 어떻게 커다란 다양성을 가지고 있는 이 교회가 진심으로 하나님께 헌신할 수 있는지 정말 알고 싶어"와 같은 경우다. 이것은 불가사의한 것에 대한 경탄이다. 이러한 경탄은 오래된 관습과 낡은 사고방식을 깨부술 수 있는 상상력을 요구한다.[28] 창조적인 기술은 우리에게 창의성과 새로운 방식으로 사물을 보라고 격려한다.[29]

우리 교회 건물은 1873년에 지어졌는데, 건물 자체가 우리에게 교훈을 주기 위한 목적으로 만들어졌다. 십자가 모양을 띠고 있으며, 천정에는 열두 명의 사도들이 그려져 있는데, 각 제자들은 삼위일체를 상징하는 나무로 만든 세 꽃잎으로 둘러싸여 있다. 교회 내부에 있는 스테인드글라스 창문들은 우리에게 성경에 나오는 이야기와 성인들을 상기시켜준다. 제단 바로 위에 있는 창문은 예수님의 어머니인 마리아를 상징한다. 이 창문의 정반대편은 파이프 오르간이 있는 성가대석이다. 십자가가 서 있는 장소와 오래된 유화들이 교회의 내부 벽들을 채우고 있다. 죽은 예수를 안고 있는 마리아의 조각이 성소 앞 근처에 있다. 성소 뒤편에는 물이 흐르는 아름다운 세례반(盤)이 있다. 사실 교회로 들어오기 위해서는 이 세례반으로 걸어들어가야 한다고 볼 수 있다.

어느 주일에도 볼 수 있는 성경, 음악, 시각 예술, 그리고 일련의 행동들은 미사 안에 다 통합되어 있다. 우리 교회 건물에 장식되어 있는 예술작품들은 예배드리는 우리 모두에게 높은 수준의 해석력과 경이로움을 가져다준다(놀라운 사실은, 그러한 예술작품들을 해석하기 위해서 우리는 성경과 교회사에 대해서 잘 알고 있어야 한다는 것이다!). 미사가 예술작품 없이도 드려질 수 있을까? 물론 가능하다.

그러나 예술작품으로 인해 매우 특별한 방식으로 각자가 받은 느낌들과 감정들을 표현할 수 있는 능력이 발달할 수 있는 것이다.

일주일 전에, 나는 엄마와 함께 앞줄에 앉아 있던 여덟 살쯤 되어 보이는 한 여자아이를 흥미롭게 지켜볼 기회가 있었다. 예배당에는 할 것, 볼 것, 성가대로부터 들을 것, 그리고 찬송가를 보고 부를 것 등이 너무도 많았다. 그 아이는 다음에는 어떤 순서일까 기대하는 마음으로 목을 길게 늘이고 두리번거렸다. 교회를 떠날 때가 되었을 때, 그 아이는 천장에 그려진 그림들에 눈을 떼지 못해서 엄마가 그녀의 손을 꼭 잡고 있어야만 했다!

예술작품이 불러일으키는 경외와 경이는 나이에 관계없이 모든 연령층의 사람들로 하여금 새로운 방식으로 느끼고 생각하게끔 한다. 교회와, 공립·사립학교 그리고 가정에서 감정들을 가르치고 훈련하는 데 필수적인 것이 바로 예술이다. 예술적으로 보이는 폭력 비디오 게임은 아름다움과 진실을 나타내는 교회 건물에서 볼 수 있는 예술작품과는 전혀 다른 차원의 것들이다. 교회 건물의 예술작품들은 공감을 건강하게 발달시키는 데 필수불가결한 것이라고 할 수 있다.

삶 속에서 영광송을 실천하기

환대(다양성 환영하기, 경제적 측면, 통찰력), 우정(용서, 치유), 돌봄(몸 존중하기, 의미 있게 죽음 맞이하기), 경외와 경이와 상상력 키우기(예술) 등은 공감을 실천하기 위해 필요한 가장 중요한 방법들이다. 만일 공감이 우리의 삶에서 권위를 가진 중요한 사람을 본받아서 주로 학습된다면, 우리 시대에는 교회야말로 사람들이 공감하며 서로 살아가는 방법을 배우도록 도울 수 있는 중요한 공공장소라고 주장하고 싶다. 하나님을 찬양하는 삶을 살아간다는 것은 쉬운 일이 아니며, 때때로 교회조차도 그렇게 하지 못한다. 그러나 예배드리는 회중이 얻는 기독교 신앙의 실천에 대한 새로운 인식은, 이 세상에 깔려 있는 폭력과 침해를 고치는 신앙 공동체의 중요성을 새롭게 이해하는 신호가 될 수 있다. 회중이 그리스도인으로서의 기본적인 실천적 행동을 탐색하도록 도전하는 것은 사회의 공공선을 실행할 수 있는 교회의 잠재적인 중요성을 쌓는 데 정말 필요한 실천적 방법이다. 우리가 예배를 통하여 보여주고 있는 관계들의 패턴은 폭력을 치유할 수 있는 강력한 스승이다.

| 부록 | 참고문헌 |

앞으로의 연구와 분석을 위해서 많은 학술 자료들을 이 책의 주에 제공하였다. 부록에 모아놓은 자료들은 교실이나 가정, 종교 교육 환경이나 워크숍 등에서 보다 "즉각적으로" 사용할 수 있는 것들이다. 학교폭력에 관한 완전한 목록을 만들려는 것보다는, 내가 믿을 수 있고, 학교폭력과 관련하여 함께 일해오던 사람들에게 특히 가치가 있다고 여겨지는 자료들을 포함했다. 여기 나열한 대부분의 자료 안에도 매우 유용한 참고 목록들이 있음을 기억하기를 바란다.

교사들을 위한 자료

Besag, Valerie E. *Bullies and Victims in Schools: A Guide to Understanding and Management.* Milton Keynes, Eng., and Philadelphia: Open University Press, 1989.

Borba, Michele Achieve. *Esteem Builders: A K-8 Self-Esteem Curriculum for Improving Student Behavior and School Achivement.* Rolling Hills Estates, Calif.: Jalman Press, 1989.

Froschl, Merle, Barbara Sprung, Nancy Mullin-Rindler, with Nan Stein and Nancy Gropper. *Quit it! A Teacher's Guide on Teasing and Bullying for Use with Students in Grades K-3.* Washington, D.C.: National Education Association, 1998.

Garrity, Carla, et al. *Bully-Proofing Your School: A Comprehensive Approach for Elementary Schools.* Longmont, Colo.: Sopris West, 1995.

Goleman, Daniel. *Working with Emotional Intelligence*. New York: Banram Books, 1998.

Hoover, John H., and Ronald Oliver. *The Bully Prevention Handbook: A Guide for Principals, Teachers, and Counselors*. Bloomington, Ind.: National Education Service, 1996.

Kreidler, William J. *Creative Cinflict Resolution: More Than 200 Activities for Keeping Peace in the Classroom K-6*. Glenview, Ill.: Scott, Foresman and Company, 1984. 『가르칠 수 있는 용기』(한문화 역간).

Meeks, Linda, et al. *Violence Prevention: Totally Awesome Teaching Strategies for Safe and Drug-Free Schools*. Blacklick, Ohio: Meeks Heit, 1995.

Olweus, Dan, and Susan P. Limber. *Blueprint for Violenc Prevention: Book Nine. Bullying Prevention Program*. Denver, Colo.: C & M Press, 1999.

Palmer, Parker J. *The Courage to Teach: Exploring the Inner Landscape of a Teacher's Life*. San Fraincisco: Jossey-Bass, 1998.

Ross, Dorthea M. *Childhood Bullying and Teasing: What School Personnel, Other Professionals, and Parents Can Do*. Alexandria, Va.: Ameical Counseling Association, 1996.

Stein, Nan, et al. *Bullyproof: A Teacher's Guide on Teasing and Bullying for Use with Fourth and Fifth Grade Students*. Washington, D.C.: National Education Association, 1996.

아동들을 위한 자료

Cheltenham Elementary School Kindergartners, *We Are All Alike... We Are All Different*. Photographs by Laura Dwight. New York:

Scholastic Inc., 1991.

Cohen, Barbara. *Molly's Pilgrim*. Illustrated by Michael J. Deraney. New York: Bantam Doubleday Dell Books for Young Readers, 1983.

Cole, Robert. *The Story of Ruby Bridges*. Illustrates by George Ford. New York: Scholastic Inc, 1999.

Hook, bell, and Chris Raschka. *Happy to Be Nappy*. New York: Jump at the Sun/Hyperion Books for Children, 1999.

Johnson, Julie. *Bullies and Gangs*. Brookfield, Conn.: Copper Beech Books, 1998.

Lobe, Tamara Awad. *Let's Make a Garden*. Scottdale, Pa.: Herald Press, 1995.

McCain, Becky Ray. *Nobody Knew What to Do: A Story Bullying*. Morton Grove, Ill.: Albert Whitman & Co., 2001.

Powell, Jullian. *Talking about Bullying*. Austin, Tex.: Raintree Steck Vaughn, 1999.

Romain, Trevor. *Billies Are a pain in the Brain*. Edited by Elizabeth Verdick. Minneapolis: Free Spirit Publication, 1997.

Sherwood, Jonathan. *Painting the Fire*, Story by Liz Farrington, illustrated by Douglas Moran. Sausalito, Calif.: Enchanté, 1993.

www.bully.org("Where You Are Not Alone")

청소년들을 위한 자료

Banfield, Susan. *Ethnic Conflicts in Schools*. Springfield, N.J.: Enslow, 1995.

Bridges, Ruby. *Through My Eyes*. New York: Scholastic, Inc.,1999.

Coombs, H. Samm. *Teenage Survival Manual*. Glan Ellen, Calif.: Halo Books, 2002.

Frank, Anne. *The Diary of a Young Girl: The Definitive Edition*, New York: Doublesday, 1995.

Kaufman, Gershen, et al. *Every Kid's Guide to Personal Power and Positive Self-Esteem*. Minneapolis: Free Spirit Publishing, 1997.

McGraw, Jay. *Life Strategies for Teens Workbook*. New York: Simon and Schuster, 2001.

Menhard, Roffé Francha. *School Violence: Deadly Lessons*. Berkeley Heights, N.J.: Enslow, 2000.

Merton, Thomas, ed. *Gandhi on Non-Violence: A Selection from the Writings of Mahatma Gandhi*. New York: New Directions, 1965.

Roberts, Anita. *Safe Teen: Powerful Alternatives to Violence*. Vancouver: Polestar Book Publishers, 2001.

성인들을 위한 자료

Cappello, Dominic. *Ten Talks Parents Must Have with Their Children about Violence*. New York: Hyperion, 2000.

Condon, Camy, and James McGinnis. *Helping Kids Care: Harmony Building Activities for Home, Church, and School*. Bloomington, Ind.: The Institution for Peace and Justice and Meyer Stone Books, 1988.

Day, Nancy. *Violence in Schools: Learning in Fear*. Springfield, N.J.: Enslow, 1996.

Dillon, Ilene L. *Exploring Anger with Your Child*. Palo Alto, Calif.: Enchanté, 1994.

Hoertdoerfer, Patricia, and William Sinkford, eds. *Creating Safe Congregations: Toward and Ethic of Right Relations: A Workbook for Unitarian Universalist.* Boston: Unitatian Universalist Association, 1997.

McGinnis, Kathleen and James. *Parenting for Peace and Justice: Ten Years Later.* Maryknoll, N.Y.: Orbis Books, 1993.

Olweus, Dan. *Bullying at School: What We Know and What We Can Do.* Oxford: Blackwell, 1993.

Stern-LaRosa, Caryl, and Ellen Hofheimer Bettman. *Hate Hurts: How Children Learn and Unlearn Prejudice.* New York: Scholastic Inc., 2000.

Woors, William. *The Parent's Book About Bullying: Changing the Course of Your Child's Life, For PCouarents on Either Side of the Bullying Fence.* Center City, Minn.: Hazelden, 2000.

Wuellner, Flore Slosson. *Release: Healing from Wounds of Family, Church, and Community.* Nashville: Upper Room Books, 1996.

좀더 자세한 정보를 문의할 수 있는 기관

The Anti-Defamation League
823 United Nations Plaza
New York, NY 10017
www.adl.org

Center for the Study and Prevention of Violence
University of Colorado
www.cdorodo/edu/cspv

Committee for Children
Information on Bullying and wxual Harassment
www.cfchildren.org

Council for Spiritual and Ethical Education
1465 Northside Drive
Suite 220
Atlanta, Georgia 30318
csee.org

Institute on Family and Neighborhood Life
Clemson University
158 Poole Agricultual Center
Clemson, North Carolina 29634-0132
(864) 656-6271
www.clemson.edu/centers-institutes/ifnl

The Lion and Lamb Peace Arts Center
Bluffton College
280 West College Avenue, Suite 1
Bluffton, Ohio 45817
(800) 488-3257
www.bluffon.edu/lionlamb

Maine Project Against Bullying
National Coalition Building Institute International
1835 K. Street N.W., Suite 715
Washington. D.C. 2006

lincdn. Midcoast.com/~wps/against/bullying.html

Parenting for Peace and Justice Network
The Institute for Peace and Justice
Families Against Violence Advocacy Network
www.ipj-ppj.org

학교폭력 예방 참고도서

『19년간의 평화수업』(콜먼 맥카시 저, 이철우 역, 책으로여는세상, 2007)
『교실평화 프로젝트』(박종철 저, 양철북, 2013)
『구세주, 학교폭력을 말하다』(장보철 저, 크리스천리더, 2013)
『그리고 학교는 무사했다』(한낱 외 8인 저, 교육공동체벗, 2013)
『내 아이를 살리는 비폭력대화』(빅토리아 킨들 호드슨·수라 하트 저, 정채현 역, 아시아코치센터, 2012)
『또래압력은 어떻게 세상을 치유하는가』(타니 로젠버그 저, 이종호 역, 알에이치코리아, 2012)
『마음을 열어주는 패스워드』(이희경 저, 이담북스, 2011)
『맛보아 알지어다 - 삶을 바꾸는 메노나이트 교육』(존 로스 저, 정용진 역, 대장간, 2013)
『서클 프로세스』(케이 프란시스 저, 강영실 역, KAP, 2012)
『아이들을 살리는 동네』(문재현·신동명 외 1인 저, 살림터, 2013)
『아이들의 숨겨진 삶』(마이클 톰슨 외 저, 김경숙 역, 세종서적, 2003)
『왕따 이렇게 해결할 수 있다』(문재현 저, 살림터, 2012)
『위기의 학교』(닉 데이비스 저, 이병곤 역, 우리교육, 2007)
『이선생의 학교폭력 평정기』(고은우·김경욱 외 2인 저, 양철북, 2009)
『폭력적인 아이 꼭 안아주기』(이리나 프레코프 저, 황진자 역, 알마, 2007)

『학교폭력 멈춰!』(문재현 저, 살림터, 2012)
『학교폭력, 청소년 문화와 정신건강』(김영화 저, 한울, 2012)
『학교폭력 어떻게 만들어지는가』(문재현 저, 살림터, 2012)
『회복적 정의란 무엇인가』(하워드 제어 저, 손진 역, KAP, 2010)
『회복적 학생생활지도』(로레인 수투츠만 암스투츠 · 쥬디 H. 뮬렛 저, 이재영 · 정용진 역, 기독교출판유통, 2011)
『효과적인 교육은 대화에서 시작된다』(제인 벨라 저, 허진 역, 베이스캠프, 2006)
『훈육의 새로운 이해』(알피 콘 저, 김달효 · 성병창 · 허승희 역, 시그마프레스, 2005)

학교폭력 예방 · 평화교육 · 회복적 정의운동 관련단체

개척자들 www.thefrontiers.org
경기도 양평군 양서면 증동2리 78번지 / 031) 772-5072

광명교육연대 cafe.daum.net/kmed
경기도 광명시 철산동 509-267 서빈빌딩 5층 / 02) 312-1678

경실련 갈등해소센터 www.ccej.or.kr/index.php?mid=page_org_2
서울시 종로구 동숭동 50-2 경실련 회관 / 02) 742-5941

기독교평화센터 www.peaceyeast.org
서울시 종로구 이화동 135 삼영빌딩 2층 / 02) 744-0002

비폭력평화물결 www.peacewave.net
서울시 종로구 송월동 55번지 신아빌딩 401호 / 02) 312-1678

한국NVC(비폭력대화)센터 www.krnvc.org : 5009
서울시 서대문구 신촌로 3가길 33 / 02) 6291-5585

비폭력평화훈련센터 cafe.daum.net/NPTCenter
경기도 광명시 철산동 509-267 서빈빌딩 5층 / 02) 312-1678

좋은교사운동 www.goodteacher.org
서울시 관악구 청룡동 1568-1 3층 / 02) 876-4078

전교조 따돌림사회연구모임 cafe.daum.net/overtheddadolim

청소년폭력예방재단 www.jikim.net
서울시 금천구 가산동 470-8 KCC웰츠밸리 603호 / 02) 585-0098

평화샘프로젝트 cafe.daum.net/peacefulschool

평화를만드는여성회 갈등해결센터 www.peacecr.org
서울시 영등포구 영등포동 7가 94-59 여성미래센터 401호 / 02) 929-4846~7

평화교육프로젝트 모모 http://peacemomo.org
peacemomo0904@gmail.com / 070) 8755-0904

하나누리 갈등전환센터 www.hananuri.org/domestic/transformation
서울시 강북구 도봉로 45길 18-4 / 02) 743-4113

학교폭력피해자가족협의회 www.uri-i.or.kr
대전광역시 유성구 대동 323번지 / 070-7119-4119

한국평화교육훈련원 www.kopi.or.kr
경기도 남양주시 와부읍 덕소리 112-2 중앙프라자 5층 / 070-8817-8690

YMCA 생명평화센터 www.ymcakorea.org/peaceon
서울시 중구 소공동 117번지 한국YMCA전국연맹 4층 / 02) 754-7891

❖ 한국어 참고도서 및 관련단체 목록은 한국평화교육훈련원 이재영 원장님의 도움으로 작성한 것입니다.

|주|

서론

1. Tonja R. Nansel et al., "Bullying Behaviors Among U.S. Youth: Prevalence and Association with Psychological Adjustment," *The Journal of the American Medical Association* 285, no. 16, 2094-2100.

1장. 폭력과 그리스도인의 삶

1. Peter Senege et al., *The Fifth Discipline Field Book: Strategies for Building a Learning Organization* (New York: Currency Doubleday, 1994), 3.
2. Catherine Mowry LaCugna, *God For Us: The Trinity and Christian Life* (San Francisco: Harper San Fransisco, 1991), 343.
3. 같은 책.
4. 같은 책.
5. Mark Juergensmeyer, *Terror in the Mind of God: The Global Rise of Religious Violence* (Berkeley: University of California Press, 2000).
6. Simon Weil, *The Iliad or the Poem of Force* (Wallingford, PA.: Pendle Hill, 1983), 3.

7. W. R. Johnson, *Momentary Monsters: Lucan and His Heroes*(Ithaca, N.Y.: Cornell University Press, 1987), 109. 여기서 Johnson은 로마의 내전 시기에 발발했던 파르살로스 전투에서 나타난 카이사르의 성격에 대해서 언급하고 있다. See chapters 7 and 8 of Lucan, *Pharsalia*, trans. Jane Wilson Joyce(Ithaca, N.Y.: Cornell University Press, 1993), v. 647 ff.
8. Bronfenbrenner의 매우 독창적인 작업들을 담은 자료들을 쉽게 찾아 볼 수 없다. 인간발달에 대한 그의 접근을 간략하게 요약한 것은 다음에서 찾아볼 수 있을 것이다: Kelvin L. Seifert, Robert J. Hoffnung, and Michele Hoffnung, *Lifespan Development*(Boston: Houghton Mifflin Company, 2000), 8-9. 이 이론을 이해하는 데 도움이 되는 시각적 모델이 9페이지에 나와 있다. Bronfenbrenner에 대한 보다 학문적인 요약은 다음을 참고하라. Urie Bronfenbrenner and Stephen J. Ceci, "Nature-Nurture Reconceptualized in Developmental Perspective: A Bioecological Model," *Psychological Review* 101, no. 4(1994): 568-86. 이 논문은 앞으로 연구할 필요가 있는 분야에 대한 귀중한 자료들과 솔직한 의견들이 들어 있다.
9. Johathan Kozol, *Amazing Grace: The Lives of Children and the Conscience of a Nation*(New York:HaperPerennial, 1996).
10. Jonathan Kozol, *Ordinary Resurrections: Childrenin the Years of Promise and Hope*(New York: Crown, 2000), 137ff.
11. Kozol, *Amazing Grace*, 142.
12. Kozol, *Ordinary Resurrections*, 155.
13. "감금" 이란 용어는 논란을 야기했던 신학자 Mark Taylor가 쓴 다음 논문에서 나왔다:"The Executed God: The Way of the Cross in Lockdown in America," *The Princeton Seminary Bulletin* 21, no. 3, new article(2000). Taylor는 자신이 다녔던 교회의 열세 살짜리 아이로부터 lockdown이라는 말을 처음 들었다.

14. Walter Brueggemann, *Theology of the Old Testament: Tesimony, Dispute, Advocacy*(Minneapolis: Fortress Press. 1997), 747
15. Peter L. Berger and Thomas Luckmann, *The Social Contruction of Reality: A Trestise in the Sociology of Knowledge*(New York: Doubleday and Company, 1967), 130.
16. Parker Palmer, *To Know as We Are Known: A Spirituality of Education* (SanFrancisco: Harper and Row, 1983), 19
17. J. Christiaan Beker, *Paul the Apostle: The Trumph of God in Life and Thought*(Philadelphia: Fortress. 1980), 184
18. 마태복음과 마가복음이 바울이 발전시켰던 희생양에 대한 주제들을 담고 있는지는 논쟁거리다. 그러나, 희생양 개념을 신학적으로 꽃피운 것은 바울이었다는 것은 의심의 여지가 없다.
19. 예를 들면, J. Christiaan Beker는 "나무에 매달린 사람들마다 저주를 받은 것이다"라는 유대인들의 고정관념의 중요성을 탐구하였다. 다음을 참조하라. Beker, *Paul the Apostle*, 202ff.
20. J. Denny Weaver, *The Nonviolent Atonement*(Grand Rapids, Mich.: Eerdmans, 2001), 52. 재세례파인 Weaver는 "만족 속죄론은 하나님으로부터 허락된, 인과응보성의 폭력에 근거를 두고 있다"라고 결론을 내리고 있다(225). 이 말에 나는 동의한다. 그러나 바울이, 특히 그의 후기 저서들을 볼 때, 이러한 주장에 동의할 지는 확실히 않다.
21. B. Hudson McClean, *The Cursed Christ: Mediterranean Expulsion Rituals and Pauline Soteriology*(Sheffield, Eng.: Sheffield Academic Press, 1996), 105-7. John Dominic Crossan은 공관복음서에 관련된 희생양 신화의 중요성에 대해서 유사한 주장을 펴고 있다. John Dominic Crossan, *The Cross That Spoke: The Origins of the Passion Narrative*(San Francisco: Harper & Row, 1988).
22. 비판적인 상관관계에 대해, 나는 David Tracy의 신학적 방법론을 참조하였다. David Tracy, *Blessed Rage for Order: The New Pluralism in*

Theology(Chicago: University of Chicago Press, 1996).
23. 바울은 단순히 문화를 모방하는 데는 흥미를 느끼지 못했던 비판적이고 사려 깊은 신학자였다. 물론, 바울이 명석한 신학자였다는 것은 여기서 주요 이슈가 아니다. 이슈가 되고 있는 것은 오늘날 기독교 교회에 바울 신학이 표준이 된다는 것이다. 또한 이 이슈의 중심에는 정경의 형성 배경과 기준에 대한 문제가 있는데, 이것은 현재 이야기의 범위를 너무 벗어난 주제이다. 바울 신학은 예수의 삶과 죽음의 의미에 대해서 기독교 교회들에게 귀중한 사례 연구 자료를 제공하고 있다. 아울러 우리가 현재 살고 있는 문화에 그러한 의미들을 어떻게 나타내야 하는지에 대한 방법을 알려준다.
24. René Girard의 이론을 성서 해석에 적용하려는 중요한 성서적인 시도들이 있다. 내가 볼 때, 성서해석을 위한 이러한 접근은 복음서를 잘못 해석하도록 이끈 예수의 삶과 죽음에 대한 지배적인 해석학을 보강해준다(특히, 속죄론에 대해서). 그러한 해석학은 Girard 자신에서부터 나왔으며, 기존의 해석과는 매우 다른 관점이다. 그는 Gil Bailie의 저서인 *Violence Unveiled: Humanity at the Crossroads*(New York: Crossword, 1995)에서 다음과 같은 추천사를 썼다: "복음과 신화의 매우 긴밀한 관련성은 유대-기독교 전통의 독특성을 거부한다기보다, 오히려 뒷받침해 주는 수단이다." 성서를 해석하는 데 Girard의 이론을 매우 효과적으로 사용하여 접근한 예로 다음의 책들을 참고하라. James G. Williams, *The Bible, Violence, and the Sacred: Liberation from the Myths of Sanctioned Violence*(San Francisco: HarperSanFrancisco, 1991); 그리고 Robert G. Hamerton-Kelly, *The Gospel and the Sacred: Poetics of Violence in Mark*(Minneapolis: Fortress Press, 1994).
25. 내가 보았던 책 중에서 독자들이 Girard의 이론들을 가장 편하게 대할 수 있는 책으로 Richard J. Golsan, *An Introduction to Rene Girard and Myth*(New York: Routledge, 2002)를 들 수 있다.
26. 이러한 모방(mimesis)에 대한 개념은 *Catechism of the Catholic*

Church(New York: Image, 1995)에 나오는 죄의 정의와 부합된다 (505). "(죄는) 어떤 물건에 대한 왜곡된 애착으로 야기된 하나님과 이웃에 대한 진정한 사랑의 실패다." 문학적인 분석(흉내, imitation)의 일반적인 범주로서의 모방은 꽤 오래전부터 있어왔다. 다음의 책을 참고하라. John D. Lyons and Stephen G. Nichols, Jr., eds., *Mimesis: From Mirror to Method, Augustine to Descartes*(Hanover, N.H.: University Press of New England, 1982).

27. Toril Moi, "The Missing Mother: The Oedipal Rivalries of Rene Girard," *Diacritics* 12(1982): 22. 이 장의 내용과는 관계가 없지만, Moi는 여성들의 경험을 당연시하는 Girard의 타당성에 대해서 설득력 있게 의문을 제기하고 있다. 21-31을 보라.
28. René Girard, *Des Choses Cachees Depuis la Fondation du Monde*(paris: B. Grasset. 1978), 393.
29. René Girard, *Violence and the Sacred*(Baltimore: The Johns Hopkins University Press. 1977), 259. 『폭력과 성스러움』(민음사 역간).
30. René Girard, *The Scapegoat*(Baltimore: The Johns Hopkins University Press, 1989), 17-20ff, 198. 『희생양』(민음사 역간).
31. 같은 책, 42.
32. Markus Mueller, "Interview With Rene Girard," *Anthropoetics* 2, no. 1(june 1996):6. Accessed Feburary 13, 2002,http://www.anthropoetics.ucla.edu/AP0201/home.html.
33. Girard, *The Scapegoat*. 205-6.
34. 같은 책, 206.
35. 이 문장은 Walter von Loewenich가 그의 책에서 "하나님에 대한 지식은 그리스도의 십자가에서 시작된다"라고 인용한 바 있는 Martin Luther의 종교개혁에 대한 성명의 재진술이다. Walter von Loewenich, *Luther's Theology of the Cross*(Minneapolis: Augsburg, 1976), 20.
36. Rene Girard, *I see Satan Fall Like Lightning*(Maryknoll, N.Y.: Orbis

Books, 2001), 135. 『나는 사탄이 번개처럼 떨어지는 것을 본다』(문학과 지성사 역간).
37. W. R. Johnson, *Momentary Monster: Lucan and His Heroes*, 126-27.
38. Desmond Tutu, "Justice, Memory and Reconciliation," 4, http://www.newsandevents.utoronto.ca/bin/000216a.asp, accessed Feburary 1, 2002.
39. 구약성경에 나오는 폭력과 연관된 하나님에 대한 많은 이미지들에 기초해서, 사람들은 하나님의 이해에 대한 이러한 접근(인간이 하나님의 형상으로 창조되었다는 것은 말할 것도 없고)이 신학적으로 혹은 성서적으로 적합한지 질문할 수 있다. 암묵적으로, 폭력이 하나님의 본성에 내재해 있다는 생각을 거부한다는 것이, 하나님이 누구인지에 대해서 바람직한 방향으로 채색된 정의만을 제시하는 것일까? 이것은 매우 중요한 해석학적인 논쟁거리다. 사람들이 폭력을 하나님에게 투사하는 것은 구약성경에서 많이 찾아볼 수 있기에, 그것들은 분명히 인간의 투사로서 이해되어야만 한다. "나는 너를 사랑하지만, 종종 너를 위해서 혹은 다른 이유로 나는 너에게 어려움을 줄 수 있단다"라는 말과 함께 임의로 고난을 주시는, 자주 변덕스럽게 폭력을 행사하시는 하나님은 항상 자신의 분노를 누그러뜨리기 위해서 희생양을 필요로 한다. 그러한 하나님은 단지 파괴적인 의존을 불러일으킨다. Albert Memmi는 자신의 책, *Dependence: A Sketch for a Portrait of the Dependant*(Boston: Beacon Press, 1984)에서, "사실, 누군가에 의존한다는 데는 무언가 비극적인 것이 있기 마련이다. 한 사람이 다른 사람을 의존하게 될 때, 의존하는 사람과 도와주는 사람 둘 다 죽음의 그림자 속에서 사는 것이다. 옳건 그르건 간에, 의존자는 도움을 제공하는 쪽의 자신을 향한 소홀함은 자기가 그를 죽이기보다, 자기 자신의 파괴를 가져올 것이라고 믿는다. 이 주제에 관한 다른 견해에 대해서 다음을 참조하라. David R. Blumenthal, *Facing the Abusing God: A Theology of*

Protest(Louisville: Westminster/John Knox press, 1993).
40. 이 책의 주제를 벗어났지만, Sarah Kofman은 그녀의 논문에서 바로 이 점을 지적하면서, Freud에 대한 Girard의 해석을 맹렬하게 비난하였다. "The Narcissistic Woman: Freud and Girard," *Diacritics* 10(1980):42.
41. Sarah Kofman은 페미니스트 관점에서 모방의 삼각형(triadic) 이해가 지닌 결점을 주목하고 있다. Freud에 대한 Girard의 해석을 분석하면서(여성은 독립적이지 못하기에, 여성의 주체의식은 거짓이라는 결론을 내리고 있다), Kofman은 성차별주의야말로 모방에 대한 Girard의 이해의 핵심이라고 말하고 있다. 그녀는 "그러나 확신하건데, 남근을 시기하는 존재로서 여성이 남성의 모방을 불러일으키는 경쟁관계를 자극할 수 없다는 것이다." *The Enigma of Woman: Woman in Freud's Writings*(Ithaca, N.Y.: Cornell University Press, 1985), 65.
42. 이 장에서 나는 Reinhold Niebuhr의 신학을 언급하지 않았다. Carol Lakey Hess는 인간의 자부심에 스며 있는 죄를 평가하였다. *Caretakers of Our Common House: Women's Development in Communities of Faith*(Nashville: Abingdon press, 1997), 35. "자부심이라는 죄가 만연될 때, 자기 부인은 일종의 미덕이 되며 해롭게 강화된다. "자기 부인을 죄로 여기는 견해의 부당함은 이 장의 중심에서 벗어난 주제다. 3장에서 이 문제를 직접적으로 다룰 것이다.
43. B. Hudson McLean, *The Cursed Christ*, 206-7.
44. Marjorie Suchocki, *The Fall to Violence: Original Sin in Relational Theology*(New York: Continuum, 1994), 144.
45. 신학자인 Richard McBrien은 자신의 저서인 *Catholicism*(San Francisco: HarperSanFrancisco, 1994)에서 이 문제를 다음과 같이 설득력 있게 요약하고 있다. "예수님은 신적인 위엄에 반하는(인간의) 범죄행위에 대한 보상으로 하나님 아버지에 의해서 계획된 죽음으로 상징되지 않으며, 구약에서도 그러한 개념에 대한 그 어떠한 모델은 나타나지

않는다"(446). 이와 동시에, 내 생각으로는, McBrien은 바울의 신학적인 담론에 나타난 십자가에 대한 부적절한 정당화를 제시하고 있는 것으로 보인다.

46. Rita Nakashima Brock and Rebecca Ann Parker, *Proverbs of Ashes: Violence, Redemptive Suffering, and the Search for What Saves Us*(Boston: Beacon Press, 2001), 157.
47. Delores S. Williams, *Sisters in the Wilderness: The Challege of Womanist God-talk*(Maryknoll, N.Y.: Orbis Books, 1993), 167.
48. Brock and Parker, *Proverbs of Ashes*, 157.
49. Elie Wiesel, *Night*(New York: Bantam Books, 1982), 61-62. 『밤』(햇빛출판사 역간).
50. Seward Hiltner, "Moral Development as Paradox," unpublished address delivered at the Menninger Foundation on "Moral Development and Its Failures," Topeka, Kansas, October 18-19, 1979, 1.
51. 무無에서 경외감과 평화를 느끼는 것은 Rudolf Otto가 사용하고 있는 누미노제numinous의 개념과 비슷하다. Otto는 "어둠과 고요함처럼, '공허'void는 일종의 무無라고 할 수 있는데, '다른 완전한 것'이 실제적인 것이 되도록 하기 위하여 모든 '이것과 여기'를 제거해 버리는 것"이라고 말한다(72). 다음의 책을 보라. Rudolf Otto, *The Idea of the Holy: An inquiry into the Non-Rational Factor in the Idea of the Divine and Its Relation to the Rational*(New York: Oxford University Press, 1928). 『성스러움의 의미』(분도 역간).
52. 루터교 신학자인 Eberhard Juengel은 그의 책에서 역설에 대한 나의 이해와 매우 유사한 결론을 내렸다. 그는 "그러나 하나님의 임재는 오직 그의 부재와 동시에 경험할 수 있는 것이다"라고 썼다. *God as the Mystery of the World: On the Foundation of the Theology of the Crucified One in the Dispute between Theism and Atheism*(Edinburgh, Scot.:

T&T. Clark, Ltd., 1983), 104.
53. Dorothee Soelee, *Death by Bread Alone: texts and Reflectionson Reliqious Experience*, trans. David L. Scheit(Philadelphia: Fortress Press, 1978), 66.
54. Sharon G. Thornton, *Broken Yet Beloved: A Pastoral Theology of the Cross*(St. Louis: Chalice Press, 2002). 129
55. Jose Miguez Bonino, *Christians and Marxists: The Mutual Challenge to Revolution*(Grand Rapids, Mich.: Eerdmans, 1976), 40-41.
56. Christine Guaorf, *Victimization: Examining Christian Complicity* (Philadelphia: Trinity ress International. 1992). 28.
57. 초대교회는 순교자들이 예수님이 재림할 때까지 기다리기보다 즉시 하늘로 올려질 것이라고 생각했었다. 순교를 찬양하는 이러한 특별한 견해가 오늘날 사라져버린 반면에, 여전히 종교 공동체 안에서 순교가 갖는 영예에 대한 잔재는 광범위하게 남아 있다. Sandra Sizer Frankiel, "Christianity: A Way of Salvation," in *Religions of the World*, ed. H. Byron Earhart(San Francisco: HarperSanFrancisco, 1992), 502.
58. Shannon P. Daley and Kathleen A. Guy, *Welcome the Child: A Child Advocacy Guide for Churches*(New York: Friendship Press and Children's Defense Fund, 1994), 38.
59. See Edna Maluma, "Abundant Life for Women and Children?" in *Claiming the Promise: African Churches Speak*, ed. Margaret S. Laron(New York: Freiendship Press. 1994). 57-70.
60. Wiesel, *Night*, 62.
61. Kathleen M. O'Connor, *Lamentations and the Tears of the World*(Maryknoll, N.Y.: Orbis, 2002), 94.
62. 혹자는 O'Connor가 말하는 하나님의 부재는 말 그대로 단지 하나님의 부재만을 나타낼 뿐이라고 결론을 내릴 수 있다. 나는 이러한 양극단적인

생각은(하나님은 임재 아니면 부재하시는 분이다) 하나님이 하시는 일을 우리가 이해하려고 할 때 불필요하게 그 범위를 제한시켜버리는 결과를 낳는 것이라고 생각한다.

63. Brock and Parker, *Proverbs of Ashes*, 156.
64. Cheryl A. Kirk-Duggan, referring to the work of Christine Gudorf, makes a very similar assertion in *Refiner's Fire: A Religious Engagement with Violence*(Minneapolis: Fortress Press, 2001), 33-34. See also Christine E. Gudorf, *Victimization*.
65. Susan Ford Wiltshire, *Public and Private in Vergil's Aeneid*(Amherst: The University of Massachusetts Press, 1989), 83.
66. M. M. Bakhtin, *The Dialogic Imaginatino: Four Essays*, ed. Michael Holquist, trans. Caryl Emerson and Michael Holquist(Austin: Univeristy of Texas Press, 1981), 66-67.
67. LaCugna, *God for Us*, 344.
68. Toni Morrison, *Playing in the Dark: Whiteness and the Literacry Imagination*(New York: Vintage Books, 1993). See also Philip L. Wickeri, "Friends Along the Way: Spirituality, Human Relationship and Christian Mission," *Theology*(May-June, 1990): 181-90.
69. Morrison, *Playing in the Dark*, 73ff.
70. Elie Wiesel, *Night*, 113.
71. Robert Coles,"The Moral Life of Children," *Agnes Scott Alumnae Magazine*(Fall 1989): 16.
72. As quoted in *Catechism of the Catholic Church*, 365.
73. 보다 정확하게 말하면, 바울이 썼고, 바울이 썼을 것이라고 추측되는 책들.

2장. 폭력의 희생자가 된 칼: 사례 연구

1. 범죄를 보고도 신고하지 않은 "방관자"onlookers 들에 대해서 요즘 많은 법적인 논쟁이 일고 있다. 신문기자인 Beth Warren은 Steve Sadow 검사의 말을 재인용하면서, "그것은[방관은] 비도덕적일 수 있지만, 그렇다고 범죄 현장을 보았다는 것이 죄를 저지르는 것은 아니다"라고 쓰고 있다. Beth Warren, "Teen Charged as a Party to Sexual Assault," *Atlanta Journal-Constitution*, May 24, 2002, C4.
2. 이 문제에 관한 최근의 연구 보고서의 요약은 다음 논문에서 찾아볼 수 있다. M. L. Cooper, R. Shaver, and N. L. Collins, "Attachment Styles, Emotion Reglation, and Adjustment in Adolescence," *Journal of Personality and Social Psychology* 74(1998): 1380-97.
3. 청소년들에 대한 좋은 자료들이 많이 있는데, 나에게 가장 도움이 되었던 것 중의 하나는 Tom Beaudoin가 쓴 책이다. *Virtual Faith: The Irreverent Spiritual Quest of Generation X*(San Francisco: Jossey-Bass Publishers, 1998).
4. Ann Swidler, "Culture in Action: Symbols and Strategies," *American Sociological Review* 51(1986): 273.
5. 사립학교에는 언제나 폭력이 없고, 공립학교들은 늘 폭력으로 가득하다는 것을 말하려는 것이 아니다. 사실은 그렇지 않다. 나는 많은 종교계 사립학교들이 학교폭력이라는 문제에 시달리고 있음을 보고 있으며, 많은 공립학교 가운데서도 교내에서의 인간관계들에 많은 신경을 쓰고 있다는 것을 알고 있다. 문제가 되는 것은 문화가 바뀌고 있다는 것과 그것이 젊은 이들에게 막대한 영향을 미치고 있다는 사실이다.
6. 로마 가톨릭 교회에서 견진 성사는 세례 다음에 행해진다. 아이들에게 세례는 견진 성사를 받기 위한 선결 과정이다. 오늘날 대부분의 아이들은 8학년이 되면(13-14살) 견진 성사를 받는다. 이 사례에 나오는 칼이 견진 성사를 받은 시기의 아이들은, 6학년과 8학년 사이(11-14살)에 받았다.

칼과의 이어진 대화에서, 나는 그가 공립학교를 다니기 전에 견진 성사를 받았다는 것을 알게 되었다. 가톨릭 신자가 되고자 결정한 성인들의 경우, 세례를 받은 후에 견진 성사를 받았는데, 그 후 즉시 성찬식이 이어진다.

7. 이와 같이 명확한 방식으로 의식이 진행된 것을 여지껏 한 번도 본적이 없는 반면에, 이러한 의식들은 가톨릭 교인으로서 나 자신의 내적 존재감의 일부분이다. 좀더 학문적인 접근을 위해서 다음의 책을 참고하라. Roy A. Rappaport, *Ritual and religion in the Making of Humanity*(Cambridge, U.K.: Cambridge University Press, 1999). Rappaport 의 책을 세심하게 읽은 독자는 내가 이 장에서 요약해 놓은 의식 절차들이 오히려 간략하다는 점을 알게 될 것이다.
8. Elie Wiesel, "Learning and Respect: A Challenge to Graduates, Graduates," http://www.humanity.org/voices/commencements/speeches/index.php?page=wiesel_at_depaul, accessed September 11, 2001.
9. Maxim Gorky, *Creatures That Once Were Men*(New York: Boni and Liveright, 1918).
10. Ronald H. Cram, "Knowing God: Children, Play, and Paradox," *Religious Education* 91, no.1(1996): 63-67.
11. See, for example, Alice Miller, The Drama of the Gifted Child: The Search for the True Self(New York: Basic Books, 1994); Judith Rich Harris, *The Nurture Assumption: Why children Turn Out the Way They Do—Parents Matter Less Than You Think and Peers Matter More*(New York: The Free Press, 1998); Karen Horney, New Ways in Psychoanalysis(New York: W.W. Norton, 1939); and D.W. Winnicott, Playing and Reality(New York: Tavistock / Routledge, 1991).
12. 우리가 이 장에서 사용하고 있는 브론펜브레너의 구분들에서, 모든 가능한 지지 체계들이 수포로 돌아 갔을 때 중재해 주었던 것은 다름 아닌 외

부체계에 속한 사람이었다.

3장. 영적 위기로서의 학교폭력

1. Tonja R. Nansel et al., "Bullying Behaviors Among U.S. Youth: Prevalence and Association with Psychological Adjustment," *The Journal of the American Medical Association* 285, no. 16(2001): 2094. 전 세계에서 실행되었던 학교폭력에 대한 연구에 관심이 있는 사람들이 사용할 수 있는 자료들은 무수히 많이 있다.
2. Ronald Hecker Cram, "Memories by Christian Adults of Childhood Bullying Experiences: Implication for Adult Religious Self-Understanding," *Religious Education* 96, no.3(2001): 326-49. 이 논문은 질적 방법을 사용한 프로젝트를 요약한 것이다. 지역 교구나 교회를 대상으로 한 경험적인 연구는 아직도 불모지 상태다.
3. 미국 전역에서 학교폭력을 주제로 많은 워크숍들을 인도하고 있지만, 그리 많지 않은 사람만이 참석하고 있는 실정이다. 더욱이, 남자들보다는 여자들이, 백인들보다는 다른 인종 출신들이, 그리고 그리스도인들보다는 다른 종교를 가진 사람들이 폭력을 주제로 한 모임에 훨씬 더 많이 참석하고 있다.
4. 교회의 적절한 행동 유형 등에 대한 의식을 고취시키는 데 도움이 되는 최근의 중요한 시도로서 다음의 책을 참고하라. Flora Slosson Wuellner, *Release: Healing from Wounds of Family, Church and Community*(Nashville: Upper Room Books, 1996).
5. Becky Ray McCain, *Nobody Knew What to Do: A Story about Bullying*, illust. Todd Leonardo(Morton Grove, Ill.: Albert Whitman, 2001).『왕따 남의 일이 아니야』(보물창고 역).
6. Nansel, "Bullying Behaviors Among U.S. Youth," 2094-2100

7. Darcia Harris Bowman, "Report Says Schools Often Ignore Harrassment of Gay Students," *Education Week* 20, no. 39: 5.
8. Herbert W. Marsh, Roberto H. Parada, Alexander Seeshing Yeung, and Jean Healy, "Aggressive School Troublemakers and Victims: A Longitudinal Model Examining the Pivotal Role of Self-Concept," *Journal of Educational Pshycology* 93, no. 2: 411.
9. 같은 책.
10. 또래 집단과 학교폭력에 대한 관계를 잘 설명한 책으로는 Ken Rigby의 책을 보라. Ken Rigby, *New Perspectives on Bullying* (London: Jessica Kingsley, 2002), 163-68.
11. Lyndal Bond, john B. Carlin, Lyndal Thomas, Kerryn Rubin, George Patton, "Does Bullying Cause Emotional Problem? A Prospective Study of Yound Teenagers," *British Medical Journal* 233, no. 733: 480-84.
12. Karen S. Peterson, "When School Hurts: Continueds Violence Has Schools, States Taking a Hard Look at Bullying," *USA Today*, 10 April 2001, sec. D.
13. 내가 인터뷰를 했던 어느 사람은 학교폭력에 대해서 나와 나눈 대화를 기반으로 해서 자기를 가해했던 사람을 스스로 찾아갔다. 즉 비행기를 타고 다른 주까지 가서, 어릴 때 자기를 폭행했던 사람을 추적해서 그를 만난 것이다. 어린 시절의 그 가해자는 자신의 폭력의 피해자인 그녀를 기억했지만, 그 어떤 부적절한 행동이 발생했는지에 대해서는 기억조차 하지 못했다.
14. Howard Spivak and Deborah Prothrow-Stith, "The Need to Address Bullying—An Inportant Component of Violence Prevention," *The Journal of the American Medical Association* 285, no. 16:2131-32.
15. 많은 참고 목록들을 수록한 이 이슈에 관한 가장 좋은 연구로 다음을 참고하라. Carolyn E. Roecker Phelps, "Children's Responses to Overt

and Relational Aggression," *Journal of Clinical Child Psychology* 30, no. 1: 240-522.
16. 같은 책, 247-48.
17. Martin J. Dunn, "Break the Bullying Cycle," *American School & University* 73, no. 10:38-39.
18. 비록 내가 인터뷰했던 성인들이 반복해서 말하는 것을 들었다 하더라도, 이러한 주장을 뒷받침해주는 자료들을 거의 찾아보지 못했다. 일부 방관자들은 폭력에 미묘한 희열을 느끼며, 남이 상처받는 것을 즐긴다. 그러나 다른 사람들을 향해서 애정을 느끼는 사람들의 감정들은 폭력을 당하는 사람들과 매우 유사하다. 이 이슈를 언급한 매우 설득력 있는 책으로 다음을 보라. Ken Rigby, *Bullying in Schools: And What to Do About It*(London, Pa.: Jessica Kingsley, 1996), 65.
19. Joan Wallach Scott, "The New University: Beyond Political Correctness," *Perspective* 30, no. 7(October 1992): 18.
20. Stephen Kautz, "Liberalism and the Idea of Toleration," *American Journal of Political Science* 37. no. 2(may 1993): 610.
21. 같은 책.
22. Richard Rorty, *Consequences of Pragmatism*(Minneplois: University of Minnesota Press, 1982), 203. 『실용주의의 결과』(민음사 역간).
23. Herbert Marcuse, "Repressive Tolerance," in Robert Paul Wolff, Barrington Moore, Jr., and Herbert Marcuse, *A Critique of Pure Tolerance*(Boston: Beacon Press, 1969), 81, 88.
24. Bruce W. Speck, "Relativism and the Promise of Tolerance," *Journal of Interdisciplinary Studies* 10, nos. 1-2(1998): 67. See also Arthur M. Melzer, "Tolerance 101," *The New Republic*(July 1, 1991): 11
25. David Hollenbacj, S. J., "Is Tolerance Enough? The Catholic University and the Common Good," *Conversations on Jesuit*

Higher Education, no. 13, spring 1998: 8.

26. Eleanor R. Hall, Judith A. Howard, and Sherrie L. Boezio, "Tolerance of Rape: A Sexist or Anthsocial Attitude?" *Psycology of Women Quarterly* 10. 1986: 101-2.
27. Henry F. May, *The Englighttenment in America*(New York: Oxford University Press, 1976), 337.
28. John Rawls, "The Idea of Overlapping Consensus," *Oxford Journal of Legal Studies* 7, no. 1(1987): 1, 2.
29. 같은 책, 3.
30. 같은 책, 7.
31. 같은 책, 4-5, 17.
32. 같은 책, 17.
33. Susan Mendus, *Toleration and the Limits of Liberalism*(London: Macmillian, 1989), 114-17.
34. 같은 책, 108
35. 이러한 구별은 에덴 신학교의 선교와 평화학 교수인 Michael Kinnamon이 1999년 3월, 조지아의 컬럼비아 신학교에서 에큐메니컬 운동을 주제로 한 강연에서 했던 말이다. 이 장의 주제로 자세하게 다루지는 않았지만, 이러한 단순한 구분만이라도 가치 있는 일이다.
36. 신학자인 Anne E. Carr는 계몽운동은 "자주권과 자기 창조라는 인간관"을 불러왔다고 제한하고 있다. Anne E. Carr, *Transforming Grace: Christian Tradition and Women's Experience*(New York: Continuum, 1996), 158.
37. Lucinda A. Stark Huffaker, *Creative Dwellling: Empathy and Clarity in God and Self*(Atlanta: Scholars Press, 1998), 71.
38. Milton J. Bennett, "Overcoming the Golden Rule: Sympathy and Empathy," in his *Basic Concepts of Intercultural Communication: Selected Readings*(Yarmouth, Maine: Intercultural Press, 1998),

191-213

39. Stanley Fish, "Condemnation Without Absolutes," *The New York Times on the Web*, October 15, 2001, 1-3, http://www.nytimes.com/2001/10/15/opinion/15FISH.html?pagewanted=print. Accessed October 15, 2001, requires registration to access.

40. Edward Farley, *Divine Empathy: A theology of God* (Minneapolis: Fortress Press, 1996), 282.

41. 같은 책, 281

42. John L. Berquist, *Incarnation* (St. Louis: Chalice Press, 1999), 29.

43. Jeffrey Kluger, "Preventive Parenting: Paying Attention to a Baby's Unique Personality May Head Off Problems Before They Happen," *Time* (January 21, 2002): 87.

44. Oscar Romero, "The Political Dimension of Chritian Love," *Commonweal* (March 26, 1982): 171.

45. Carol Laky Hess, *Caretakers of our Common House: Women's Development in Communities of Faith* (Nashville: Abingdon Press, 1997), 48.

46. William Butler Yeats, "The Second Coming," in *The Collected Poems of W. B. Yeats* (New York: macmillian, 1956), 184. 『예이츠 시선』(지식을만드는지식 역간).

47. Matthew 15:26, note h, *New Jerusalem Bible* (new York: Doubleday, 1990), 1635.

48. Mary Ann Tolbert가 마가복음을 분석할 때, 그녀는 마가복음 7:24-30에 나오는 수로보니게 여인 이야기에 관심의 초점을 기울였다. Tolbert는 여기서 "개"라는 표현의 사용은 견유학파Cynics의 철학적 입장과 관련이 있을 수 있다고 결론을 내렸다. 이러한 논쟁이 나름 가치가 있고, Tolbert가 예수님이 그 여자로부터 배웠다는 결론을 내린 반면에, 예수님이 이 이야기의 서두에서 그 여자에게 보였던 반응이 단지 "역할극"에 그친 것

은 아닌 것 같다. 내 생각에는 그러한 해석은 예수님의 인종차별주의와 성차별주의라는 폭력과 힘을 놓치고 있다는 것이다. Mary Ann Tolbert, "Mark," *The Women's Bible Commentary*, ed. Carol A. Newsom and Sharon Ringe(London: SPCK, 1992), 269.

49. Sam Keen, *Face of the Enemy: Reflections of the Hostile Imaginaion* (San Francisco: Harper and Row, 1986), 25.

50. 이 책을 읽고 있는 일부 독자들에게, 예수님은 너무도 자주 죄가 없거나 완벽한 존재로 묘사되고 있기에 본 성서 구절에 대한 이러한 분석이 어려울 것이다. 예수님은 완전히 인간이기도 하셨다. 인간이 된다고 하는 것의 의미 중의 하나는 바로 죄가 있다는 것이며, 회개의 과정에 참여한다는 것이다. 우리의 형제인 예수님은 영광송과 죄를 포함하여 그의 삶의 주어진 은사들을 우리와 함께 나눔을 통해서 구원의 의미를 우리에게 보여주셨다.

51. Marie McCarthy, "Empathy Amid Diversity: problems and Possibilities," *Journal of Pastoral Theology* 3(1993): 21. 공감은 비록 연관성이 있다고 하더라도, 단지 투사나 전이가 아니라는 점을 반드시 인식하고 있어야 한다. Michael J. Tansey and Walter F. Burke 는 그의 책 *Understanding Countertransference: From Projective Identification to Empathy*(Hillsdale, N.J.: The Analytic Press, 1989) 에서 "공감은 환자와 치료사 사이의 철저한 상호작용하는 과정의 부산물이며, 치료사는 환자로부터 투사적인 동일시의 과정을 거친다"라고 말하고 있다(195). 공감은 자기 자신의 인식들을 반사할 줄 아는 향상된 능력을 포함한다. Kenneth Bullmer, *The Art of Empathy: A manual for Improving Accuracy of Interpersonal Perception*(New York: Human Sciences press, 1075).

52. H. Edward Everding and Lucinda A. Huffaker, "Educating Adults for Empathy: Implications of Cognitive Role—Taking and Identity Formation," *Religious Education* 93, no.4(fall 1998): 421. 멘토

링 mentoring 에 대한 최근의 관심은 공감을 "가르치는"것과 직접적인 관련이 있으리라 생각한다. Susan B. Thistlethwaite and George F. Cains, eds., *Beyond Theological Tourism: Mentoring as a Grassroots Approach to Theological Education* (Maryknoll, N.Y.: Orbis Books, 1994).

53. Nel Noddings, "The Cared For," in *Caregiving: Readings in Knowledge, Practice, Ethics, and Politics* (Philadelphia: University of Pennsylvania Press, 1996), 22.
54. Nel Noddings, *The Challenge to Care in Schools: An Alternative Approach to Education* (New York: teachers College Press, 1992), xi.
55. Nel Noddings, "The Cared For," 27.
56. Nel Noddings, *Philosophy of Education* (Boulder, Colo.: Westview Press, 1995), 188.
57. Eleanor Humes Haney, " What Is Feminist Ethics: A Proposal for Continuing Discussion," *Journal of Religious Ethics* (spring 1980): 118.
58. Mary E. Hunt, "Lovingly Lesbian: Toward a Feminist Theology of Friendship," *A Challenge to Love: Gay and Lesbian Catholics in the Church*, ed. Robert Nugent (NewYork: Crossroad, 1983), 135-55.
59. Janice G. Raymond, *A Passion for Friends: Towards a Philosophy of Female Affection* (Boston: Beacon Press, 1986), 218
60. Roberta C. Bondi, "Friendship with God," *Weavings* (May-June 1992): 12.
61. C. G. Jung, *Modern Man in Search of a Soul*, trans. W. S. Dell and C. F. Bayne (New York: Harcourt, Brace & Co., 1933), 235.
62. Religion News Service, "Buddhists to Pray for Taliban," *The Atlanta Journal-Constitution*, 21 April 2001, B5.

63. 같은 책.
64. David W. Augsburger, *Helping People Forgive*(Louisville: Westminster John Knox Press, 1996), 7.
65. Jon Sobrino, "Latin America: Place of Sin and Place of Forgiveness," in *Forgiveness*, ed. Casiano Floristan and Christian Duquoc(Edinburgh, Scotland : T&T Clark, 1986), 45.
66. As quoted in "On Winnie Madikizela-Mandela," Accessed on http://News.bbc.co.uk on March 6, 2002.
67. As quoted in Desmond Tutu, *No Future Without Forgiveness*(New York: Doubleday, 1999), 137. 『용서 없이 미래 없다』(홍성사 역간).
68. John Patton, *Is Human Forgiveness Possible? A Pastoral Care Perspective*(Nashville: Adingdon Press, 1985), 148.
69. Beverly Flanigan, "Forgivers and the Unforgivable," in *Exploring Forgiveness*, ed. Robert D. Enright(Madison, Wis.: Univeristy of Wisconsin Press, 1998), 100.
70. Thomas H. Groome, *Christian Religious Education: Sharing Our Story and Vision*(San Francisco: Harper and Row, 1980), 12.
71. Marjorie Suchocki, *The Fall of Violence : Original Sin in Relational Theology*(New York: Continuum, 1994), 153. 『폭력에로의 타락』(동연출판사 역간).
72. Peter Gilmour, *The Wisdom of Memoir: reading and Writing Life's Sacred texts*(Winona, Minn.: St. Mary's Press, 1997), 80.
73. John Paul II, *Tertio Millennio Adveniente*, Paragraph 35. Apostolic letter found at http://www.vaticano.va, accessed October 21, 2001.
74. International Theological Commision, *Memory and Reconciliation: The Church and the Faults of the Past*, http://www.vaticano.va/roman_curia/congregations/cfaith/cti_documents/rc_con_cfaith_

doc_200000307_memory-reconc-itc_en.html, 4 of 34. Accessed March 7. 2002.

75. 2000년 대희년을 위한 바티칸의 준비는 종교 간 관심사와 관련하여 실로 놀랄 만하다. 유대인과의 종교관계위원회의 위원장이었던 Edward Idris Cassidy 추기경이 1998년 3월에 작성한 문서인, *We Remember: A Reflection on the Shoah*는 제삼천년기 Tertio Millennio Adveniente 에 대한 대응으로 이루어진 또 다른 예다. http://www.vaticano.va/roman-curia/pontifical_councils/chrstuni/documents/rc_con_chrstuni_doc_16031998_shoah.en.html

76. http://www.vaticano.va/roman_curia/congregations/cfaith/documents/rc_con_cfaith_doc_20000806_dominus_iesus_en.html Accessed March 7, 2002.

77. 어떤 사람들은 이런 말이 너무 단순하고 정확하지 않다고 생각할지도 모른다. 그러나, 이것은 바로 그러한 매우 유감스러운 교회의 반발에 대하여 내가 할 수 있는 유일한 평가다.

78. 이 책이 출판될 무렵, 미국의 성직자들과 관련하여 아동 성폭행과 관련된 정보들이 계속 수면 위로 떠오르고 있다. 로마 가톨릭 교회의 남성 위주의 계급 구조 안에서 나타나는 행동 유형으로는 거절, 인간의 존엄성에 우월한 교회 구조의 유지, 아이들의 안전성에 대한 무시, 은닉, 피해자에게 책임 전가 등을 들 수 있다. 교회의 계급 구조뿐만 아니라 아이들을 성추행한 사람들은 폭력과 똑같은 패턴들을 행하고 있는 것이다. 교회는 자기들의 죄를 고백하고 회개하여 새로운 삶을 살아갈 의지가 없으며, 그렇게 할 수도 없는 것처럼 보인다. 이러한 폭력의 패턴들은 분명히 계속될 것이며, 구조화 현상이 심화되고, 그렇게 되면, 교회는 하나님을 찬양하는 영광의 삶을 살기보다, 죄의 길을 걷게 되는 것이다. 만일에, 남아프리카공화국의 진실과 화해의 과정이 가장 극명하게 보여주었던 회개와 용서를 우리도 실천한다면, 앞에서 언급한 현상들이 어떻게 달라질 수 있을까 자못 궁금하다.

79. L. Gregory Jones, *Embodying Forgiveness: A Theological Analysis* (Grand Rapids, Mich.: William B. Eerdmans, 1995), 175.
80. John Patton, *Is Human Forgiveness Possible?*, 147 ff.
81. James E. Loder, *The Transforming Moment: Understanding Convictional Experiences*(San Francisco: Harper and Row, 1984), 54. 『종교체험과 삶의 변화』(한국신학연구소 역간).
82. Andrew Sung Park, *The Wounded Heart of God: The Asian Concept of Han and the Christian Doctrine of Sin*(Nashville: Abingdon Press, 1993), 170.
83. Robert Kegan, *The Evolving Self: Problem and Process in Human Development*(Cambridge, Mass.: Harvard Univeristy Press, 1982), 89.

4장. 공감의 실천 방법들

1. Ken Rigbwy, *Bullying in Schools: And What to Do about It*(Condon, Pa.: Jessica Kingsley, 1996) 80.
2. 같은 책, 136-38.
3. Tom Lickona, Eric Schaps, and Catherine Lewis, "효과적인 성품 교육을 위한 열한 가지 기초들," 2002년 3월 19일 방문. 성품교육 파트너십The Character Education Partnership은 학교들을 대상으로 한 중요한 연구 교육 기관이다.
4. 보편적인 특성들과 고정된 규범들 사이의 관계에 대한 현대의 철학적 이해를 잘 요약해 놓은 것으로 다음을 참조하라. William B. Stanley, *Curriculum for Utopia: Social Reconstructionism and Critical Pedagogy in the Postmodern Era*(Albany, N.Y.: SUNY Press, 1992), 210.

5. Saint Gregory of Nyssa, *The Lord's Prayer and The Beatitudes*, trans. Hilda C. Graef(Westminster, Md.: The Newman Press, 1954), 89.
6. 같은 책, 125.
7. *Catechism of the Catholic Church*(New York, Image, 1995), 495-97.
8. 같은 책, 497-503.
9. 이러한 나의 관점은 J. L. Leming의 영향을 받았다. "On the Limits of Rational Moral Education," *Theory and Research in Social Education* 9, no. 1(1981): 7-34. Leming은 도덕 교육과 의사결정을 동일시하는 것에 대해서 회의를 가졌다. 그는 신앙 공동체 생활은 도덕 교육이 열매를 맺기 위해서 반드시 필요한 요소라고 주장했다.
10. Brian S. Hook and R. R. Reno, *Heroism and the Christian Life: Reclaiming Excellence*(Louisville: Westminster John Knox Press, 2000), 203-20.
11. E. B. White, *The trumpet of the Swan*(New York: Harper & Row, 1970). 『트럼펫 부는 백조 루이』(주니어랜덤 역간).
12. 예민한 독자들은 White의 책에 등장하는 목소리를 내지 못하지만 훔친 트럼펫을 연주하는 백조인 Louis와 Lawrence Kohlberg의 고전인 "Heinz dilemma"와 유사한 점이 많이 있다는 사실을 발견하게 될 것이다. Lawrence Kohlberg, *The Psychology of Moral Development: The Nature and Validity of Moral Stages*, 1(San Francisco: Harper & Row, 1984), 12-28. 인지적인 도덕적 사유에 대한 종교적 이해를 위해서는 다음 책을 권한다. Edward Everding et al., *Viewpoints: Perspectives of Faith and Christian Nature*(Harrisburg, Pa.: Trinity Press International, 1998). 인지적인 도덕 발달은 시간의 순서와 반드시 관련이 있을 필요는 없다. 즉 많은 성인들은 일곱 살 먹은 어린아이의 도덕적인 관념을 가지고 있을 수 있다는 것이다.
13. 가톨릭 교육 이론가인 Florence B. Stratemeyer는 지속적인 삶의 상황

들이라는 착상을 공립학교에서 사용할 수 있도록 발전시켰다. 나는 이러한 착상이 종교 교육 상황들에서도 똑같이 중요하다고 믿는다. Florence B. Stratemeyer et al., *Developing a Curriculum for Modern Living*, 2nd ed.(New York: Bureau of Publications, Teachers College, Columbia University, 1957).
14. 윤리학자인 Marcia Y. Riggs는 도덕적인 이해에 대한 목적론적이고 의무론적인 책임감과 해방 패러다임의 관계를 설명했다. 다음을 보라. "Living Into Tensions: Christian Ethics as Mediating Process," in *Many Voices, One God: Being Faithful in a Pluralistic World*, ed. Walter Brueggemann and George Stroup(Louisville: Westminster John Knox Press, 1998), 181-92.
15. Catherine Mowry LaCugna, *God for Us: The trinity and Christian Life*(San Francisco: Harper SanFrancisco, 1991), 343. 『우리를 위한 하나님』(대한기독교서회 역간).
16. Paramount Pictures, 2002. 2002년에 미육군은 곧 다운로드 가능한 비디오 게임인 "Soldiers"와 "Operations"가 시중 판매되기 시작할 것이라고 발표하였다. 이러한 육군의 발표는 미국 군대들이 중대를 훈련하기 위해서 비디오 게임의 이용이 증대하고 있다고 텔레비전에서 보도한 것과 시기가 일치하였다.
17. Don E. Saliers, "Liturgy and Ethics: Some New beginnings," in *Liturgy and the Moral Self: Humanity at Full Stretch Before God: Essays in Honor of Don E. Saliers*, ed. E. Byron Anderson and Bruce T. Morrill(Collegeville, Minn.: Liturgical Press, 1998), 15.
18. Craig R. Dykstra, *Vision and Character: A Christian Educator's Alternative to Kohlberg*(New York: Paulist Press, 1981) 『비전과 인격』(대한예수교장로회출판국 역간). 그의 보다 최근 저서는 *Growing in the Life of Christian Faith: Education and Christian Practices*(Louisville: Geneva Press, 1999) 가 있다.

19. http://www.practicingourfaith.com, accessed March 12, 2002
20. Dorothy C. Bass, ed., *Practicing Our Faith: A Way of Life for a Searching People* (San Francisco: Jossey-Bass, 1997), 5. 『일상을 통한 믿음 혁명』(예영커뮤니케이션 역간).
21. Craig Dykstra and Dorothy C. Bass, "A Theological Understanding of Christian Practices," in *Practicing Theology: Beliefs and Practices in Christian Life*, ed. Miroslav Volf and Dorothy C. Bass(Grand Rapids, Mich.: William B. Eerdmans, 2002), 21.
22. http://www.practicingourfaith.com auessef, March 12, 2002
23. 이 구절은 James Hudnut-Beumler이 지은 다음의 매우 독특한 책의 첫 장에서 따왔다. *Generous Saints: Congregations Rethinking Ethics and Money*(Bethesda, Md.: Alban Institute, 1999), 1-14.
24. David Tracy, *Plurality and Ambiguity: Hermeneutics, Religion, Hope*(San Francisco: Harper & Row, 1987), 9. 『다원성과 모호성』(크리스찬헤럴드 역간).
25. *Catechism of the Catholic Church*, 399.
26. 로마 가톨릭에서, 교인들은 성찬식에서 빵(몸)이나 포도주(피) 중의 하나, 혹은 둘 다 선택할 수 있다.
27. "감정 지능"이라는 용어는 Daniel Goleman에 의해서 처음 사용되었다. *Working with Emotional Intelligence*(New York: Bantam Books, 1997).
28. 나의 이러한 경외와 호기심에 대한 관심은 Thomas F. Greend의 도움을 많이 받았다. *The Activities of Teaching*(New York: McGraw Hill, 1971), 195-214.
29. Philip H. Phenix, *Education and the Worship of God*(Philadelphia: The Westminster Press, 1966), 107.

| 감사의 글 |

To Abingdon Press, for permission to quote Carol Lakey Hess, *Caretakers of Out Common House: Women's Development in Communities of Faith* (1997), 35.

To the Continuum International Publishing Group, to quote from Marjorie Suchocki, *The Fall to Violence* (1994), 144.

To the Editor of *Conversations*, for permission to quote David Hollenbach, S.J., "Is Tolerance Enough? The Catholic University and the Common Good," n. 13, spring 1996:8.

To Cornall University Press for permission to quote from W.R. Johnson, *Momentary Monsters: Lucan and His Heroes*. Copyright 1987 by Cornell University.

To the Crossroad Publishing Company for permission to quote from Gil Bailie, *Violence Unïveiled: Humanity at the Crossroads* (1995).

To the Editor, Director of Creative Services at Agnes Scoot College, for permission to quote from the article by Robert Coles, "The Moral Life of Children," *Agnes Scott Alumnae Magazine*, Fall 1989:16.

To Wm. B. Eerdmans Publishing Co., for permission to quote from J.

Denny Weaver, *The Nonviolent Atonement* (2001), pp. 52, 225.

To HarperCollins Publishers, for brief quotations (pp. 343-44) from *God for Us:* The *Trinity and Christian Life* by Catherine Mowry LaCugna, copyright © 1991 by Catherine Mowry LaCugna, reprinted by permission of HarperCollins Publishers, Inc.

To HarperCollins Publishers, for single sentence quotation (p. 446) from *Catholicism, Completely Revised and Updated* by Richard P. Mc Brien, copyright © 1994 by Richard P. Mcbrien, reprinted with permission of HarperCollins Publishers. Inc

To HarperCollins Publishers, for single sentence quotation (p.19) from *To Know as We Are Known* by Parker J. Palmer, copyright © 1983, 1993 by Parker J.Palmer, reprinted with permission of Harper Collins Publishers, Inc.

To The John Hopkons University Press, for permission to quote Toril Moi, "The Missing Mother: The Oedipal Rivalries of René Girard," *Diacritics*, v. 12, p. 22; René Girard, *Violence and the Sacred* (Baltimore, 1977), p. 259; René Girard, *The Scapegoat* (Baltimore, 1989), p. 42.

To the Editor of the *Journal of Liberal Religion*, for permission to quote from all published articles by Ronald Hecker Cram.

To Morehouse Publishing, for permission to quote from Victimization: *Examining Christian Complicity*, copyright 1996 by Christine

Gudorf. Reprinted by permission of Morehouse Publishing, Harrisburg, PA.

To Markus Muller, for permission to quote from "Interview with René Girard," *Anthropoetics*, June 1996, p. 6.

To Oxford University Press, for permission to quote an extract from page 72 of *The Idea of the Holy* by Rudolf Otto, translated by John W. Harvey (1923).

To Doubleday and Company, a division of Random House, Inc., for permission to quote from Peter Berger and Thomas Luckmann, *The Social Construction of Reality* (1967).

To the Editor of *Religious Education*, for permission to quote from all published articles written by Ronald Hecker Cram.

To T. & T. Clark, Ltd., for permission to quote Eberhard Jüngel, *God as the Mystery of the World: On the Foundation of the Theology of the Crucifies One in the Dispute between Theism and Atheism*, translated by Darrell L. Guder (Edinburgh, Scotland, 1983), p. 104.

To Desmond Tutu, "Justice, Memory and Reconciliation," p. 4, accessed February 1, 2002. Used with permission by Desmond Tutu, taken from the commencement address at the University of Toronto.

To the Regents of the University of California for permission to use material publishes in Nel Noddings, *Caring: A Feminine Approach to Ethics and Moral Education*, copyright © 1984.

To the University of Massachusetts Press to quote from Susan Ford Wiltshire, *Public and Private in Vergil's Aeneid* (Amherst, 1989) 83.

To the University of Texas Press to quote from *The Dialogic Imagination: Four Essays* by Michael Holquist, translated by Caryl Emerson and Michael Holquist, copyright © 1981.

To Elie Wiesel, for permission to quote from his 1997 DePaul commencement address, "Learning and Respect: A Challenge to Graduates."

For excerpts from *Night* by Elie Wiesel, translates by Stella Rodway. Copyright © 1960 by MacGibbon & Kee. Copyright © renewed 1988 by The Collins Publishing Group. Reprinted by permission of Hill and Wang, a division of Farrar, Straus and Giroux, LLC.

| 역자 후기 |

    2006년쯤인가 목회상담학 박사 과정을 밟을 당시 래리 그레이엄Larry Graham 교수님의 강의조교로 일하면서 처음 이 책을 접하게 되었다. 사실 그때까지만 해도 나는 학교에서 행해지는 왕따나 폭력에 대해서 그리 심각하게 생각하고 있지 않았다. 그러나, 강의조교로 학생들을 가르치고 과제물에 점수를 주어야 하는 위치였기에 열심히 책을 읽으며 자료들을 모으는 한편, 학생들의 이야기를 듣고 나서야 비로소 미국 사회에서 소위 "bully"라고 불리는 학교폭력이 얼마나 심각한지를 조금이나마 인식하게 되었다.

    그 후 박사학위를 마치고, 버지니아의 한인 신학교에서 학생들에게 기독교 상담학을 강의하고 상담센터 소장으로 이런저런 이슈들을 상담하면서, 미국뿐만 아니라 한국에서도 이 문제가 매우 위험한 수위까지 이르렀다는 것을 좀더 깊이 피부로 실감할 수 있었다. 성폭행과 자살 문제에 대한 목회상담학 저서들을 직접 쓰고 번역을 했던 차에 자연스럽게 왕따와 학교폭력을 다음 주제로 연구해야겠다는 계획을 세우면서, 이 책을 번역하기로 마음을 먹게 되었다.

    이 책은 왕따와 학교폭력이 한 어린아이의 인생 전부를 파괴할 수 있음을 실제 사례들을 통하여 매우 실감나게 그리고 있다.

책에 등장하는 어린 소녀와 아버지의 "우리는 무기력함을 느끼고 있어요. 제발 우리를 도와주세요"라는 울부짖음이 바로 우리 딸과 아들 그리고 우리 자신의 외침이 아닌가. 왕따와 폭력을 참다 참다 도저히 못 견디어 스스로 목숨을 끊고 마는 이 어처구니없는 우리 현실을 그저 남의 일이라고만 치부한다면, 우리의 교육 현장과 아이들, 그리고 사회에 사랑이나 우정이나 배려와 같은 것들은 더 이상 존재하지 않게 될 것이라고 말하는 것은 너무 지나친 비약일까.

이 책의 저자가 말했듯이, 이 문제는 바로 내 문제이며, 이 아이들의 절규는 바로 내 절규다. 그러기에 학교폭력은 이 땅에 존재하는 모든 교회들이 반드시 주목해야만 할 기독교 신앙의 실천적인 이슈라고 할 수 있을 것이다. 한 아이가 자라면서 하나님의 형상 안에 담긴 사랑과 공의와 정의와 화평을 발견하며 성장해가기보다, 오히려 증오와 폭력과 울분과 포학성을 더 키워간다면 가장 먼저 하나님께서 아파하실 것이다.

한국의 기독교 출판계의 어려운 현실에도 불구하고 이 책을 출간해준 새물결플러스와 부족한 번역을 매끄럽게 다듬어준 편집부 직원들에게도 고마움을 전한다. 특히 새물결플러스는 이 책의 토대가 되는 미국 주류 신학의 경향이 출판사의 복음주의적 신학 노선과 다른 부분이 있음에도 불구하고, 한국에서도 이러한 진지한 논의가 반드시 필요하다는 데 동의하며 이 책의 출간을 맡아주었다. 한국의 기독교교육학계를 위해 기도하시며 노심초사 애쓰시는 장로회신학대학교 기독교 교육학과 교수님이자 버지니아 유니온 신학교에서 함께 교제를 나누었던 박상진 교수님이 추천사를 써주셔서 기쁘다. 또한 추천사 의뢰에 기꺼이 응락해주시고 값진 추천사로 이 책을 독자들에게 권해주신 여러분께도 감사드린다. 아무쪼록 아름다운 추천의 글 하나하나에 담긴 마음처럼 많은 이들의 손에 이 책이 들려져서 귀한 열매들이 주렁주렁 맺혔으면 좋겠다.

이와 아울러 역자가 몸담고 있는 부산장신대의 최무열 총장님과 동료 교수님들께도 감사의 마음을 전하고 싶다. 참으로 아름다운 신앙과 신학 공동체를 이루려는 교수님들의 모습 속에서 많은 것들을 배우게 된다.

마지막으로, 이 책을 번역하면서 염려되는 부분이 있었다는 점을 밝혀야겠다. 앞서도 잠깐 언급했지만, 저자의 신학적인 해석이 한국의 복음주의적인 해석과는 부합되지 않는 점들이 언뜻언뜻 비친다는 점이다. 물론, 역자의 신학관과도 부딪히는 면들이 있었다. 번역하는 과정에서 부담스러웠고 작업을 중도에서 그만두고 싶다는 압박감이 있었던 것도 사실이다. 그럼에도 불구하고 이 책이 학교폭력이라는 파괴적인 현실 상황을 실천신학적인 면에서 다루면서 현대 그리스도인들과 교회에 던지는 도전이 적지 않다는 확신 때문에 이 책을 저버릴 수 없었다. 사실, 이러한 신학적인 해석은 어느 정도, 사변신학이 아니라 철저하게 현실을 신학적으로 분석하고 해석해야 하는 실천신학 분야에서 나타나는 "급진적인" 한 단면일 수도 있다. 이런 맥락에서, 이 책의 저자가 그리고 있는 예수님의 모습과 신학적인 해석은 저자의 몫으로 남겨

두고 싶다. 다만, 이 책을 통해서 저자가 말하고자 하는 요점을 독자들이 잘 짚어서 각자의 사역의 자리에서 잘 실천해갈 것을 고대한다.

이 책의 앞부분의 나오는 소녀와 아버지의 이야기를 읽으면서 참 마음이 아팠다. 칼의 사례를 보면서 눈물이 나는 것을 막을 수 없었다. 그들처럼 이 한국 땅에도 제2, 3의 칼이 많을 거라는 생각에 마음이 먹먹했다. 그들에게 말하고 싶다. 그래도 살아야 한다고. 고통 속에 울부짖는 아픔이 있어도 끝내 살아야 한다고. 예수님의 십자가의 아픔과 부활의 능력은 충분히 우리에게 희망과 치유를 가져올 수 있다고 말이다.

2013년 9월
장보철

교육 현장에서 공감과 연대에 기초한 관계 세우기
학교폭력, 그 영적 위기와 극복

Copyright ⓒ 새물결플러스 2013

1쇄 발행	2013년 9월 30일
지은이	로널드 헤커 크램
옮긴이	장보철
펴낸이	김요한
펴낸곳	새물결플러스
편 집	정모세·정인철·최율리·유가일·한재구·박규준
디자인	이혜린·디자인채이
마케팅	이성진
총 무	김명화
홈페이지	www.hwpbooks.com
이메일	hwpbooks@hwpbooks.com
출판등록	2008년 8월 21일 제2008-24호
주 소	(우) 158-718 서울특별시 양천구 목1동 923-14 현대드림타워 1401호
전 화	02) 2652-3161
팩 스	02) 2652-3191

ISBN 978-89-94752-51-8   03230
책값은 뒤표지에 있습니다.

이 도서의 국립중앙도서관 출판시도서목록(CIP)은 서지정보유통지원시스템 홈페이지(http://seoji.nl.go.kr)와 국가자료공동목록시스템(http://www.nl.go.kr/kolisnet)에서 이용하실 수 있습니다.(CIP제어번호: CIP2013019585)